# 地域商業の底力を探る

商業近代化から
まちづくりへ

矢作 敏行
川野 訓志
三橋 重昭
[編著]

東京　白桃書房　神田

# はしがき

　人口減少社会の到来、高齢化の進展、グローバル競争の洗礼、異常気象の気配、国際秩序の揺らぎと、数えあげればきりがないほどの難問山積の社会にあって、足元から気になるシグナルがいくつも発せられている。長く商売をしていた近所の豆腐屋が突然、店を閉めた。駅前にあった大手流通資本の店舗が移転し、駅前商業ビルに大きな空きスペースができた。いつも通うスポーツジムでは、私たち年金受給世代がフロアーを占拠している、と思っていたら、いつの間にか顔をみせなくなる人がいる。
　そんな縮小社会の時代にあって、新たなまちづくりの動きが広がっている。漢字の都市計画や再開発計画ではなく、ひらがなのまちづくりには何かやさしい響きがこもっている。長い間、商業と流通をみてきた。多くの関係者がアーケードやカラー舗装といった商店街整備事業が商業近代化を推し進め、ひいては中心市街地の活性化に結びつくと考えてきた。しかし、少し違う角度から商業とまちを見直す必要性が出てきたようである。
　10年ほど前、山田洋次監督がこんな話をしている。

　「『男はつらいよ』シリーズの終盤では、シャッターを閉めた店に頼んで開けてもらわなければならなかったのです。そうしないと寂しくて。今なら寅さんのロケは大変でしょうね。似合わないなー、寅さんに新幹線、高速道路、巨大ショッピングセンターは。全然ね。商店街は、地域に暮らす人と人とが触れ合う場所ですよね。それは日本の文化のかなり大事な部分を占めていた。子供は、そこで経木に肉をはさみまるめる手つきや、魚をさばく包丁の使い方を見て、大人ってすごいなと思った。それがどんなに大切なことか。大型店の経営者や高級官僚に聞いてみたい。」（『朝日新聞』2007年9月8日付「変転経済14　証言でたどる同時代史」）。

　大型店の出店規制緩和とモータリゼーションの進展が同時並行的に進んだ後の時代だった。寅さんのロケがシャッター通りと化した商店街ではむずか

i

しくなっている。それでは「困る」と山田監督はいっている。

　寅さんは葛飾柴又でも地方でも、いつもまちを歩いていた。歩くことは人間にとって、最も基本的な身体行為である。歩く時、人は五感をフルに使っている。自動車の音を聞き、信号を見て身の安全を守る。目安となる建物をたしかめて、道を曲がり、目的地にたどり着く。歩き回っていると、人、路地、公園、川、緑地帯に遭遇し、時にはどこからかよい匂いが漂ってくる。

　商店街はオープンで、外に開かれている。それで、周囲の自然や人間と一塊の集積となって、そのまちらしさをかもし出している。巨大ショッピングセンターではそうはいかない。大きな箱の中に店や人が閉じ込められている。実際、米語では大型店を「ビッグボックス（大箱）」と呼んでいる。

　葛飾柴又の帝釈天の参道に店を構える「とらや」の入り口はいつも開かれている。寅さんやマドンナがふいと顔を出し、そこからストーリーが展開する。店の前も人通りが絶えることはない。商店街を車で通っていたのでは、おいちゃんの団子をつくる手つきを目にすることはできない。人は歩くことで、そのまちらしさを記憶の中にとどめる。山田は、それが日本の生活文化のかなりの部分を占めているといっている。

　私たちは商店街に買い物にいく。時には暇つぶしにもいく。しかし、それだけではないのである。買い物ついでに商人たちの腕や知識に触れる。いつもの喫茶店でほっとするひと時を持つ。この本では、個々の店や集積としての商店街が本来、そなえている社会的・人間的な側面の働きを文化表現（力）と呼んだ。それが崖っぷちに立たされている地域商業の最後の砦となると位置づけた。

　いい方を換えると、商業という経済行為は市場にだけではなく、社会や文化、歴史という非経済的文脈に埋め込まれ、そこから大きな影響を受けているという視点を大切にしようということである。商業は売買を通して、人と人は触れ合い、癒し、自己実現、学習、社交等々の手助けをしている。

　戦後日本の流通産業は店舗・企業規模の拡大による経営効率化を推進してきた。大型店もチェーンストアもまた、ある意味で文化表現力を発揮し、成長してきたのである。生産性向上一辺倒ではない。たとえば、スーパーが採用したセルフサービス販売方式は消費者が自由に商品を選択できる開放され

た空間をつくり出し、コンビニエンスストアは 24 時間年中無休の商法で買い物時間の制約を取り除いた。

　しかし、個店やその集積である商店街には、それとは異なる社会的・人間的な文化表現力がある。第 7 章で具体例を示しているが、地域の人々との繰り返されるコミュニュケーションが生み出す人の輪、場に根差した地域性、経営をささえる家族の絆、そして魚を上手にさばく技能・経験が個店の経営をささえている。また、集積としての商店街には長い年月をかけてつくられた街並み・景観があり、自然、人工物、人間の営みが 1 つになった街路ができあがっている。一度につくられた人工物としてのショッピングセンターとの大きな違いがそこにある。

　そう考えて、地域商業の文化表現力は崖っぷちに立たされている地域商業の「底力」となり得るのではないかと問題提起した。ただし、文化表現力は生来的に商業に内在しているものではあるが、現実社会で無条件に発揮され、人々から支持されるわけではまったくない。地域に生きる商業者たちが自ら努力し、力を合わせて、はじめて獲得できる。個店の経営的底力となる人の輪、地域性、家族の絆、技能は、商人としての生き方や長い研鑽の結果、得られるものである。

　また、商業集積の文化表現力は商店街という組合組織や事業再開発など行政との関わりが出てくるので、より複雑な問題を抱えている。商店街のリーダーの統率力や組織の結束力、将来ビジョンの構想とそれを実現する再開発事業計画や事業手法の確立、そして行政や専門家、住民との連携等、実務上の課題は少なくない。

　今回の共同研究プロジェクトでは、地方 4 都市、首都圏 2 都市の合計 6 都市の現地調査を実施し、1970 〜 80 年代の地域商業近代化計画から現在の中心市街地活性化基本計画に至る流れを、具体的に把握した。そこから、ハード中心の商店街整備に終始した商業近代化政策から脱却し、市民との連携やまちなか居住、地域産業との協働などのまちづくりを目指す地域商業の動きを分析した。上記した地域商業とまちの存続のための課題のうち、主要な問題点を抽出することができた。

　まず序章で、地域商業の文化表現力とは何かを説明し、同時に過去の商業

政策における立地の適正化問題の欠落を指摘した。問題提起を受けて、第Ⅰ部の第1章から第3章までは郊外化に揺れる山形県鶴岡市、新潟県長岡市、山梨県甲府市の3地方都市の事例を、また第Ⅱ部の第4章、第5章では人口増加基調の続く首都圏の東京都立川市、千葉県船橋市の大型店中心のまちづくりの光と陰を追った。

　第Ⅲ部第6章では全国一の商店街再開発事業といわれる高松丸亀町商店街を中心とした香川県高松市の事例を取りあげ、第7章では各地で発見した文化表現力のある元気な個店を4店舗紹介した。第8章は、序章で問題提起し、各章の事例を貫く商業政策の歴史的展開を詳細に分析し、全体を補った。

　最後に、結章で「商店街とまちづくり」、「商業・都市政策」、「文化表現力」の3つについて発見事項をまとめ、若干の議論をした。序章と結章を読んでいただくと、手っ取り早く私たちの問題意識をご理解いただける。そのうえで、関心のある事例に目を通すのも1つの読み方である。


　共同研究プロジェクトは2014年春、法政大学イノベーション・マネジメント研究センター内に設置された地域商業研究会において実施された。2009年、同センター内で創設された保存図書館「流通産業ライブラリー」から研究資金の提供を受け、2016年初夏まで合計15回の研究会を重ね、石原武政・流通科学大学特別教授、横森豊雄・関東学院大学教授、武者忠彦・信州大学准教授の各氏からご指導いただいた。実態調査した6都市には複数回の現地調査を行い、関係者への聞き取り調査と資料収集に努めた。

　共同研究プロジェクトの発端は、鈴木安昭・元青山学院大学教授から生前、流通産業ライブラリーに対して地域商業近代化計画関連の報告書がほぼ全冊寄贈されたことにある。鈴木先生は、戦後日本の流通産業に関わる全国的な資料センターとなるという流通産業ライブラリーの使命に強く賛同された。個人的には、そのお気持ちに報いたいとの動機があった。「商業近代化からまちづくりへ」という政策系譜の中で、地域商業のあり方を考えるという視点は、そこから自ずと設定された。

　白桃書房の大矢栄一郎社長には出版事情が悪い中、本研究の社会的意義をご理解いただき、出版をご快諾いただいた。心から感謝申しあげたい。また、

法政大学イノベーション・マネジメント研究センター・流通産業ライブラリーから出版補助金を頂戴したことを記して感謝したい。無論、この本が数ある流通産業ライブラリーの蔵書の中で貴重な1冊となることを心から願っている。

2016 年　師走

編者を代表して<br>矢作敏行

# 目　次

はしがき　i

## 序章　地域商業の文化表現力 ───────────── 1
矢作敏行

1　地域商業とは何か　**1**
　（1）商業の存在理由　（2）商業の文化表現力　（3）地域商業の集積力
2　地域商業政策の流れの中で―「流通近代化」と「商業近代化」　**9**
　（1）商店街近代化事業の始まり　（2）改正中活法によるまちづくりの時代へ
　（3）立地適正化によるコンパクトシティ構想
3　調査研究の視点と方法　**15**

## 第Ⅰ部　郊外化に揺れる地方都市のまちづくり

## 第1章　中心商店街に浮沈あり―山形県鶴岡市 ─────── 22
矢作敏行・川野訓志・三橋重昭

1　はじめに　**22**
2　地域商業構造の変化　**23**
　（1）郊外化の進展　（2）商業中心性の変化　（3）市内商店街への打撃
3　商業近代化地域計画の策定　**28**
　（1）商店街整備計画への提案　（2）実施計画の策定
4　中心市街地活性化法以降　**34**
5　「近代化投資」の重荷―鶴岡銀座商店街振興組合　**36**
　（1）商店街改造で盛り返す1990年代初め　（2）商店街整備事業投資が重荷に
6　尾を引く大型店撤退の影響―鶴岡駅前商店街振興組合　**40**
7　まちづくりの担い手へ―鶴岡山王商店街振興組合　**41**
　（1）ナイトバザールで活路開く　（2）行政・市民との連携強化
8　まとめに代えて―中心市街地活性化基本計画の評価　**46**

## 第2章　コンパクトシティを先取りした公共施設のまちなか配置
　　　　―新潟県長岡市 ──────────────────── 51

川野訓志

1　はじめに　51

2　長岡市のまちと商業　52

（1）基本的な動向　（2）商店街の成り立ち　（3）商業の中心性と大型店の動向

3　商業近代化地域計画の策定　58

（1）基本計画のポイント　（2）実施計画のポイント　（3）フォローアップ事業

4　中心市街地活性化「長岡モデル」　62

（1）市役所のまちなか回帰　（2）「アオーレ長岡」の開設　（3）空き店舗・空き地の活用　（4）中心市街地活性化事業の評価

5　個別商店街の現況　67

（1）大手通商店街　（2）セントラル通商店街　（3）スズラン通商店街　（4）長岡市商店街連合会

6　まとめに代えて　72

## 第3章　地盤沈下する中心市街地─山梨県甲府市 ─────── 76

南亮一・関根孝・三橋重昭

1　はじめに　76

2　商業近代化地域計画と甲府の都市・商業環境　77

（1）市街地内の地区間競争とダイエー出店　（2）商業近代化地域計画の策定　（3）地区間の対立と甲府市小売商業振興指針の策定　（4）商業近代化実施計画の策定・実行

3　都市・商業環境の変化　81

（1）中心性指数とメッシュデータにみる郊外化　（2）市外大規模商業開発の活発化

4　中心市街地活性化基本計画によるまちづくり　87

（1）中心市街地活性化基本計画の策定　（2）改正中活法に基づく基本計画の策定とココリの開発　（3）第2次中心市街地活性化基本計画の策定

5　中心市街地の商店街の組織と取り組み　89

(1) 中心市街地の商店街組織　(2) 商店街の取り組み概況　(3) 民間事業者による活性化の取り組み

6　まとめに代えて　94

## 第Ⅱ部　大都市圏における大型店中心のまちづくり

## 第4章　大型店がけん引するまち―東京都立川市 ────── 100
　　　　　　　　　　　　　　　　　　　関根孝・久保（渡邊）ヒロ子

1　はじめに　100
2　「基地の町」誕生　101
3　商業の将来ビジョンを打ち出す　103
　　(1) 商業近代化地域計画の策定　(2) 商業ビジョンの策定
4　「商都」立川の誕生　106
　　(1) 基地返還と新たなまちづくり　(2) 北口駅前広場の整備　(3) 中心市街地の面的拡張
5　商業まちづくりの新しい動き　114
　　(1) アニメ・サブカルによる「まち起こし」　(2) 巻き返す南口商店街
6　まとめに代えて　118
　　(1) 大型店中心のまちづくりの推進力　(2) 中心市街地の面的拡がり　(3) 「大型店中心のまちづくり」の是非

## 第5章　中心商業地の混沌と多様性―千葉県船橋市 ────── 127
　　　　　　　　　　　　　　　　　　　　　　　久保（渡邊）ヒロ子

1　はじめに　127
2　中心商業地の概況　128
　　(1) 本町通りから駅前へ　(2) 大型店の出店攻勢の脅威
3　商業近代化政策の展開　132
　　(1) 船橋地域商業近代化地域計画の策定　(2) 船橋地域商業近代化実施計画の策定
4　遅れた南口再開発事業　136

（1）複雑な地権者の利害関係　（2）本町通り商店街の課題
　5　中心商業地の変化　**140**
　6　新しいまちづくり・地域商業の担い手たち　**142**
　　（1）新企画・新催事の試み　（2）本町通り商店街とNPOの協働　（3）NPOによる空き家・空き店舗対策　（4）情報発信でまちのつながりを
　7　まとめに代えて　**151**

## 第Ⅲ部　地域商業の底力

### 第6章　「商業近代化計画」を超えて——香川県高松市　——　158
南亮一・矢作敏行

　1　はじめに　**158**
　2　商業近代化地域計画　**159**
　　（1）中央商店街　（2）商業近代化地域計画の策定　（3）変わる都市環境　（4）1990年代以降の施策——中心市街地活性化基本計画の策定
　3　高松丸亀町商店街のまちづくり　**166**
　　（1）再開発事業の契機　（2）再開発事業の「仕組み」提案　（3）A街区再開発事業の実施　（4）G, B・C街区再開発事業の実施　（5）「まちのステージ」へ
　4　高松丸亀町商店街の現状評価　**177**
　　（1）再開発事業の現状　（2）タウンマネジメントの成否
　5　地盤沈下の進む南部商店街　**181**
　6　まとめに代えて　**183**
　　（1）高松市中心市街地活性化基本計画のフォローアップ　（2）高松丸亀町商店街のまちづくり　（3）「まち」の成長と衰退

### 第7章　個店の力——各地の事例にみる　——　190
矢作敏行

　1　はじめに　**190**
　2　鶴岡・大滝輪店の「クラブハウス経営」　**191**
　3　松本・紙舘島勇の「和」の文化表現力　**193**

4　甲府・宮川春光堂本店の「本と人」の編集力　　**195**
　　5　高松丸亀町・まちのシューレ963の「暮らしの提案」　　**197**
　　6　まとめに代えて　　**200**

## 第8章　商業政策の変容―商業近代化からまちづくりへ ─── **204**

川野訓志

　　1　はじめに　　**204**
　　　　（1）地域商業とは何か　（2）地域商業に対応する商業政策の基本姿勢
　　2　戦前における商業組合の経験　　**207**
　　3　高度経済成長を受けた商業政策　　**209**
　　　　　　―商店街振興組合法と商業近代化地域計画
　　　　（1）流通近代化と商店街振興政策　（2）地域商業政策の展開
　　4　経済効率性を超えて―『80年代の流通産業ビジョン』　　**213**
　　5　規制緩和の流れの中で―『90年代の流通ビジョン』　　**216**
　　6　都市問題としての商業問題―『21世紀に向けた流通ビジョン』　　**218**
　　7　地域の一員としての小売業―まちづくり三法　　**220**
　　8　商業政策に関する視点の変遷　　**224**

## 結章　まとめ ─────────────────── **228**

矢作敏行・関根孝

　　（1）商店街とまちづくり
　　（2）商業・都市政策の問題点
　　（3）地域商業の文化表現力

序章 地域商業の文化表現力

矢作敏行

## *1* 地域商業とは何か

　私たちが日々、暮らす生活圏の中には大小さまざまな商業者が存在し、「生活の質」向上に直接、貢献している。昔、近くの商店街にあった小さな商店は相当数が姿を消したが、それでもいまなお存続するなじみの店もあり、めっきり数の増したスーパーやコンビニ、ドラッグストアなどとともに、地域の暮らしをささえている。

　商業をコマース（Commerce）と英語に置き換えてみると、その概念が存外、広いことに気づく。「経済学の父」とうたわれたアダム・スミスは『国富論』の中で、分業と交換により台頭した資本主義社会を「商業社会」（Commercial Society）と呼んだ。この場合の「商業」（コマース）には、「商」と「工」の要素が両方含まれている。18世紀の産業社会では工業と商業が未分化であり、「商」には「工」の、「工」には「商」の要素が多く含まれていた。

　交換により分業が進み、分業により専門化が始まると、商業活動は一段と盛んになった。酒造業者がつくった酒類を売る酒屋のような純粋な再販売業者以外にも、畜産農家から牛を仕入れて加工処理して販売する肉屋、粉を練りパンを焼く製造小売業のパン屋、そして顧客の注文に応じて靴を縫う靴屋

など「工」を含む商業者が多数いた。商業者は自らの欲求のごく一部分しか自分自身で充足できないから、自分でつくれない商品は他者から購入する。それにより「商業社会」が誕生した。

　交換が発達すると、今度は、より大きな市場を目指して、工業化が進んだ。肉屋の中から食肉加工業者が、パン屋の中からパンメーカーが、靴屋の中から靴メーカーが現れ、大企業化した。それでも「工」と「商」が1つになったコマースの本質は変わらなかった。工場で集中的にパンを生産するパンメーカーは小売店で自社製品を売るための営業・販売という商行為に従事している。

　地域商業の多様性はそれだけではない。小売業者の出自をみると、長年、地域に生きる地元商業者と外からやってきた外部資本とが共存している。また、経営規模の面から、大規模商業者と中小規模商業者とに分けることもできる。しかし、そのような地域商業者の多様性は長い歳月の中では流動的であり、あいまいもことなる。地域商業のサービス化という問題もある。昔のように商店街の会合で酒屋や薬局・化粧品店の店主が床柱を背負って座るという光景は必ずしも一般的ではなくなっている。商店街には数多くの飲食店や金融機関、病院などが立ち並び、サービス業者が商店街の屋台骨を背負っている例も数多くみられるようになった。

　現場に行けば、地域商業の多様性は一目瞭然である。山形県鶴岡市では青森県からりんごを売りにきた商人が半世紀以上も前、駅前に店を構え、「青森屋」という青果物店を開いた。青森屋の現・店主は三代目に当たり、都会でサラリーマンをやっていたが、Uターンして跡を継ぎ、数年前に店舗を大幅に増築・改装し、1階の青果物店の脇にケーキ売り場のコーナーを設置し、2階にしゃれたカフェをつくった。ケーキは東京の知り合いのパティシエと協力し、果物をふんだんに使ったオリジナルな商品を開発した。お陰で、しっかりと若い女性客をつかんでいる。外からやってきた「青森屋」はまぎれもなく山形という地域に生きる商人であり、物品販売業という枠を越えてサービス業への事業変革も果たした。

　香川県高松市には1931（昭和6）年開店の高松三越がある。丸亀町商店街の北側に立地し、中心商店街の核店舗として集客力を発揮している。2006

年完成した同商店街の再開発事業では本館脇の自社所有地を駐車場として提供するとともに、グッチ、ティファニーなど複数のブランド専門店を開業し、ファッション性に富んだまちづくりに貢献している。「日本一の商店街再開発事業」と称賛される丸亀町商店街のにぎわいは、地域に根を張った県外資本がささえている。

地域に足をしばられていない大型店・チェーン店は「地域商業」という概念にはなじまないとの指摘もある。たしかに調査した山形県鶴岡市、山梨県甲府市、新潟県長岡市の地方都市では例外なく、人口と商業の郊外化が進み、駅前大型店の撤退により空き店舗・空き地が生じ、まちづくりの足かせとなっていた。成功例とされる高松市中心商店街でも、南部の常磐町商店街はいまだに大型店撤退後の空き店舗対策に四苦八苦している。

しかしながら、「テナント商店街」(まちづくり協会・三橋重昭の言)とやゆされながら、コンビニやドラッグストア、カフェなどのチェーン店がないと、成り立たないのが昨今の地域商業の実情である。かりに地元商業者重視の「まちづくり宣言」をしても、ほとんどの場合、商店街の構成員を完全にコントロールすることはむずかしい。地域を自由気ままに出入りする大型店・チェーン店の行動様式を知ったうえで、また土地・建物を賃貸して不動産事業を始める商業者が多数いることを承知のうえで、地域商業のあり方を考え、まちづくりをマネジメントしていくしかない。それが流通近代化から半世紀以上が経過した現代日本の動かしがたい現実である。

## (1) 商業の存在理由

商業者の出自属性、経営規模、さらに業種分類にも細かくこだわらず、広く地域商業を捉えるという私たちの立場はコマースのアイデンティティ(存在理由)と深く関わっている。商業はなぜ存在し、交換を促すのか。スミスはもう1つの主著『道徳感情論』で、人間は社会的存在であるとの立場から、商業は単に多様な商品を合理的な価格で提供するだけではなく、感情的な相互行為を通して市場の調整機能を果たしていると指摘した。つまり、市場を整序する「見えざる手」とは、価格メカニズムのみで成り立っているのではないというのである。

交換に通う「感情」とは、他者に同情することのできる人間の想像力のことである。人は他者を思いやる存在であると同時に、他者から同情を期待する存在でもある。しかし、同情を強く求めると、他者から嫌われるおそれがあるので、人は節度ある行動をするようになり、同情が共感に変わり是認に至ると、スミスは推論した。

　経済学者の堂目卓生（2008）は「共感」を「他人の感情を自分の心の中に写しとり、それと同じ感情をじぶんの中に起こそうとする同感能力」と解釈した[1]。この相手を思いやる気持ちが人々の心の中に「公平な観察者」を形成し、自らそれを意識して行動するようになると、社会秩序が築かれるようになる。市場での交換は単に人々の生活を便利で豊かなものにするだけではなくなる。人と人をつなぐ社会秩序の形成というそれ以上の役割りを果たすことになる。

　スミスの「共感」概念は、端的にいえば、「他者を思いやる心」と理解することができる。それは商人たちが目指してきた「顧客の立場にたつ」という商いの心に通じている。暴利や数量不足、混ぜ物が当たり前の荒廃した戦後商業の立て直しのため、「店は客のためにある」との理念を掲げ、毎年、商業界ゼミナールに参加する数千人の全国の商人に対して、「商人である前により良き人間であれ、正しい商売をしよう」「損得よりさきに善悪を考えよう」と呼びかけた雑誌・商業界初代主幹、倉本長治は、その代表的な商業思想家であった（矢作、2016）。

　商業界精神とは、他者である顧客に同感し、心のうちに自ら「公平な観察者」を打ち立てようとの商業倫理確立の呼びかけにほかならない。「正しい商売」は1回限りでは終わらない。人は、またその誠実な商いをする店にやってくる。そこでは近くの人と遠くの人、豊かな人と貧しい人とが何度なく繰り返される交換を通じて社会的な関係性を持つようになる。関係性は経済的取引をベースにしているが、感情的な関係も含んでおり、ときには人間的な絆に発展することもある。

　世界的なコーヒーショップのチェーンをつくり上げた経営者が店ごとに立地条件に合った店舗デザインを考え、落ち着いたたたずまいの澄んだ空気の中で、えりすぐりのアラビカ種の豆でいれたコーヒーを差し出す店のコンセ

プトを、家庭、職場に続く「サードプレース（第3の場所）」と定義したのは、そうした店と客、客と客の社会的な関係性を意識してのことであろう（シュルツ＝ヤング、1997）。

　私たちは、普段の生活の中で何となくまちや路地を歩き、なじみの店に、あるいは見知らぬ店にふらっと足を踏み入れる。そこで、いつもの、あるいはいつもと違う人や空気に接し、何かを感じるひと時を得るという体験をする。店頭で新しい食品や衣料品をみかけ、どのような商品かを知り、購買心をかきたてられることもある。商業は、そのように広い意味での社会生活の一部を担っており、癒し、自己実現、学習、社交等々の場となる。

　流通研究者の秋谷重男（1980）は、商業が本来的にそなえている社会的・人間的な側面の働きを「文化表現（力）」と表現した。分業と専門化が進むと、工業は特定商品の生産活動に特化するため、みずから十分に果たせない文化表現を商業に委ね、「文化・風土と資本のすりあわせというソフトな地域化作業」を託すことになるというのである。

　秋谷は1960年代以降本格化したスーパーによる「流通革命」の限界として、商業の文化表現力の欠如をあげ、店舗の標準化や経営規模の拡大による流通効率化一辺倒のいわゆる流通近代化論を批判した。秋谷が文化表現力とは何かを示すために引用しているエピソードを紹介しておこう。

　1936（昭和11）年、百貨店の開店が相次ぎ、東京では地元商店街による進出反対運動が巻き起こった。東洋経済新報社は主幹の石橋湛山（後の総理大臣）の司会で、「百貨店対中小商業問題」と題する討論会を開催した。「なぜ消費者はデパートに行くのか」とたずねられた婦人運動家の市川房枝（後の参議院議員）は、婦人たちが安くて便利で買いやすい店に行くのは自然の勢いだが、デパートの商品は概して安くない、それでも百貨店に行くのは遊びに行く、息抜きに行く場合が相当あるからだと説明している。

　それは日本の婦人が家に縛られ、まだ解放されていないからであり、デパートであれば子供を連れて人目を気にせず外出可能であり、陳列されている商品や催し物は婦人の目を開かせる文化的役割を果たしているともつけ加えている。極言すると、百貨店が繁盛している理由はワンストップ・ショッピングや比較購買という経済的機能もさることながら、「文化表現力」の発揮

にあることになる[2]。

　長く支持されている革新的な小売営業形態はほとんど例外なく同様の社会的・人間的な側面で独自の役割を発揮してきた。戦後出現したスーパーはセルフサービス販売方式を通して、消費者が自由に商品を選択できる「開放された商業空間」をつくり出した。スーパーの後に現れたドラッグストアやホームセンター等々もまた、この「開放された商業空間」を受け継いだ。24時間営業、年中無休のコンビニはそれに時間的制約なしという新しい要素をつけ足した。

　繁盛している小売商業者には人々を自由にし、自己実現を促す文化表現力がある。そう考えると、店舗の大きな百貨店や安売りするチェーン店が競争上優位であり、そうでない中小商店が劣位にあるとは必ずしもいえない。商業が放つ文化表現力の優劣が小売商業者間の競争の趨勢に影響を与えていると考えることができる。

　文化表現力こそ商業が本来的にそなえている底力であり、大型店やチェーン店固有のものではまったくない。地域に生きる中小小売店もまた文化表現力を身にまとうことのできる存在である。というか、古くからある商店の多くは「地域性」という歴史的に形成された社会的文脈に深く根差し、なにがしかの文化表現力を発揮している。だから、ゴーイングコンサーン（継続する組織体）として、いまなお存続しているのだ。

## (2) 商業の文化表現力

　文化表現力を頼りに生業（なりわい）としての商いをしっかりと続けている商業者は数多い。第7章「個店の力」で紹介する人々の中から、山形県鶴岡市の大滝輪店のケースを、「頭出し」しておこう。

　鶴岡市山王商店街の脇道にある大滝輪店はごく普通の店構えの自転車屋だが、店内に一歩足を踏み入れると、驚かされる。狭い店内には天井から壁面まで高級スポーツ自転車が整然と陳列されている。1947（昭和22）年に創業し、景気の良い時代には飛ぶように売れたが、スーパーや消費生活協同組合の店が増えると、安い自転車を売るそれらの店に客を奪われた。小さい頃からサイクリングが大好きだった店主は1980年代にロードバイク・マウン

テンバイクのブームが訪れた機会に、有力メーカーの代理店契約をとり、得意の修理技術をいかしてスポーツ自転車専門店に経営を転換した。

その頃から毎月のようになじみの客と趣味のツーリングを企画し、一緒に楽しむようになった。いつの間にか「大滝輪店ツーリングクラブ」が誕生し、いまは約70名の会員が春から秋にかけて月1回のツーリングを企画・運営している。高級自転車は月に何台も出ないが、修理や部品、アクセサリーの売上げもあり、何とか経営を維持している。鶴岡は海山の自然環境に恵まれており、クラブは活況を呈している。

モノを売る自転車屋からコトを提供するツーリングクラブへの転換である。モノはあとからついてくる。顧客と一緒に、自転車というモノを使い、楽しい経験をつくり出す。これもまた商業の文化表現力のなせるわざである。

近年、まちゼミと称して商店が自分たちの店を使い、「デジカメで上手に写真を撮る方法」「高齢者のためのお化粧の仕方」「毛糸の編み物教室」等々の教室を開いている。自分たちが長年、蓄積してきた技能や知識を客の役に立て、店の存在価値を周知する社会的活動である。まちゼミは商業の文化表現力をよく表している最新事例にほかならない（長坂・編、2012）。

## (3) 地域商業の集積力

しかし、そうはいっても中小小売店は大型店や全国チェーンとは資本力や店舗規模で到底かなわない。ある意味ではその通りなのだが、地域商業にはもう1つ、「集積力」という別の集団的パワーがそなわっている。それが大型店やチェーン店への対抗力となる。集積力は通常、正の外部性効果を発揮する。ある経済主体の行動が市場を通さず、他の経済主体におよぼすプラスの経済効果のことである。個々には強くない中小小売店の経営をささえているのが正の外部性効果である。

昔から住宅地に近接する商店街には食料品や衣料品、電器、靴履物、瀬戸物、寝具、医薬品・化粧品、その他日用品雑貨関連の商店が集まり、住民の普段の生活をささえてきた。中でも生鮮食料品の繁盛店があると、商店街全体に活気が出てくる。生鮮食料品店は仕入れや処理加工技術の点で、比較的品質を差異化しやすく、大型店に負けない競争力を持っている店が多い。し

かも購買頻度が高く、目的買いの顧客が多いので、商店街全体の来街者数の増加に貢献し、他の商店の集客力にプラスの影響をおよぼしていた。

そうなると、今度は増えた来街者を目当てに新しい関連商品を売る店舗や飲食などのサービス業も進出するようになる。魅力的なベーカリーや菓子・デザート、惣菜、ブティックなどの新しい店が姿を現し、商店街全体のワンストップ・ショッピング機能が拡充し、集客力が一段と高まる。スパイラル的に発展する商業集積内部には個々の店舗間に相互補完関係が発生し、集団的パワーが強化される。

地域商業の集積力が生み出す魅力は経済的な利便性だけではない。個性的な店の連なりがつくり出す街並みや彼らが担う祭りやイベント、そして路地や川などの自然環境が１つに溶け合い、そのまちらしさ、つまり界わい性がかもし出されるようになる。そうなれば、しめたものである。私たちは近くの商店街で買い物し、あるいは旅に出てまち歩きをして、界わい性を体験し、記憶にとどめる。その記憶に引き寄せられて、「いいな」と思うまちへと、再び、足を運ぶ。その意味では、商業集積にもまた、界わい性という文化表現力が内在している。

個店と集積は相互規定関係にある。人を引きつける店は商業集積の中ではぐくまれ、同時に魅力的な店の集積が界わい性をつくり出す。だから、まちの一部を構成する商店街は本来、政府からの補助金を受けるための受け皿としてあるのではなく、また大型店の出店に反対するための組織として存在してきたわけでもない。同じ界わいで店を構える商人たちの集まりとして、利便性や快適さを超えて、人々がそれ以上の何かを記憶する場として存在しているのだ。

今回、調査した香川県高松市の丸亀町商店街の商店街再開発事業の発端が「せっかくおしゃれをしても、歩く場がない」「家族や友人と一休みし、おしゃべりする場がない」という消費者の声にあったというエピソードは、「歩く」「話す」という身体的行為を通して、商店街が記憶される場として形成されてきたことをよく表している。

もう１つ、大切な視点がある。時間軸である。個店のところでも少し説明したように、時間軸を延ばすと、商業構造は劇的な変化を遂げている。交通

体系の変化や人口の郊外化といった外部性に大きな変化が生じるときには、集積力という外部性効果は、必ずしも「正」ばかりではなく、「負」に転じることもある。駅前や商店街に進出した大型店が撤退した後の空き店舗・空き地問題がそれである。

集積力という外部性が「正」から「負」に180度変わってしまう状況が商店街を悩ませ続けている。今回、調査した地方圏4都市の歴史は、地域商業が外部性の「正」と「負」の間で激しく揺れ動いてきた現実をはっきりと示している。

戦後、日本の商業政策は商業集積の負の外部性を少なくし、正の外部性を引き出すことに主眼を置いて展開されてきた。次に、その点を考えてみよう。

## 2 地域商業政策の流れの中で
### ―「流通近代化」と「商業近代化」

経済産業省（旧通商産業省）が担ってきた日本の商業・流通政策は「調整政策」と「振興政策」の2本柱で展開されてきた。戦後の調整政策を代表するのが百貨店法（1956年）、小売商業調整特別措置法（1959年）、大規模小売店舗法（1973年、大店法）で、とりわけ大店法は大型店と中小小売店の対立を緩和することを目的とした法律で、いわゆる流通革命期における中小小売店の「保護」を視野に入れていた。

後者の振興政策としては商店街振興組合法（1962年）、商店街近代化事業（1964年）、商業近代化地域計画（1970年）、中小小売商業振興法（1973年、小振法）があり、特に大店法と同時期に制定された小振法は商店街整備事業からボランタリーチェーンの育成まで掲げ、中小小売業の育成を体系的に網羅していた（石原、2011-a）。

調整政策と振興政策は、1960年代から70年代にかけて激化した大型店と中小小売店の利害対立を緩和する意図をもって表裏一体の政策として実施された。スーパーを軸とした流通革命の動きを利用し、物価高の抑制と資本自由化対策として流通効率化を推進する「流通近代化」政策を導入する一方、戦後政治体制をささえていた中小企業の保護・育成の観点から中小小売業の経営を支援し、商店街を整備する「商業近代化」政策が推進されたのである。

本書で「流通近代化」と「商業近代化」という2つの言葉を微妙に使い分けているのは、そのような歴史的事情を考慮してのことであり、「商業近代化」という言葉には中小小売業の経営近代化や商店街の整備というニュアンスを含んでいる。

　大店法制定の経緯が「2つの近代化」の錯綜する当時の時代状況をよく物語っている。大型店と中小小売店との対立は戦前、近代小売業の先駆者である百貨店の成長を機に引き起こされた。戦後、百貨店法はいったん廃止されたが、百貨店の成長が始まると、1956年に再度施行され、出店許可制が導入された。しかし、その頃登場したセルフサービス方式のスーパーは伝統的な商業構造を変革する勢力として社会的に評価され、百貨店法の規制対象外とされた。それが流通近代化政策の流れをつくり出した。

　当然、百貨店業界と中小小売商団体は反対し、スーパー規制を強く求めた。すったもんだの末、1973年に大店法が制定され、業態に関係なく、一定規模（売り場面積1500㎡、政令指定都市等同3000㎡）以上の大型店を一律規制することになった。ただし、流通近代化による「消費者の利益の維持」と、商業近代化による「中小小売業の事業機会の確保」という微妙な関係にある2つを同時に目的に掲げた大店法は、百貨店法の許可制に戻るのではなく届出制とし、競争を大幅に制限しつつも、形式的には一定程度の大型店の出店余地を残すかたちに落ち着いた。

　並行して、中小小売業の振興策が取られた。経済産業省が着目したのが戦前から組織化されていた商店街という商業集積レベルの中小小売業の育成策だった。1932（昭和7）年制定の商業組合法に基づき、すでに150を超える商店街商業組合が設立されていた。しかし、同法は同業者の組織が原則とされ、種々の商業者が混在する商店街には必ずしもなじまず、多くの商店街は法人格のない任意団体にとどまっていた。戦後、1962（昭和37）年商店街振興組合法が議員立法で制定されたことで、この問題が法的に解決される道筋がつけられた（鈴木、2001）[3]。

## （1）商店街近代化事業の始まり

　商店街振興組合法は地域組合を対象にしており、小売業者やサービス業者

のほか、地域を同じくする事業者等が加入できた。商店街単位で街路灯やアーケード、共同店舗等の共同施設の整備を行えるようになり、「街ぐるみという点で、中小企業政策を抜け出し、都市政策の一端を包含した」（鈴木、同）と評価された。1964年からは商店街近代化事業が始まり、共同店舗、駐車場、アーケードなどの商店街整備事業に対して低利の融資が行われ、商店街振興組合は受け皿機関として機能するようになった。

　振興政策と調整政策を方向づけたのは産業構造審議会流通部会の一連の答申だった。1970年に『流通近代化地域ビジョン』（中間答申）を打ち出し、国は都市別に地域の諸条件を踏まえ、地域商業の適応方向とそれに基づく商業施設のあり方を示す「商業近代化地域計画」を策定する一大事業に着手した。「商業近代化地域計画」は中小企業庁から日本商工会議所への委託事業として始まり、1984年度から補助事業に切り替えられ、1990年度まで継続した。その間、21年間で構想を示す「基本計画」は241地域、構想を具体化するための「実施計画」は105地域、さらに計画が有効性を失った場合の見直しを行うローリング事業と実施計画支援のため人材派遣等を行うフォローアップ事業は各24地域で策定された[4]。

　今回、商業サイドからのまちづくりの出発点をそこに置いたのは、評価はさておき「商業近代化地域計画」が商店街整備事業や大型店対策を超えて、曲がりなりにも都市計画の一端を担っていたからである。1971年『商業近代化地域計画報告書（総論）』には、「国土の均衡ある発展と健康で豊かな国民生活の充足のためには、わが国経済社会の将来像を前提に、その発展を促進しうる機能的で効率的な住みよい"まちづくり"が強く要請されている」（3頁）と、単なる商店街整備事業ではないとの問題意識がぼんやりとではあるが表されていた。

　事実、1964年度から始まった商店街近代化事業93件（1964～90年度）を調べてみると、商店街近代化事業による単独実施はわずか7件に過ぎず、残りは街路事業や土地区画整理事業など都市計画事業との併用である[5]。道路や街路灯、アーケード、駐車場など商店街整備事業は都市計画や道路行政を担う経済産業省以外の役所との連携が必要とされ、実行に際しては市町村との協力体制が不可欠とされていた。

しかし、調整政策と振興政策とは、ある意味で対極に立つ法制度である。本来は2つの政策をつなぐための「環（わ）」が必要とされていたが、それが失われていた。商業立地の適正化がそれである。

　政策担当者や学識経験者はその点を認識していたに違いないが、縦割り行政の壁は厚く、また日本の都市の成長が急テンポすぎて、商業と流通の近代化政策の中に商業立地問題を組み入れることはむずかしかった。たとえば、商業立地調整の要となる都市計画法は国土交通省（旧・建設省、運輸省）が所管し、市町村が用途地域、地区計画等の設定により土地利用について規制し、計画的な建築物の設置を行う。商店街の整備に深く関わっている道路行政も国土交通省の管轄である。経済産業省はそこに立ち入ることができない。商店街内のアーケードや共同店舗の設置が事業化の限界であった。

　大店法は運用面において立地条件や商圏構造をある程度考慮したが、届出時の調整は開店日、店舗規模、閉店時刻、休業日数の4項目に限られており、立地条件それ自体は審査対象外だった。したがって、スーパーが地方都市や大都市周辺部に自由に出店し、ときには大きな立地変動が起きる場合でも調整できず、既存商店街とのあつれきは増すばかりであった。

　大店法の運用が各地で混乱をきたすとともに、商業立地の適正化問題がまちづくりにとって戦略的に重要であるとの認識は高まった。1995年、産業構造審議会流通部会・中小企業政策審議会流通小委員会の合同会議は『21世紀に向けた流通ビジョン』をまとめ、流通構造改革の方向を「製販配連携を核とするトータルシステム化」と「地域コミュニティとしてのまちづくり等の社会的要請への主体的対応」の2つとした。そのうえで、商業の郊外化や都市間競争の激化から中心市街地における「商業の空洞化」が進んでいる現状を憂慮し、縦割り行政を超えて、商業を核として新たなまちづくりに挑む必要性を提唱した。具体的に第三セクターのまちづくり会社の創設によるタウンマネジメントの推進などが提案された。

　石原武政（2011-b）は、これを「小売商業の問題が単なる商業振興の問題としては考えられなくなったことの表れ」と評価したが、商業立地の適正化問題が本格的に取りあげられるのはまだ先のことだった。

## （2）改正中活法によるまちづくりの時代へ

　大店法の廃止は1997年に方針が示され、2000年に実行された。背景には規制緩和やスーパー企業の成熟・衰退、中小小売業者の意識変化など種々の要因が働いていた。1990年代、「大型店対中小小売業」という対立の構図は後退し、商業調整政策の社会的意義は薄れた。また、地盤沈下する商店街や減少傾向を続ける商店数という厳しい現実を前に、商店街整備事業を柱とした従来の商業振興政策の限界も認識されるようになった。

　高度成長期以降抱え込んでいた「流通近代化」（大型店による流通効率化）と「商業近代化」（中小小売業の保護・育成）の両立という政策上のくびきが解かれ、「商業近代化地域計画」以来の課題である「まちづくり」が地域商業政策の表舞台に登場してきた。

　1998年に成立した「まちづくり三法」（都市計画法の改正、大規模小売店舗立地法、中心市街地活性化法）が口火を切った。都市計画法で商業立地の適正化を図り、大規模小売店舗立地法で大型店の開設に伴う近隣生活環境への影響をコントロールし、中心市街地活性化法で中心市街地全体の再生を図るとの方向性が打ち出された。

　しかしながら、まちづくり三法施行後、さまざまな施策が講じられたにもかかわらず、中心市街地の居住人口の減少には歯止めがかからず、商業・公共施設の郊外移転が続いたため、2006年に「まちづくり三法」の見直しが行われた。これが大きな転換点となった。

　経済産業省と国土交通省は連携し、まず政府の支援体制を強化した。中心市街地活性化法（中活法）を改正し、内閣に中心市街地活性化本部を設置したほか、市町村が作成した基本計画の認定と実績の評価基準の明確化、商工会議所やまちづくり会社等からなる中心市街地活性化協議会の認定などの新制度を導入し、中心市街地に図書館や病院などの公共公益施設や商業施設、住宅等を誘導する措置を実施した。

　また、都市計画法が改正され、1万㎡超の大規模集客施設が立地可能な用途地域が6ヵ所から3ヵ所（商業地域、近隣商業地域、準工業地域）に制限され、非線引き都市計画区域内等における大規模商業施設の立地は原則、不

可能となった。これにより大規模郊外ショッピングセンターの開発に大きな歯止めがかけられた。

　改正中活法の施行後7年が経過した2013年1月現在、110市町、113地区で基本計画が認定されており、比較的大きな都市でまちづくりの中核的な制度として機能している[6]。

　2000年代以降、まちづくり三法を軸にした全国的なまちづくりの動きは、人口減少社会の到来、持続可能な社会の実現、地方創生政策の推進といった時代の大きなうねりを受けて、活発化した。何より長年、地域商業政策から欠落していた立地適正化問題について、都市機能の郊外分散化を避け、中心市街地に都市機能を集約するとの立場がある程度、明確になった。各地の中心市街地活性化基本計画では「コンパクトシティ」「歩けるまちづくり」「まちなか居住」等々のキャッチコピーが使用され、さまざまな問題点を抱えながらも、中心市街地がまちづくりの柱となるとの社会的合意が形成された。その点が商業近代化地域計画当時との大きな違いである。

## (3) 立地適正化によるコンパクトシティ構想

　商業集積には中心性と重層性がある。これは良し悪しの問題ではなく、商業集積の原理的問題である。商業集積は数多くの小規模な集積から数少ない大規模な集積まであり、通常、近隣型、地域型、広域型、超広域型と類型化されている。中心市街地にある中心商店街は最上位の超広域型か次の広域型商店街に該当する場合が多く、まちの周辺部や郊外に住む住民は普段の生活で家の近くの近隣型商店街を利用しながら、必要に応じてより上位の階層に位置する中心商店街に出かける。

　中心市街地活性化基本計画では、中心市街地に医療や福祉・介護、病院、図書館などの公共施設、商業集積を集め、高齢化社会にふさわしい、コンパクトで歩けるまちづくりを推進している。人口が2000年代半ばにピークを迎え、都市の拡大ではなく都市の縮小が政策課題となっているとの判断が働いている。

　高度成長期、日本の都市は人口の増加と地方からの人口流入により拡大し続けた。都心部には高層ビル群が立ち並び、周辺郊外部にはニュータウン建

設が相次ぎ、人口のスプロール化が起きた。都市計画の専門家の間にも、人々の暮らしを豊かにするための都市は成長の「手段」として市場に組み込まれていたと反省し、人口減少時代に応じた「縮めるまちづくり」を提案する意見が出てきている（饗庭、2015）。

「縮めるまちづくり」を推進しているのが都市計画や土地利用を所管する国土交通省のコンパクトシティ構想である。2014年に改正都市再生特別措置法を施行し、全国の各自治体は「立地適正化計画」を作成している。人々の住まいや公共施設、商業施設を一定の中心市街地におさめてコンパクトなまちをつくる新しいマスタープランで、主要な駅や中心市街地を核にして都市機能を集約する方向で民間施設を誘導し、中心市街地の空洞化を防ごうとするもので、都市計画や交通体系の整備と結びついている点で改正中活法より包括的である。

コンパクトシティ構想には郊外生活圏の切り捨てとか、人々の移動を促すことに一部で慎重論があるものの（村上、2009）、2006年のまちづくり三法の見直しから2014年の立地適正化計画に至る過程において、長年日本の商業政策が見失っていた立地適正化問題が政策論議となり、まちづくりと商業集積における中心性の必要性が広く認識されるようになった。

立地適正化問題への取り組みとともに、もう1つ、政策上の大きな変化があった。政策目標を立て、その実現を事後評価する制度が導入された。2004年、総務省による中心市街地活性化法の運用状況の監察・監視結果で政策効果があがっていないとの指摘がなされ、2006年に改正された同法に基づく中心市街地活性化基本計画では通行量、居住人口、空き店舗率などの数値目標を提示し、実現度を事後評価するようになった。

これにより、いいっぱなしで政策評価制度が欠落していた商業近代化政策以来の課題がある程度、解決された。今回の各都市の実態調査でも、極力、改正中活法の政策評価制度を利用した。

## 3　調査研究の視点と方法

これまでの記述からわかるように、今回の共同研究プロジェクトは1970

年代の商業近代化地域計画から2000年代における中心市街地活性化基本計画に至る地域商業政策の系譜の中で、商業者による商店街・まちづくりがどのように変容してきたのかを取りあげている。調査対象都市は、山形県鶴岡市（第1章）、新潟県長岡市（第2章）、山梨県甲府市（第3章）、香川県高松市（第6章）の地方圏4都市と、東京都立川市（第4章）と千葉県船橋市（第5章）の首都圏2都市の計6都市で、各都市とも研究会メンバーが複数回、現地調査を行った。

　頭を痛めたのは調査対象都市の選定だった。商業近代化地域計画・同実施計画報告書を策定した200以上の都市の中から中心市街地活性化基本計画の策定に至る商業近代化・まちづくりの発展・変容について代表性のある少数の都市を選び出す厳密な基準設定はできなかった。ただし、できる限り過去半世紀近い商業近代化からまちづくりに至る全国的動向をすくいあげるため、都市選定には一定の配慮をした。

　1つは、大都市と地方都市の両方から調査都市を選んだ。近年は、特に人口減少対策や地方創生政策の影響からそうなのだが、商店街調査やまちづくりというと、真っ先に地方都市が思い浮かぶ。実際、その種の調査研究が多いが、今回は人口の増えている首都圏と人口が減少している地方都市の両方を調べることにした。日本の人口分布からみても、大都市は外すことができない。一見、混然一体となっている大都市圏にも「ふるさと」はあり、「まちづくり」の担い手たちはいる。

　そこで、商業近代化地域計画・同実施計画報告書を策定した全国主要26都市を対象に、2015年の人口総数と1985-2015年の30年間の人口増減率の関係を調べてみた（図序-1）。

　図に示された首都圏主要郊外都市の人口増加率は著しく、大型店中心のまちづくりが進んでいるとの傾向を把握することができた。その中から人口規模が比較的大きく、古い歴史のある千葉県船橋市と、人口規模は小さいが躍進目覚ましい立川市の2都市を選んだ。

　地方都市は、人口増加傾向の都市と同減少傾向の都市に二分されていた。数のうえでは、やはり後者の人口減少都市の方が多い。人口減少都市から県庁所在地や地方中核都市の数の多い人口十数万人から30万人の都市から、

### 図序-1　全国主要26都市の人口総数と人口増減率の関係

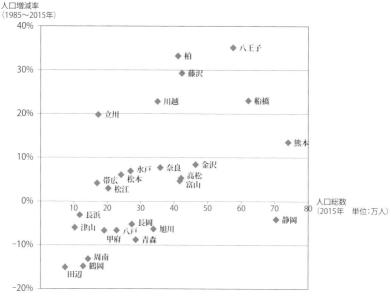

（出所）国勢調査。
（注）市区町村単位は2014年4月現在。

鶴岡、甲府、長岡の3都市を選び出した。人口増加都市では人口40万人を超える県庁所在地で、全国有数の商店街再開発とされる高松丸亀町商店街のある香川県高松市を訪問することにした。

それぞれの都市グループの中から特定都市を選ぶ際には、長年、全国各地のまちと商店街を歩いている編者の1人（三橋重昭）の助言を受け、商店街近代化事業や中心市街地活性化基本計画の進捗状況や成果水準の面で偏らない都市選定を意識したほか、調査受け入れの可能性や土地勘も考慮した。

2014年春、研究会を組織し、文献紹介等を行い、先行研究で実績のある専門研究者から講義を受けた。しかし、その時点で問題意識は必ずしも明確ではなかった。何はともあれ現地に行って、問題の所在を発見しようと、同年夏から山形県鶴岡市を手始めに調査に着手した。それでも、当初から次のような漠然とした問題意識は共有していた。

まず、商業近代化地域計画は街路灯やアーケード、カラー舗装、再開発ビルなどハード面の商店街整備事業に偏り、しかも多くの事業計画がいいっぱなしで、実現されてないとの指摘があった（鈴木、2001）。しかし、他方で、外部の学識経験者をまじえて、行政、商工会議所・商工会、各商店街の代表が集まり、まちと商店街のあり方を議論する場が設けられたことは、その後さまざまな良い化学反応を引き起こしたとの指摘もあった（石原、2011-a）。それゆえ1970年代から80年代の商業近代化地域計画と現状のまちづくりの流れを追い、その断絶と連続性という視点から、現地調査を行うことを確認した。

　次に、大型店や郊外ショッピングセンターの位置づけについて、随分と議論を重ねた。都市計画・都市問題の先行研究には、中心市街地や小さな町を「破壊」するような大型店や郊外ショッピングセンターの出店には批判的な意見が根強くあり、中には大型店と「まちづくり」を水と油のように捉える論者もいる。研究会内部にも「地域商業」の担い手として全国チェーンや大手資本を含めることに慎重な意見もあった。

　事実、現地調査を重ねる過程でも大型店の撤退による空き店舗・空き地問題がまちづくりの大きな障害となっている例が少なくなかった。しかし、逆に、大型店など大手資本の力を利用してまちづくりを進める首都圏の主要都市や高松丸亀町のような繁栄をみるにつけ、大手資本と地域商業者の補完関係にも目を見張った。これがさきに述べた集積の外部性効果の「正」と「負」の間を揺れ動く地域商業問題の核心部分である。

　都市計画や土地利用政策の範囲内で、地域に足を縛られないチェーン系店舗施設がまちを出入りするのは避けられない。市場経済が引き起こす集積の流動性を認識し、制御可能な点はコントロールして、大手資本とともにやっていくしかない。そのように現実的に考えることにした。

　最後に、文化表現力の観点からまちづくりの新しい担い手を発掘し、積極的に評価するアプローチをとった。担い手たちは実に多様である。第7章の「個店の力」で詳しく紹介するが、地域を愛し、場に深く根差した文化表現者としての商人はまちづくりの必要欠くべからざる貴重な存在となっている。そこには地域の職人や産業といった「工」との連携を図る新しいまちおこし

の動きも含まれている。

　商業集積力を引き出すソフトパワーの担い手もいる。今回の現地調査の過程でも高松市や鶴岡市、船橋市などの第三セクター系まちづくり会社や市民団体系NPO（非営利組織）の運営に深く関わる比較的若い世代の人材と数多く出会った。商店街に生まれ、家業を継いで商店街振興組合のリーダーになる者ばかりでなく、地方再生、地方創生の掛け声とともに、外からやってきた若い世代がまちの活力を引き出している。大型店中心のまちづくりが進む首都圏でも、新しい担い手によるまちづくりの胎動が起きていた。その点も視野におさめた。

　個店と個人の力がまちの集積という舞台で関連づけられ、文化的なパワーを発揮するとき、困難な現状打破の可能性が出てくる―いま、調査研究を終えて、素直にそう考えている[7]。

[注]
(1) 堂目は著書（2008）の中で「共感」ではなく「同感」と訳しているが、ここでは一般的な語法である「共感」という言葉を用いた。
(2) 矢作（1996）42頁「婦人解放運動と百貨店」参照。
(3) 商店街振興組合法は初の商店街単独法で、1959年東海地方を襲った伊勢湾台風で被害を受けた中京地区等の商店街救済のため議員立法により比較的短期間で成立した。しかし、組合員有資格者の3分の2以上の同意が必要であり、当初、組織化は思うように進まなかった（濱、2008）。全国的な組織化が図られるのは1990年代になってからのことである。
(4) 商業近代化地域計画の策定事業は1990年度まで21年間続き、その後は中小商業活性化基金を活用した「商店街等活性化実施計画策定事業」に継承された。
(5) 鈴木（2001）。原資料は中小企業事業団『商店街の街づくり百科Ⅱ』1991年。
(6) 中活法に基づく中心市街地活性化基本計画は国の認定を受ける事業であり、中心市街地全般の都市機能の拡充を目指しているため、比較的規模の大きな実績のある都市が手をあげた。それ以外の都市でも地域住民のための商店街活動の活性化は必要とされているため、2009年地域商店街活性化法が成立し、中小企業4団体が出資して株式会社全国商店街支援センターが設立された。
(7) 本章の執筆に当たり編者の1人である三橋重昭氏から多くの助言を頂戴した。記して、感謝したい。

[参考文献]

アダム・スミス(1789)『国富論』(第5版、水田洋監訳・杉山忠平訳)岩波文庫(全4冊)、2000年。
アダム・スミス(1790)『道徳感情論』(第6版、高哲夫訳)講談社学術文庫、2013年。
饗庭伸(2015)『都市をたたむ―人口減少時代をデザインする都市計画』花伝社。
秋谷重男(1980)「流通産業化の限界と商業資本の機能―流通革命と文化表現」流通産業研究所編『大規模小売業と地域社会』流通産業研究所。
石原武政・西村幸夫(2010)編『まちづくりを学ぶ―地域再生の見取り図』有斐閣ブックス。
石原武政(2011-a)編著『通商産業政策史 1980-2000 第4巻 商務流通政策』経済産業調査会。
石原武政(2011-b)「地域商業政策の系譜」『商学論究』関西学院大学商学研究会、58巻2号。
鈴木安昭(2001)「都市と商業集積」『日本の商業問題』有斐閣。
堂目卓生(2008)『アダム・スミス』中公新書。
長坂泰之(2012)編『100円商店街・バル・まちゼミ お店が儲かるまちづくり』学芸出版社。
日本建築学会(2005)編『まちづくり教科書9 中心市街地活性化とまちづくり会社』丸善。
濱満久(2008)「商店街振興組合法の成立過程とその意義」名古屋学院大学総合研究所ディスカッションペーパーNo.78。
ハワード・シュルツ=ドリー・ジョーンズ・ヤング(1997)『スターバックス成功物語』(小幡照雄・大川修二訳)日経BP社、1998年。
三橋重昭(2009)『よみがえる商店街 5つの賑わい再生力』学芸出版社。
村上義昭(2009)「中心市街地活性化の課題」『日本政策金融公庫論集』第4号。
矢作敏行(1996)『現代流通 理論とケースで学ぶ』有斐閣。
矢作敏行(2016)「倉本長治とその思想の実践者たち」『商業界』6月号。
矢作弘(2005)『大型店とまちづくり』岩波新書。

# 第Ⅰ部 郊外化に揺れる地方都市のまちづくり

# 第1章 中心商店街に浮沈あり
## ——山形県鶴岡市

矢作敏行
川野訓志
三橋重昭

## 1 はじめに

　鶴岡市は山形県の日本海沿岸最南端にあり、庄内平野内陸部に位置する城下町である。人口は13万725人（2016年6月末）であり、2005年10月に藤島町、羽黒町、櫛引町、朝日村、温海町と合併したことにより、県内2位の人口規模となった。

　鶴岡の都市構造は城下町という歴史によって規定され、後背地としての庄内平野で収穫される農産物の集散地として発展した。初期の鶴岡は物流手段を陸路と水路に依存していたため、諸街道が集中し、中心市街地を流れる内川の酒田船の船着き場のあった荒町あたりは人通りが多く商店が建ち並ぶ盛り場として栄えた。

　大正時代後半に鉄道が開通し鶴岡駅が設置されると、物流手段は水運から鉄道輸送へと移行した。それに伴い、駅周辺で商業開発が進み、1970年代の再開発事業により市街地と駅前地区という二眼レフの都市構造が形成されるようになった。

　ところが、1990年代の大規模小売店舗法（大店法）の段階的緩和により大規模商業施設の郊外化が急速に広がった。鶴岡市内周辺部や市外の隣接自治体に大規模商業施設が建設され、中心市街地の商業集積全体が揺らぎ始め、

駅前大型店舗の閉鎖と商店街の衰退が進んだ。

　都市構造の郊外化という劇的変化に直面しながら、中心市街地におけるまちづくりに果敢に挑む商業者、地盤沈下に半ばあきらめ顔の商店街、過去の再開発事業の重荷に悩む商店主と、さまざまな顔をみせる地域商業の複雑な現実を通して、まちづくりの担い手としての地域商業の動向をみてゆこう[(1)]。

## 2　地域商業構造の変化

　江戸期から明治期にかけての鶴岡の中心市街地は城下の旧市街に相当する、かなり限定された広がりにとどまっていた。状況が変わるのは鉄道の開通以降のことである。1919（大正8）年に鶴岡駅が開設された。駅舎は鶴岡町に隣接する大宝寺村に建設され、市街地の最上町から80間（1間は約1.8m）離れた農地の中にあった。そこから市街地を結ぶ道路が整備された。これが日本の他の主要都市にも数多くみられる駅前と旧市街地という二眼レフ構造を生み出した。

　鶴岡市が都市計画法に基づく指定都市に指定されたのは1928（昭和3）年である。その後、住居地域、商業地域、路線的商業地域、未指定地、工業地域、指定外とゾーニングが行われ、戦後になっても地域商業はあまり大きな変化を遂げることなく、比較的穏やかに成長してきた。

　1960年代には全国各地でスーパーと呼ばれるチェーン方式の大型店の出店が始まった。鶴岡市も例外ではなかった。1955（昭和30）年鶴岡生協（生活協同組合共立社）が創立され、1963年には主婦の店鶴岡店が開店した。いずれもセルフサービスやチェーンシステムといった流通革命の考え方に沿って生まれたものだが、品揃えは食料品と日用雑貨に限られ、それほど大規模な店舗ではなく、地域の商業者とある程度、共存が図られていた。

### （1）郊外化の進展

　しかし、1970年代に状況が変わる。駅前地区が商業地区としての地位を確立し、そこに全国チェーンの大型店が相次いで出店した。1971年ジャスコ（営業期間1971〜2005年）が[(2)]、1978年にはダイエー（同1978〜2002

年）が駅前に出店した。また、駅周辺部での大規模商業開発を受け、駅前地区の再開発事業が動き出し、1987 年にマリカ東館、西館（同 1987 ～ 2007 年）が開設した。

　それでも 1985 年の商業統計表では、大型店の売場面積は 11 万 2500 ㎡あまりで市全体の売場面積に占める比率は 36.6％ にとどまっている。すでに 50％ を超えていた酒田市や山形市と比べると、大型店の占有率は低かった。また、1991 年には、鶴岡市内の大型店（大規模小売店舗法に基づき売場面積 500 ㎡超が対象）20 店中、13 店つまり 65％ が中心市街地に立地しており、まだ郊外開発が進んでいなかったことを示している。

　この時期、大型店出店を巡ってまったくあつれきがなかったわけではない。1980 年代には「鶴岡市中規模小売店舗出店指導要綱」が定められており、300 ㎡超 500 ㎡以下の出店案件については届け出るよう定められていた。

　1970 年代以降進行してきた自動車の普及と道路整備によってモータリゼーションが進み始め、80 年代にはいると幹線道路沿いに店舗が建ち並ぶようになった。国道 7 号線、112 号線沿線には第 2 種大規模小売店舗（500 ㎡超 1500 ㎡未満）や中規模店舗が進出し、しだいに商業活動の郊外化は郊外型ショッピングセンターに集約されていくことになる。1998 年の鶴岡南ショッピングセンター、2000 年のウェストモールバル、2001 年のイオンモール三川（三川町）、2005 年のルパーク（三川町）と、1990 年代後半以降周辺部、さらには隣接自治体へと出店が一気に波及した。

　郊外化と景気低迷の中で、2002 年にダイエー、2005 年にはジャスコ、さらにマリカ東館が 2007 年に、それぞれ撤退ないし閉店し、駅前地区は集客の核を失った。その結果、2014 年では、市内の大型店（大規模小売店舗立地法に基づき売場面積 1000 ㎡超が対象）32 店中、中心市街地に立地しているのは 4 店舗つまり 12.5％ に減少した。

　商業立地の劇的変化である。郊外部での大規模商業開発が 1990 年代以降進んだことにより鶴岡市の中心市街地には周辺市町村から購買力が流入してこなくなった。市内人口の減少がそれに追い打ちをかけた。鶴岡商圏の縮小は中心市街地の商業者を直撃した。

## (2) 商業中心性の変化

次に、データを基に周辺都市との競合関係の観点から、鶴岡市の地域商業を位置づけ、地域内の商業集積の変動をみてみよう。まず山形県内における鶴岡市と県内主要都市との中心性指数(鶴岡市が山形県全体の小売販売額に占めるシェアを同人口のシェアで割った数値)を求め、鶴岡市の小売商業が相対的にどのような位置づけになっているのかを検討する[3]。

ある都市の顧客吸引力を示す商圏は大小いくえにも重なった重層構造をそなえている。道路、交通網、公的施設や病院、商店等が集まる鶴岡市は周辺市町村から来街者が多く、市内居住者の落とす買い物金額以上の消費市場規模が形成されているはずである。それを小売商業の中心性と呼んでいる。小売販売額は商業統計表、居住人口は国勢調査に基づき、1950年代半ば以降の時系列データを作成したのが表1-1、1-2である。

小売業での中心性指数の推移をみてみると、鶴岡市は1956年4市の中で最も高く、周辺部から購買力を強力に吸引していたことがうかがえる。しかし、その後は一貫して数値を下げており、2007年には1.0を切り、購買力が

表1-1 鶴岡市および県内3市の商業中心性(小売業全体)

|  | 1956年 | 1966年 | 1976年 | 1988年 | 1999年 | 2007年 |
|---|---|---|---|---|---|---|
| 鶴岡市 | 1.95 | 1.45 | 1.35 | 1.23 | 1.19 | 0.95 |
| 山形市 | 1.58 | 1.63 | 1.32 | 1.27 | 1.25 | 1.25 |
| 酒田市 | 1.72 | 1.36 | 1.48 | 1.31 | 1.22 | 1.27 |
| 米沢市 | 1.21 | 1.24 | 1.13 | 1.17 | 1.13 | 1.17 |

表1-2 各種商品小売業の中心性

|  | 1956年 | 1966年 | 1976年 | 1988年 | 1999年 | 2007年 |
|---|---|---|---|---|---|---|
| 鶴岡市 | — | 1.46 | 0.81 | 1.39 | 1.07 | 0.57 |
| 山形市 | — | 3.93 | 2.93 | 2.01 | 1.89 | 2.28 |
| 酒田市 | — | 2.61 | 2.28 | 2.44 | 1.41 | — |
| 米沢市 | — | — | 0.61 | — | 2.40 | 1.65 |

(出所)商業統計表、国勢調査。

他市町村に流出する逆転現象が起きている。

　県内の他の主要都市（山形市、酒田市、米沢市）も長期的には中心性指数は低落傾向にあるものの、下げ止まりないしは反転傾向を示しており、少なくとも中心性を失っていない。同じ庄内平野の拠点都市である酒田市の場合、鶴岡市と同様に1956年がピークだが2000年代には低値安定状態に移行している。それだけ鶴岡市の地盤沈下が際立っている。

　各種商品小売業の中心性指数をみると、さらにその傾向が鮮明となる。各種商品小売業は百貨店や総合スーパーといった大型店が含まれるカテゴリーであり、当該都市の顧客吸引力の大小に大きく関わる要素である。ただ、店舗数が限られるため、正確な数値の把握がむずかしく、今回の中心性指数の算出に当たっても空白部分の多い結果となった。一応、傾向だけ確認しておこう。

　鶴岡市は1970年代にいったん1.0を切るものの、1980年代にはいり、先に説明した駅前大型商業施設が相次いで開設した結果、1988年には1.0を上回った。しかし、その後2007年には0.57と、4都市の中でも極めて低い値に落ち込んでいる。この結果が示しているのは、①1960年代まで地方百貨店の存在（たとえば、駅前の佐金デパート）により周辺の農村部から強力に購買力を吸収していたが、百貨店の販売力の相対的な低下や周辺地域へのスーパーの出店により吸引力が低下した、②その後1980年代には総合スーパーの開店や駅前再開発により再び吸引力を取り戻したのもつかの間、そうした商業施設が撤退した、③さらには郊外部での商業開発が進むとともに購買力が流出したことである。

　鶴岡市は庄内平野という農村地帯の商業中心地であったが、平坦地でなおかつ農業用地であったがゆえに、道路整備およびモータリゼーションが進んでくると容易に郊外部に大規模商業施設が整備され、都市部から購買力が流出してしまった。

## (3) 市内商店街への打撃

　それでは郊外化という地域間商業構造の変化は、鶴岡市内の商業構造に対して、どのような影響をおよぼしたのか、商店街地区別に概観してみよう。

利用するのは商業統計表の立地環境特性別統計編である（表1-3）。

鶴岡市内には21の商業集積が記載されている。このうちエスモールは1997年調査までは鶴岡駅前商店街に含まれており、二百人町商店街と南部商店会は2002年以降鶴岡南銀座商店街に含まれていると推測できる。また「新規」と分類した商店街は、2005年に合併した旧藤島町の商店街である。

全体としていえることは、店舗数の減少が急速に進んでいることであり、小売販売額も急速に減っている。同じ駅前立地である鶴岡駅前商店街とエスモールを合わせて考えると、店舗数の減少はそれほど明瞭とはいえないが、駅前という立地条件と大規模商業施設といった好条件にもかかわらず、小売販売額が最盛期の半分程度にまで減少している。

表1-3 鶴岡市内の小売商業集積の推移－年間商品販売額(店舗数)－

| | | 1988 | 1997 | 2002 | 2007 |
|---|---|---|---|---|---|
| 駅前 | 鶴岡駅前商店街 | 8,104(90) | 11,179(85) | 6,217(77)※ | 2,836(52)※ |
| | エスモール(庄交モール) | — | — | 3,140(14)※ | 2,867(39)※ |
| | 鶴岡日吉町商店街 | 951(30) | 329(16) | 230(13) | 225(13) |
| 旧市街地 | 鶴岡山王商店街 | 3,002(69) | 2,502(55) | 1,348(42) | 1,325(35) |
| | 鶴岡銀座商店街 | 8,854(145) | 5,300(89) | 3,168(57) | 2,340(40) |
| | 鶴岡川端商店街 | 480(16) | 1,476(28) | 215(9) | 170(6) |
| | 昭和通り振興会 | — | — | 830(25) | 566(18) |
| | 鶴岡昭和みゆき通商店街 | 809(25) | 745(20) | 1094(16) | 686(14) |
| 周辺地域 | 東部商工会 | 123(19) | | | |
| | 鶴岡南銀座商店街 | 3,154(42) | 2,520(28) | 2,143(20)※ | 1,658(18)※ |
| | 二百人町商店街 | 300(21) | 201(12) | — | — |
| | 南部商店会 | 567(13) | 953(18) | — | — |
| | 一日市商興会 | 786(37) | 717(33) | 388(20) | 238(14) |
| | 鶴岡七日町商店街 | 974(23) | 629(14) | 395(12) | 260(10) |
| | 上肴町商店会 | 560(29) | 691(26) | 206(13) | 203(11) |
| | 鶴岡西商店街 | — | 6,590(56) | 2,942(30) | — |
| 農村部 | 温田川温泉商店会 | | 547(17) | | |
| | 大山どまんなか商店街 | 1,412(40) | 2,513(37) | 1,411(22) | 1,437(18) |
| | 湯野浜温泉商工会 | 570(26) | 668(24) | | |
| 新規 | 藤島町駅前商店街 | — | — | — | 455(16) |
| | 藤島中町商店街 | — | — | — | 391(13) |

(出所) 商業統計表。
(注) ①※大規模店を含む（2002年調査より導入）、②商品販売額の単位は百万円。

その他の商店街では、総じて店舗数は大幅減、販売額は2分の1から3分の1程度にまで縮小している。より深刻なのは、いくつかの商店街はすでに調査対象から外れてしまっていることであり、鶴岡日吉商店街、鶴岡川端商店街、鶴岡昭和町みゆき通商店街、一日市商興会、鶴岡七日町商店街、上肴町商店会の各商店街は10店舗前後にまで店舗数が減っており、この趨勢が続けば商業集積地とはいいづらくなる状況にまで陥っている。

　鶴岡市中心部で商業集積として機能しているのは、販売額、店舗数の点でエスモールを含む鶴岡駅前商店街、鶴岡山王商店街、鶴岡銀座商店街、昭和通り振興会、鶴岡南銀座商店街あたりに限られる。しかし、かつて市内随一の商店街とした栄えた鶴岡銀座商店街の販売額、店舗数はともに激減しており、鶴岡市の中心商店街の置かれた厳しい状況を端的に現している。

　さきにみた鶴岡市の中心性指数つまり購買力吸引の低下を裏付ける結果となっている。

## 3　商業近代化地域計画の策定

　『鶴岡地域商業近代化地域計画報告書（基本計画）』（以下、『近代化基本計画』）は1987年に策定された。山形県内ではそれに先立ち、新庄市（1978年）、酒田市（1985年）、長井市（1986年）が商業近代化地域計画を策定しており、後には米沢市（1988年）、山形市（1990年）で実施されている。

　繰り返しになるが、1980年代後半は1978年庄交モール（ダイエー）、1985年末広ビル（ジャスコ新店）、1987年マリカ西館・東館が開業し、駅前再開発が一段落し、駅前地区が商業地としての地位を確立した時期である。また、鶴岡商圏内の7町1村からの顧客吸引にかげりがみえ始めると同時に、庄内空港、東北横断自動車道酒田線、日本海沿岸東北自動車道といった交通インフラ整備が精力的に進められ、都市間の広域競争に巻き込まれ始める時期に当たっていた。

　地勢的な観点から鶴岡市をみると、国道7号線、国道112号線、県道鶴岡加茂線といった幹線道路を軸とした郊外部の宅地化が進んでいたものの、城跡である鶴岡公園を中心として半径3km圏にコンパクトな市街地が広がって

いた。その中心市街地はJR鶴岡駅から2km程度離れており、内川によって鶴岡公園や市役所等のある西側の歴史的公共施設地区と銀座商店街等が立地する東側の商業地区とに分けられている。

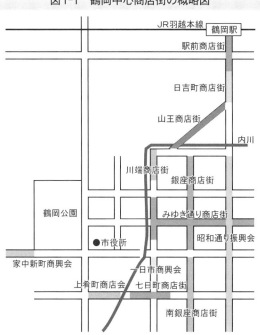

図1-1　鶴岡中心商店街の概略図

（出所）筆者作成。

## （1）商店街整備計画への提案

『近代化基本計画』は鶴岡市における商店街に関して次のように指摘している。

① 市内主要商店街は、9商店街振興組合、2事業協同組合、13任意団体から構成されている。周辺部の商店街を除くと、大きく駅前地区（駅前商店街、日吉町商店街）と銀座地区（山王商店街、銀座商店街、みゆき通り商店街、川端商店街、昭和通り）に分けられ、両商業集積間は2kmあることから、一連の商店街としては扱えない。駅前地区は近年再開発に伴い中心性・広域

性を高めており、銀座地区は「総合的な機能の集積」があり、引き続きある程度の中心性をそなえている。前者は交通ターミナル機能を軸として専門店や大型店の集積により高次な新都市機能集積地区に育成し、後者は道路網整備や核店舗誘致等を通じて歴史的環境を活かした堅実なまちづくりを行うべきである。

② 庄内空港、東北横断自動車道酒田線、日本海沿岸東北自動車道等鶴岡市を取り巻く交通インフラ整備が進むのに対応して、バイパス道路等の整備や中心市街地の道路整備や再編が必要である。

③ 観光に資するさまざま地域資源の価値をいかすため、たとえば「花と緑の回廊計画」に示されている憩いのゾーン、出会いのゾーン、にぎわいのゾーンといった一定のコンセプトの下、計画的に整備事業を進めていくべきである。

④ 鶴岡市とその周辺には豊かな自然環境があり歴史的遺産も多々あるが、交通基盤の弱さ等により体系的な観光振興が行われてこなかった。こうした弱点を克服するために商業と観光・レクリエーションとの結合が求められる。

⑤ 市内には多くの商店街があるが、今後まちづくりを積極的に進めていくには再編成・グループ化が必要である。具体的には、市内商店街を大きく中心商店街と周辺商店街に分け、中心商店街には駅前グループ（駅前商店街、日吉町商店街）と銀座グループ（山王商店街、銀座商店街、みゆき通り商店街、川端商店街、昭和通り）、周辺商店街は地域型商店街と近隣型商店街に分ける。それを受けて、商店街の特徴づくりと個店のイメージアップが求められる。

⑥ 周辺商店街の充実と補完関係の強化が提案されている。つまり買回品中心の中心商店街について、最寄品の強化、核となる商業施設の開発・導入、街路整備等があげられている。

さらに、中心商店街近代化に関して、個々の商店街について、次のように提案している。まず、駅前商店街振興組合については、①庄交モール、マリカ東館、西館の未加入テナントを含む振興組合の再編、②駅前から日吉町のアーケードまでの街路整備、③駅前から庄交モールまでの空間のアメニティ・機能面での整備、④情報・観光・交通のターミナル化の推進、⑤青年部、

婦人部の組織化を指摘した。

　次に、日吉町商店街振興組合に関しては、日枝神社前という駅前地区と旧市街地区との接点の有効利用、駅前商店街との機能分担を図り共同事業を推進すること、駐車場の有効利用の3点を提案した。

　山王商店街振興組合の場合は、銀座商店街と整合性のある商店街づくりのため、景観に配慮した街路整備や街づくり協定を実施し、日吉商店街と連携して日枝神社の整備や公共施設の誘致の必要性が提案された。

　銀座商店街振興組合については、①自然、歴史、文化遺産の観光ネットワークづくりを進めるとともに、商店街の高度化のため複合機能を集積させる、②そのうえで山王・みゆき通り・川端・昭和通りの各商店街とネットワーク化を図る、③セットバック方式による歩道拡張とアーケード設置による商店街改造、④観光客取り込みを行うための飲食機能の強化や遊休地活用による複合施設の整備、⑤低層のまちづくりを進めるための街づくり協定の締結、⑥各種共同事業の推進や情報システムの導入と、多様な提案を行っている。

　みゆき通り商店街振興組合、川端商店街振興組合、昭和通り振興会につい

表1-4　基本計画段階での各商店街の課題と提案

| 商店街名 | 課題 | 提案 |
| --- | --- | --- |
| 駅前 | 新興商業地区と既存個別店舗との格差。歩道が歩きにくい。 | 商店街組合組織の再編・活性化。景観やインフォメーション機能の整備。 |
| 日吉町 | 大きな店舗がなく空き店舗が目立つ。にぎわいに欠け、路上駐車が多い。 | 商店街組織の活性化やイベント参加。日枝神社の有効活用。駐車場の整備。 |
| 山王 | 日枝神社とのつながりが弱い。幅員が狭く歩道も狭い。誘客力低下。 | 日枝神社の活用。駐車場や街路の整備。個店の専門店化と街区の独自性発揮。商店街組織・青年部強化による活性化。 |
| 銀座 | 駅前再開発により地盤沈下。空き店舗目立ち、幅員狭く、路上駐車多い。 | 街路と駐車場の整備。核施設の誘致。時間消費型空間づくり。イベント活性化。空き店舗活用。専門店化による高級化。 |
| みゆき通り、川端、昭和通り | 夜間性飲食街でありながら来客用駐車場を備えた店が少ない。昼間は通過交通。 | 昼間性飲食街の整備。銀座商店街との連携により小売機能。商店街組織に飲食部会設置。 |

（出所）『鶴岡地域商業近代化地域計画報告書（基本計画）』1987年。

ては、銀座商店街と整合性を持った商店街活動を進めること、共同化の促進を図ること、早朝清掃の実施、観光資源開発を行うとともに、川端通りの整備や内川の有効活用をすべきことが提案された。

さらに、都市整備の観点から、市街地にはいるバイパス等環状道路の問題と並行して、中心商店街の道路整備問題が論じられている。道路整備が遅れているために幅員の不十分な道路が幹線道路として使われており、負荷が大きいということで、環状道路の整備により旧市街地の面的整備を推進していくべきだとしている。その際、大きい課題として銀座地区の地盤沈下対策が意図されており、駅前地区との機能分担が検討されるべきであり、城下町として観光客の取り込みやアーケード整備等各種事業との連携の必要性が強調されている。

### (2) 実施計画の策定

1990年には『鶴岡地域商業近代化地域計画報告書（実施計画）』（以下、『近代化実施計画』）が立案されることとなる。この時期は、日米構造協議が行われ、大規模商業開発が郊外部で盛んに行われる直前の段階であり、日本の流通構造や都市構造に大きな変化をもたらす動きが本格的に始まる時期であ

表1-5　実施計画段階での各商店街の課題と提案

| 商店街名 | 課　題 | 提　案 |
|---|---|---|
| 山王 | 日枝神社の活用ができていない。道路・歩道の幅員は狭い。 | 銀座商店街との整合性を図りつつ、景観面に配慮した整備を行う。歩道整備。郵便局移転の機会活用。 |
| 銀座 | 駅前再開発やロードサイドの影響により停滞気味で、空き店舗多い。道路幅員・歩道狭い。 | 観光ネットワーク化とともに、商店街改造による質的転換が必要。低層の町並みのための制度検討。要所にシンボル空間等の整備。 |
| みゆき通り、川端、昭和通り | 道路幅員不十分。客用駐車場少ない。昼間は通過型交通。 | 銀座商店街との整合性を図りつつ、飲食地区として充実。観光地区への入り口として機能させる。 |
| 南銀座、十日町 | 商業集積が少なく、駐車場未整備。 | 商店街組織の再編成。生活関連中規模店の集積。道路整備。 |

(出所)『鶴岡地域商業近代化地域計画報告書（実施計画）』1990年。

った。

　実施計画では、さきの基本計画策定時からの変化として、庄内空港の建設開始、東北横断自動車道酒田線の事業化、日本海沿岸東北自動車道等の整備、鶴岡駅前の再開発事業完了、幹線道路沿いへの中規模小売店の出店の進行、交通アクセスの大幅な改善などが指摘されている。また市内では、「花と緑の回廊計画」「ふるさとの川モデル事業」「都市景観形成モデル事業」といった地域環境整備に関わる諸事業が実施されているだけでなく、商店街整備も進められていた。特に、銀座商店街については、セットバックを行いアーケードが順次建設されるとともに、コミュニティプラザの建設、ストリートファニチャー・歩道・駐車場の整備が進められていた。

　『近代化実施計画』では対象地区を銀座地区（山王、銀座、みゆき通り、川端、昭和通り商店街と内川対岸地区）と十日町・南銀座商店街としている。ダイエーやジャスコなど大型店やマリカが含まれている駅前地区は除外されている。

　実施計画では店主の意識改革から始まり店づくりに至るまでのソフト系と、集客の核施設や街路整備といったハード系とに分けられて、具体的に提案されている。

　ハード系では内川河畔の中核複合拠点の構築、山王地区の新郵便局の建設、銀座地区の街区再開発、みゆき地区のヤマリン跡再開発、みゆき通りのプロムナード化が示されており、バブル期にありがちな再開発計画が列挙されている。ソフト系では個店の経営近代化から始まり、共同カードシステムの導入、イベントの例示等をあげている。最後に、こうした諸事業を推進する組織づくりとして、各計画のプロジェクト組織とともに、中心商店街連合会の結成を提案している。

　基本計画と実施計画を比較すると、主たる検討対象となっている商店街に違いがある。基本計画には駅前商店街と日吉町が入っていたのに対し、実施計画ではそれらが外され、代わりに南銀座、十日町が入っている。これは基本計画が鶴岡市全体の商業を検討対象にしたのに対し、実施計画はよりピンポイントに支援対象を絞り込んだという見方ができる。

　基本計画策定時は駅前再開発が行われ、駅前地区の集客力や競争力が最高

潮に達しつつあった時期である。そうした状況の下で、駅前地区の持つ意味・役割を再確認するとともに、相対的に地位低下が避けられそうにない銀座地区の中心商店街について競争力を回復させ、駅前地区と共存させる処方箋を示す必要に迫られていた。実施計画になると、大型店主導で比較的順調な状況にあった駅前地区より、旧市街地の商店街に注力する必要が出てきた。銀座商店街はアーケード建設に乗り出したが、中心商店街は銀座商店街だけで成り立っているわけでなく、それをささえる隣接商店街の活性化を図らないと、中心商店街全体が地盤沈下を起こしかねないとの危機意識が生じ、それまで周辺部に分類されていた南銀座や十日町が検討対象となったのであろう。

　地域商業を考えるうえで商業近代化地域計画事業は極めて大きな存在である。高度経済成長期の余韻が残る時期に開始され、大型店との紛争が相次ぐ時期を経て、バブル経済がはじけ、大型店規制が緩和される時期にほぼ終わりを告げたという意味で、商店街が何らかの形で発展の途を見出そうとしていた時期に計画され、実施に移された。また、そうした努力をする余力を持ち得た時期に、政府や自治体からのバックアップを受けて実施された計画立案事業でもあった。

　それにもかかわらず、商業近代化地域計画事業に関してしばしば語られるのは、計画を策定するだけの「夢物語」であったという批判である。たしかに実際に策定された計画を実施に移そうとすれば、別途中小小売商業振興法等に基づく補助を受けなければ、実施がむずかしいということがあった。鶴岡の場合も提案された事業のうち実行された事業は驚くほど少ない。その点は個別商店街の動向を含めて後述する。

## 4 中心市街地活性化法以降

　1998年に中心市街地活性化法（旧中活法）が成立すると、翌99年鶴岡市は直ちに『鶴岡市中心市街地活性化基本計画』（旧基本計画）を策定し、商工会議所内に鶴岡タウンマネジメント機関（TMO）を設けた。続いて、2000年には国の「歩いて暮らせる街づくり」事業に認定され、中心市街地活性化事業に弾みがついた。

2001年には、市民参加による「鶴岡市都市計画マスタープラン」が策定され、コンパクトなまちづくりを制度的に確保する仕組みがつくられた。ちょうどこの時期に店舗面積4万1200㎡と地域最大規模のイオンモール三川が開業し、購買力の郊外流出が加速した。

　中活法はTMOが実績をあげていないなどの理由から2006年に改正された。鶴岡市は2008年新法に基づく『鶴岡市中心市街地活性化基本計画』（新基本計画）を策定し認定された。新基本計画の推進主体として、鶴岡商工会議所と鶴岡市開発公社により鶴岡市中心市街地活性化協議会が設立された。

　民間レベルでも、それに呼応して組織づくりが行われた。2010年山王商店街が独自に山王まちづくり株式会社を立ちあげ、共同店舗の運営等に乗り出したほか、地元金融機関等が出資した株式会社まちづくり鶴岡が映画館「鶴岡まちなかキネマ」を開館した。また、2007年銀座商店街では病院跡地約3300㎡を再利用するため、銀座商店街の会員でもあった医療法人が商店街関係者らと法人格を有する合同会社クオレを設立し、高齢者向け住宅クオレハウスなどを開設した。

　一連の民間主体のまちづくり事業は市とそれを支援する早稲田大学都市・地域研究所との緊密な連携の成果であり、中心商店街の中では山王商店街はまちづくりの有力な担い手として浮かびあがった。この点は後述する。

　以上のように、1990年代末からは中活法関連の事業が実施されるようになってきている。そこで強調されたのは、「人的交流の拡大」、「中心商店街の活性化」、「街なか居住の環境づくり」の3本柱であった。

　最初の「人的交流の拡大」というのは、まちなか観光の推進や市民の文化活動、大学の学術活動を推進することで生まれる人的ネットワークの拡大を含んでいる。これは、交流自体が持つ文化的・社会的意味合いに加え、人口が減少していく中で人口の増減にその事業規模を依存している経済活動の限界を見据えて、にぎわいをつくり出す活性化策を意識したものである。

　次の「中心商店街の活性化」は商工会議所系の鶴岡TMOによる共通商品券の発行や空き店舗対策、まちゼミの開催、山王まちづくり会社による共同店舗・駐車場設置などであり、最後の「街なか居住の環境づくり」としては民間資本主導のまちづくり鶴岡による映画館の復興や、医療法人が中心とな

って進めた高齢者向け住宅クオレハウスなどが含まれている。

　商業近代化政策から中活法による中心市街地の活性化へと変わる中で、地域社会の担い手としての商業者の役割も変容した。次節では、視点を個別商店街レベルに下ろし、商業近代化地域計画が商店街に与えた影響とまちづくりの担い手としての商業者の活動をみることにする。

## 5　「近代化投資」の重荷
### ── 鶴岡銀座商店街振興組合

　すでに触れたように1988年に策定された『近代化基本計画』では、鶴岡市中心商店街を再開発事業が着々と進む駅前地区と、歴史ある老舗が集積する銀座地区の2つに分けて、商店街活性化策を検討した。同報告書は、それを「二眼レフの中心商店街」と称した。2つの拠点は1km以上離れており、鶴岡市の人口規模や商圏構成からみて、相互を中心商業地として連結するのは困難な状況と判断し、交通と商業に特化する駅前地区と文化、レクリエーション等を含む総合的な機能を集積する銀座地区と機能分担関係を明確にしたのである。

　そこで、両地区の中核となる駅前商店街振興組合と銀座商店街振興組合、駅前商店街から銀座商店街に抜ける中間地点に位置し銀座地区に属する山王商店街振興組合の3商店街を訪問調査した。

### (1) 商店街改造で盛り返す1990年代初め

　鶴岡銀座商店街振興組合は1956年に設立された協同組合鶴岡銀座商店会を母体に、1963年8月改組・発足した。鶴岡市は江戸時代、庄内藩14万石の城下町として栄え、銀座商店街の位置する旧五日町・三日町界わいは庄内藩ご用達の老舗も多く、町人町としてにぎわった。1855（安政2）年には商人道として広く伝播していた京都発の石門心学の正統道場・鶴岡鶴鳴舎が旧五日町に公認され、商人道研鑽の場となった史実が当時の繁栄振りを物語っている。

　明治維新後のまちづくりでは、城郭が鶴岡公園として一般市民に開放され、周辺に行政、教育機関が配置され、隣接する銀座商店街を含めて中心街が保

存された。1919（大正 8）年、鶴岡駅が旧市街地から外れた北側に建設され、これに伴い商店街も旧五日町・三日町から駅へ伸びる細長い集積へと姿を変えた。

　1928（昭和 3）年鶴岡に都市計画法が適用され、4 年後の 1932（昭和 7）年には街路や用途地域の都市計画が決定されたが、その際にも既存中心街の保存が継承され、今日に至るまで城下町としての都市構造と趣を保持している。

　1950 年代半ば以降、流通近代化の機運が高まり、消費生活協同組合やスーパーの出店攻勢が始まっても、銀座商店街は着実に事業活動を積み重ねてきた。協同組合に改組した 1956 年以降、年末年始、中元、春の各売り出しを行い、有名歌手を招いた歌謡ショーへの招待や共通商品券の発行（1958 年）、街路灯の改造（1965 年）を実施した。1962 年にはスーパーの進出に伴う地元小売店への影響を調査、検討するための大型店対策委員会を設置した。

　しかし、1980 年代初め駅前への大型店舗の進出と再開発事業の進展から、地盤沈下が懸念されるようになった。そこで、銀座地区市街地再開発の基本計画をまとめ、モータリゼーションに対応し、1983 〜 84 年にかけて 2 ヵ所で合計 80 台の共同駐車場を設置するとともに、店舗セットバックによる歩道の拡幅、全店舗のリニューアル、アーケードの設置という商店街の大幅改造整備事業を打ち出した。『近代化基本計画』で提案された事柄の一部をすでに先取りして実施していたことになる。

　銀座商店街は家具、呉服、洋服、靴、医薬品、雑貨、書籍、食料品と多彩な商店で構成される地域 1 番の繁華街であり、経営規模の大きな専門店も多く、振興組合の組合員数は 1990 年 3 月、108 店を数えていた。1990 年度策定された『近代化実施計画』で提案された商店街改造計画は、それに先立ち着手されていた。

　アーケード建設は 4 ブロック（4 期）に分けて 4 年間かけて行われ、総工費は約 7 億円にのぼった。投資の半額は政府の商店街整備事業支援の高度化資金で無利子、20 年返済で補助を受け、残り 3 億 5000 万円は商店街の各組合員が間口割で負担した。第 1 期工事は 1988 年 3 月末に完成し、その後、最終第 4 期工事が 1992 年春に完了した。

その間、商店街活動は盛りあがった。ハード事業では1990年銀座商店街改造整備事業の一環として鶴岡市施行によるコミュニティプラザ「セントル」が商店街の真ん中に開設し、各種イベントの場として機能する一方、ポケットパークもできて、憩いの場所を提供した。ソフト事業では、売り出しをはじめとした純粋な販売促進事業から、夏の楽市楽座や冬の日本海寒鱈まつり、ひな祭りフェアといった市民参加型の地域イベントへと重点が移った。1993年3月に開催された第2回ひな祭りフェアには庄内藩旧家に伝わる古代雛が人気を呼び、4日間で訪問者は4000名にのぼった。同年11月には組合員86店のうち47店が加盟してポイント・カード事業「サエラカード」の発行を始めた。

　アーケードの完成を契機にして商店街は一時、息を吹き返したかにみえた。1990〜91年頃には「1988年以降客数の減少、売上げの低迷等が続いていたが、ようやく歯止めがかかり上昇機運がみられるようになってきた」(『鶴岡銀座商店会創立50周年記念誌』)。

　しかし、その後、人口減少に加えて、郊外ショッピングセンターの開設やバブル景気の終焉に襲われ、廃業・転業する店舗がしだいに増え、空き店舗が目立つようになった。

## (2) 商店街整備事業投資が重荷に

　『近代化実施計画』で示された銀座商店街に対する現状認識は、「伝統的に商業集積地区として発展してきたが、駅前開発事業や幹線道路沿いの郊外店舗の出店等により停滞状況にあり、大型の空き店舗が目立っている」と、すでに厳しかった。そのうえで、次のように商店街近代化の方針を示した。

① 山王、みゆき通り等の銀座ゾーンの近接商店街とグループ化委員会を編成し、機能的に整合性のとれたネットワーク化を図り、線から面への商店街整備を推進する。
② まちづくり自主協定や地区計画制度を導入し、城下町として低層の街並み景観を維持し、情緒ある商店街を形成する。
③ アーケード設置をはじめとした商店街改造整備事業の推進に加えて、拠点商業施設やまちかど広場を整備する。

④　商店街の入り口に位置する川岸の水産物卸売市場跡地に「マーケットプレイス」を設置する。
⑤　自助努力による建物の外観整備、駐車場の整備・拡充、配送業務の共同化、イベント企画を行うため、商店街のブロックごとに共同化委員会を組織する。

　しかしながら、銀座ゾーンの商店街間の連携強化による点から線から面への展開、集客力向上のための拠点商業ビルの建設、水産物卸売市場跡地の有効活用によるにぎわいの創出といった大型プロジェクトはいずれも「夢物語に終わった」（竹野等・鶴岡銀座商店街振興組合理事長）。

　何より各プロジェクトの担い手となる連携組織化が十分に進まなかった。山王商店街等の銀座ゾーン・グループ化委員会や商店街内の共同化ブロック委員会は動き出さず、銀座地区でのまちづくりの目標や方針に関する自主協定もまとめることができなかった。商店街の地盤沈下と個店の入れ替え・廃業・転業問題が深刻化し、商店街の構成員間の意識や利害が交錯し、合意形成がむずかしくなっていた。

　2014年10月現在、組合員数は74店舗と、1990年比3割減少している。しかも営業している店舗はそのうち7割弱にすぎず、店主の平均年齢は60歳代に達していた。次世代のリーダーと期待される青年部会は10名程度に減少した。

　当面する懸案事項があった。アーケード建設に伴う高度化資金の借入金返済問題とアーケードの改装工事問題が同時に起きたのである。20年返済の高度化資金は9400万円の債務が残ったが、返済期間を10年間延長し、2014年3月末で3400万円まで借入金残額を減らすことができた。ところが、アーケードの老朽化に伴う改装とLED化で約1億2000万円の工事費が新たに見込まれ、うち3600万円が商店街の自己負担となる。

　アーケード完成から20年を大きく経過した2014年現在も、過去の債務の弁済が終わらず、老朽化した設備維持のため新たな負担が生じている事態が生じている。休日の自転車・歩行者通行量（銀座商店街・セントル前）は1994年の4006人から最近3年間（2013～15年）は670～890人と大幅に減少し、地価はアーケード建設時の10分の1に下落した。かつて城下町の

中心商店街として栄えた銀座商店街の悩みは深い。

##  尾を引く大型店撤退の影響
── 鶴岡駅前商店街振興組合

　東京オリンピックの好景気に沸いた 1964 年 10 月、駅前商興会から振興組合に改組し、発足した。当時は市町村の大合併の時代であり、1963 年までに 11 町村と合併し、旧鶴岡市が誕生した。庄内地方の玄関口として駅前整備に取り組む市は、中心市街地 3 ヵ所に駐車場を建設する計画を打ち出した。それに呼応して、1970 年 4 月、庄内交通所有の土地約 1000 ㎡を購入し、残り約 660 ㎡は市からの運営委託で、駅前駐車場の経営に乗り出した。

　1970 年代にはいると、ジャスコ、ダイエーと県外大手資本の進出が相次ぎ、1987 年にはマリカ東館、西館の駅前再開発事業（市が資本の過半を出資）が完成し、駅前再開発は大きく前進した。ちょうどその頃打ち出された『近代化基本計画』で、駅前地区は「鶴岡の表玄関としてふさわしい利便性、ターミナル機能、インフォメーション機能を備えた総合的商業空間を創出する」場として位置づけられ、次のような商店街近代化計画が提案された。

① 現・振興組合を母体に、庄交モール、マリカ東館、西館のテナントを含む新しい振興組合の再組織化を図ると同時に、大型商業施設との共同事業を推進する。

② 駅前から隣接する日吉町商店街に至る駅前ゾーンの街路整備事業を行う。

③ 駅前から庄交モールに至る道路、歩道、街路灯、植樹の整備を行い、両側に都市機能を整備する。

④ 青年部、婦人部の組織化を図る。

　しかし、その後、モータリゼーションの進展と郊外ショッピングセンターの開設に加えて、バブル経済が終焉し、2000 年代にはダイエー、ジャスコと駅前大型店の撤退が相次いだ。マリカ東館も 2007 年商業ビルとしての営業を終了し、2、3 階はオフィスフロア等に転用したが、1 階の空きスペースは複雑な地権者問題がからみ、長期にわたりテナント不在の状況が続いた[(4)]。マリカ東館、西館が開業した 1980 年代末がにぎわいのピークであり、その

後は地盤沈下が顕在化した。鶴岡駅の1日乗降客数は1996年の2147人から2006年には1437人と3分の2に減少し、駅前（きらやか銀行駅前支店前）の自転車・歩行者通行量（休日）は1994年の2481人から2013〜15年には680〜690人と4分の1近くに減少した。わずかにダイエーが撤退したあと専門店中心の商業施設に転換したエスモール（旧庄交モール）が若者を集めて善戦健闘している程度である。

大型商業施設はできたが、経営不振が表面化し、『近代化基本計画』が提案した振興組合の再組織化は宙に浮いたままである。日吉町商店街の街路整備は一部実現したが、庄交モールに至る道路を含めた駅前ゾーン全体の街路整備は大きく進まず、銀座商店街同様、商店の廃業・転業・入れ替えが起こった。

1976年度70を超えていた組合員は、2014年現在57に減少している。業種構成も駅前という事情から、旅館・ホテル等18、金融機関5、物販小売業・サービス業34と多様化している。地域催事と連動した企画を含めると、2月雪氷まつり、5月天神祭り、8月赤川花火ビアパーティ、10月ハロウィンと恒例のイベントを行っているが、振興組合としての事業活動はやや停滞気味である。

不動産業を営む石橋政士・理事長は、マリカに象徴される駅前再開発事業の失敗を目の当たりにした経験から、「補助金をもらって大きな箱ものをつくっても、（大型店が撤退して）はしごを外されると、後に残るのは負の遺産だけ」と、商店街近代化資金の受け皿としての振興組合のあり方を冷静にみている。

## 7 まちづくりの担い手へ
― 鶴岡山王商店街振興組合

城下町の最北端の町人町で、江戸時代、現・山王日枝神社と内川の酒田米船着き場に挟まれた通りとして栄えた。1956年協同組合山王荒町商店会を結成し、その後1963年鶴岡山王商店街振興組合として改組し、現在に至っている。

振興組合が組織された1960年代には、組合員数91人を数え、パチンコ店

3軒、銀行3軒のほか、鶴岡で唯一の洋画専門映画館が裏通りにあった。しかし、『近代化基本計画』では駅前、銀座商店街に焦点が当てられ、両商店街の中間地点に位置する山王商店街は「近代化計画から外されたとの印象を持った」（三浦新・鶴岡山王商店街振興組合理事長）という。

事実、駅前の大型商業施設の建設ラッシュと郊外商業施設の発展の狭間にあって、1960年代の日曜日に1万3000人を超えていた歩行者・自転車数は、90年代には2000人を大きく割り込んだ（『鶴岡市中心市街地活性化基本計画』）。

『近代化基本計画』では、「酒井藩時代には商人町として街割りされ、日枝神社を中心に栄えた歴史ある町であったが、現在、日枝神社は手入れも十分ではなく商店街との結びつきは弱く有効活用されていない。また、道路幅員は対面車両通行としては狭く、歩道も狭い」と厳しい評価が下された。銀座商店街に近い立地条件をいかし、銀座地区として一体的な活性化策を図るよう、以下のような商店街整備計画案が示された。

① 銀座商店街との連携を図るため、銀座商店街の西側脇を流れる内川の整備事業に合わせて、山王側において街並み景観を配慮した河川公園、散策道路、花木の植栽を設ける。
② 道路の拡幅および駐車場の整備を行う。
③ 日枝神社を整備し、商店街のポケットパークとして活用する。
④ 郵便局の移転計画に対応したまちづくりを推進する。

鶴岡郵便局は1992年、日枝神社と商店街の北側入り口の間に完成し、商店街の有力な拠点となった。また、氏子として年末のもちつき大会の開催や初詣のお手伝いを通して日枝神社の復興に力を入れ、桜や杉並木の続く大泉橋脇の内川ほっとパークの運営にも積極的に関わった。

しかしながら、当時、中堅・若手組合員だった現・理事長の三浦（手芸店）や理事の阿部等（古書店）らは中心商店街の「二眼レフ」構想で補助的な役割しか与えられなかったことに危機意識を募らせた。「10年後の山王商店街を考える会」という自主的な勉強会を始め、駅前、銀座商店街のように補助金のついたハード事業がないなら、催事企画のソフト事業で活路を切り開けないかと考えた。

## (1) ナイトバザールで活路開く

　1つのアイディアが夜市だった。駅前に出店したジャスコの夏の夜市の盛況に目を奪われた。秩父市みやのかわ商店街のナイトバザールの集客力にも目を見張った。そこで、1994年中堅・若手十数名が集まり、第1回ナイトバザールを開催した。毎年5月から10月の半年間第3土曜日に行い、辛抱強く続けていくうちに3年目には軌道に乗り出した。ナイトバザールのある日の商店街の売上げが目にみえて増えるようになったのである。

　山王は銀座と異なり、商・住一体の店が大半を占めている。その分、夏祭りやもちつき大会を開催しても組合員の参加者が多い。それがナイトバザール成功の基盤となった。現在、出店者は商店街57店、外部50店程度にのぼっており、1日3000～5000人の人が訪れている。

　ナイトバザールの盛りあがりを機に組合員の意識に変化の兆しが現れた。振興組合員数はバブル経済の破たん後、店舗改装に失敗した店が廃業した例もあり、60人を切る水準まで減少していた。道路の拡幅工事を待って手を打とうと考えている店と老朽化した店舗を持て余し廃業・転業を考える店と大きく分かれていたが、ナイトバザールの成功で、「高いマンションを建てるだけがまちづくりではない。行政や一般市民と連携し、広い視野から街の再生を考えるようになった」（阿部理事）。毎週土曜日開催するデイバザールも定着した。

　当時、国は全国各地で空洞化が進む中心市街地の活性化を図るため、大規模小売店舗法廃止後のまちづくり政策を方向づけ、まちづくり三法（中活法・改正都市計画法・大規模小売店舗立地法）を施行した。それに呼応して、鶴岡市は1999年『鶴岡市中心市街地活性化基本計画』（『旧基本計画』）をまとめ、2008年には『新基本計画』を策定した。そこでは、先端性と伝統性の一体化、歩いて暮らせるまちづくり、持続性のある中心商店街の形成の3つを基本方針としたまちづくりが提唱され、「市民の参加」の必要性が強調された。

　その間、鶴岡市は2000年度経済対策閣僚会議で決定された建設省のモデル事業「歩いて暮らせる街づくり」に選定され、翌2001年策定された都市

マスタープランで市民レベルの自由参加型ワークショップ「これからのまちづくりを考える会」が開催された。三浦や阿部ら山王商店街のメンバーは、これらの市民参加型まちづくりに積極的に関わった。それが商店街活動を大きく変えた。

たとえば、鶴岡市や近郊のNPO（特定非営利活動法人）や市民活動グループ相互のネットワークを推進しながら、市民参加型まちづくり事業を実践しているNPO公益のふるさと創り鶴岡（2000年度旧庄内市民活動サロンとして設立）の常務理事として阿部が積極的に関与し、「歩いて暮らせる街づくり」の調査作業の委託を受けた。その後も、阿部の古書店がある目の前の内川で和船を利用したソフト事業「鶴岡船番所」を設立し、「親子ふれあい舟下り」や環境保全のための藻刈りなどを行っている。

行政・市民と連携したまちづくり活動の中から、新しい動きが現れた。ナイトバザールの継続的な活動を通して蓄積してきた組合員の力を結集し、山王まちづくり委員会を組織し、「歩いて暮らせる街づくり」の精神を受け継ぐかたちで、2005年「山王まちづくり憲章」を定め、①歴史と伝統のある商店街として街並みを維持・発展させる、②お客さまの声に耳を傾け、ふれあいと親しみの商店まちづくりを目指す、③いつも新しい発見のある魅力的な商店街となるようにさまざまな取り組みに挑む、といった理念を明確にした。

同時に、具体策として、「山王まちづくり10ヵ条」を策定し、ほぼ組合員全員で協定を締結した。「店はテナントへの賃貸が可能な建て方とする」「お店の顔となる看板デザインにこだわる」など一体感のある商店まちづくりを強く意識した内容となっている。

### (2) 行政・市民との連携強化

市は「憲章」「協定」を評価した。中心市街地活性化基本計画の主要支援事業として山王商店街の「みち空間再生事業」や「ふれあい・賑わいゾーン整備事業」を取りあげた。「みち空間再生事業」は2009年夏から始まり、2011年秋に完成した道路改良工事で、商店街の歩道と車道の段差を解消し、全面無散水消雪道路とするもので、通り全体を「広場」ととらえて歩行者天

国などの企画催事を実行しやすい条件を整えた。この時点で以前の道路拡幅計画は消えた。2007年頃から山王商店街の空き店舗はほとんどなくなった。

「ふれあい・賑わいゾーン整備事業」の目玉となったのは、2010年に開設したにぎわい創出拠点「さんのう夢ほっと」である。郵便局に隣接する土地にあった大型家具店の跡地を活用し、鉄筋2階建ての建物（約390㎡）で、16台収容の共同駐車場を備えている。1階にパン屋とカフェ、2階は飲食店が入居した。

「ふれあい・賑わいゾーン整備事業」の担い手は、2010年に設立された山王まちづくり株式会社で、三浦をはじめ組合員19人が426万円を出資し設立した。商店街で生じた空き地や空き店舗を活用し、土地の所有権等を整理したうえで、テナントの誘致や共同駐車場を整備する収益事業を行うもので、力のある商店街でないと実現不可能な事業である。社長を兼務する三浦が振興組合の職員1名と運営管理している。

山王商店街の頑張りは、他のまちづくりの担い手と共鳴作用を引き起こした。地元の有力金融機関の荘内銀行は鶴岡信用金庫やその他鶴岡商工会議所加盟企業30社余の出資を得て、2007年中心市街地活性化のため、株式会社まちづくり鶴岡を設立した。事業化の第一弾として、2010年山王商店街裏手のほど近くに位置する絹織物工場の跡地を利用し、経済産業省から2億5000万円の補助金を受け、総工費10億円をかけて映画館「鶴岡まちなかキネマ」を開設した。4つのスクリーンがあり、レストランが併設されている。入り口のホールではミニライブを開催できるスペースが確保されており、年間7万〜8万人の来館者がある。

映画のチケットの半券を持参すれば、商店街で割引を受けられる企画や、ナイトバザールと連動して子供向け映画の無料上映会の開催を行っている。しかし、現状では「まだ集客力が十分とはいえず、事業としての採算性も、商店街の賑わい創出への貢献度の面でも課題がある」（菅隆・まちづくり鶴岡企画部長）という。

ハード事業からソフト事業へ、商店街活動から市民活動へ転換する中で、山王商店街は中心商店街を引っ張る存在となっている。しかしながら、ナイトバザールはじめソフト事業のあるときには来街者は増えるものの、普段、

まちのにぎわいが戻ってきているわけでは必ずしもない。自転車・歩行者数（阿部久書店前、休日）は他の商店街同様、1994年の1720人から2013〜15年には480〜630人まで落ち込んでおり、はっきりとした回復の兆しはみえていない。

## 8 まとめに代えて
### ── 中心市街地活性化基本計画の評価

　3つの中心商店街の現状は対照的だった。『近代化基本計画』で鶴岡の中心市街地の「二眼レフ」と称された古い銀座商店街は人通りの大幅な減少で廃業・転業が目立ち、アーケードの改装・保守が逆に重荷となり、もう一方の駅前商店街は再開発事業の失敗で集客の核を失ったままである。

　その中間に位置していた山王商店街はソフト事業に活路を見出し、組合員が出資し山王まちづくり会社を設立し、空き店舗を利用したテナント・駐車場事業に乗り出した。行政・市民と連動した「歩いて暮らせる街づくり」プロジェクトに積極的に関与し、従来型の商店街活動を超えた市民運動を繰り広げて、気を吐いている。

　しかし、全体的にみると、提案されていた駅前、銀座両地区における商店街組織の拡大・再編ないし連携がほとんど実現せず、まちづくりの担い手として中心商店街は腰砕け状態に陥ったといえるのではないか。

　現実に郊外に流出した購買力を取り戻すことはむずかしく、中心商店街を取り巻く環境は引き続き厳しい。2013年鶴岡市が作成した『認定中心市街地活性化基本計画の最終フォローアップに関する報告』の概要を紹介し、まとめに代えよう。

　これは2008年から2013年までの5年間にわたる鶴岡市の『新基本計画』の施策を、観光客によるまちなか観光や市民の文化活動の推進を意図した「交流の拡大」、魅力的な商店街の形成を目指した「中心商店街の活性化」、中心市街地の居住環境の向上を図る「まちなか居住の環境づくり」の3点から政策評価したものである。

　総務省は2004年、政策評価法の制定を受けて旧中活法の運用状況に関する監察を実施し、十分な政策効果があがっていないとの厳しい指摘を行った。

そのため、新中活法では主要政策ごとに具体的な目標値をあらかじめ設定し、政策効果を評価するようになった。それが上記『最終フォローアップ報告』である。

それによると、『新基本計画』全38事業のうちハード事業11事業が完了し、ソフト事業は全20事業を実施し、事業進捗率は81.6％であった。具体的な目標値の達成状況をみると、「まちなか居住の環境づくり」の目標指標「健康・子育て・福祉施設利用者数」は目標値10万8900人（基準値7万7002人）に対して実績値14万7948人で、達成状況は「A」（事業はおおむね予定通り進捗、目標値を達成）評価であり、その中には銀座商店街のクオレハウスも含まれている。

「交流の拡大」の目標指標は「主要な観光施設の年間客数」で、目標値21万2100人（基準値15万7100人）に対して16万8400人となり、基準値は上回ったが、目標値にはおよばなかった。鶴岡出身の小説家藤沢周平の記念館が完成し来街者数は増えたが、その反動減で最終的には目標値を達成できなかった。評価は「b」（一部事業が未着手、最終的には目標値未達）。

「中心商店街の活性化」は計画事業数14件のうち実施事業数は9件と7割を割り、他の分野の事業実施率を大きく下回った。鶴岡TMOによるまちゼミなどのソフト事業、山王商店街における「さんのう夢ほっと」や歩道の拡幅・整備、鶴岡まちなかキネマの開業は着実に行われたものの、銀座商店街の空き店舗や中心商店街に隣接する工場跡地の再利用など未着手に終わったものが相当数にのぼった。

中心商店街活性化の具体的な目標指標は2つある。「自転車・歩行者通行量（休日・中心商業地区）」は目標値8600人（基準値5590人）に対して実績値は3281人と、目標値の半分以下にとどまっており、2005年の基準値も大幅に下回る結果となった。もう1つの「空き店舗数（中心商店街全体）」は目標値48店舗（基準値56店舗）に対して実績値48店舗となり、目標を達成した。店舗賃料・改装費を支援する鶴岡TMOのチャレンジショップ事業が空き店舗5店舗の活用に成功した。評価は「自転車・歩行者通行量」が「c」（事業は予定通り進まず、成果は乏しい）、「空き店舗数」は「a」（事業は予定通り進まなかったが、目標値は達成）となった。

山王商店街はじめ一部の商店街が市、中間組織（まちづくり会社、非営利団体等）、市民と緊密な連携をとりながら、新しいまちづくりに挑んでいるものの、中心商店街全体のにぎわいの指標となる通行量は極端に落ち込んだままである。中心商店街に連なる鶴が丘城址公園に藤沢周平記念館が開館し、観光客数が急増した2010年以降をみても、中心商業地区の通行量の下落傾向には歯止めがかかっていない。直近の2015年の同数値は3387人と引き続き低迷している。

　要するに、商業近代化政策とそれに続く関連諸施策は、商業集積の郊外化とそれに伴う中心商店街の地盤沈下を食い止めることができなかった。それは都市計画面で大きな制約を受けてきた地域商業政策の限界を端的に示している。しかし、苦い経験をばねに、中心商店街とその関係者の中から新しいまちづくりの担い手が現れてきているのもたしかである。

### 付表　鶴岡市における商業・流通近代化の歩み

| | |
|---|---|
| 1924 | 全国100番目の市として鶴岡市誕生。 |
| 1932 | 都市計画法の適用（1928年）を受け、街路や用途地域の都市計画を決定。 |
| 1955 | 鶴岡生協（現・生活協同組合共立社）創立。翌年にはセルフサービス販売の店舗をつくる。 |
| 1963 | 1955年の町村合併法の施行で、この年までに11町村と合併し、旧鶴岡市誕生。 |
| 1978 | ダイエーをキーテナントとする庄交モールが駅前に開業(2002年ダイエー撤退)。 |
| 1985 | 国勢調査で10万都市入り。<br>ジャスコをキーテナントとする末広ビルが駅前に開業（2005年ジャスコ撤退）。 |
| 1986 | 新鶴岡市総合計画で「歴史と自然を生かし、個性豊かで活力に満ちた魅力あるまち鶴岡」を宣言。 |
| 1987 | 鶴岡駅前市街地再開発事業が完成、マリカ西館、東館が開業（東館は2007年商業ビルとしての営業を終了）。 |
| 1988 | 「鶴岡地域商業近代化地域計画」を策定し、中心商店街の活性化策を示す。 |
| 1990 | 「鶴岡地域商業近代化実施計画」策定。 |
| 1991 | 庄内空港開港。 |
| 1992 | 鶴岡市都市計画マスタープラン策定、ワークショップに市民参加。 |
| 1994 | 山王商店街が商店街活性化の自主的取り組みとして、春夏に毎月1回ナイトバ |

| | |
|---|---|
| | ザールを開催。 |
| 1998 | 中心街周辺部の南部土地区画整理地内に食品スーパーやメガネ、ファッション専門店等のテナントで構成する鶴岡南ショッピングセンター開業。 |
| 1999 | 中心市街地活性化法の制定（1998年）「鶴岡市中心市街地活性化基本計画」（旧基本計画）を策定し、各種活性化事業に取り組む。<br>商工会議所内に鶴岡タウンマネジメント機関（TMO）を設置し、共通商品券の発行や空き店舗対策といったソフト事業を推進。 |
| 2000 | 政府の経済新生対策として打ち出された「歩いて暮らせる街づくり」事業として認定され、市民参加による中心市街地活性化事業に取り組む。<br>中心街周辺部の西部土地区画整理地内に食料品、衣料品、書籍・雑貨等の専門店を中心としたウェストモールパル開業。 |
| 2001 | 市民の参加を得て、「鶴岡市都市計画マスタープラン」を策定し、人口規模に応じたコンパクトな市街地形成を総合的かつ一体的に目指す方針を示す。<br>隣接する三川町に駐車台数 3000 台のイオンモール開業。 |
| 2002 | ダイエー撤退後の店舗に地元資本によるエスモール開業。 |
| 2005 | 鶴岡市、藤島市、羽黒町等の6市町村合併で、新鶴岡市誕生。人口14万人余に。<br>山王商店街が「山王まちづくり憲章」、「山王まちづくり協定」を締結。 |
| 2007 | 荘内銀行を中心に地元企業が中心市街地の活性化を目指し、まちづくり鶴岡株式会社を設立。 |
| 2008 | 新たに「鶴岡市中心市街地活性化基本計画」（新基本計画）を策定し、改正中心市街地活性化法による認定を受ける。新基本計画の実施に向けて、商工会議所と市開発公社が共同で、鶴岡市中心市街地活性化協議会を設立。 |
| 2009 | 地域サロン・コープラティブハウス「クオレハウス」開設。 |
| 2010 | まちづくり鶴岡が山王町の元絹織物工場をリノベーションし、映画館「鶴岡まちなかキネマ」を開館。<br>山王商店街が商店街限定のまちづくり会社、山王まちづくり株式会社を設立し、にぎわい創出のための共同店舗や共同駐車場、イベント企画等の商店街再生事業に取り組む。<br>市が鶴岡公園内に「藤沢周平記念館」を開館し、観光・文化事業と中心市街地活性化との一体的展開を図る。 |
| 2011 | 山王まちづくり株式会社が共同店舗・共同駐車場事業「さんのう夢ほっと」を開設。 |

（出所）各種資料から筆者作成。

[注]
(1) 本章は以下の方々への聞き取り調査に基づいている。記して謝意を表したい（順不同、肩書は 2014 年当時）。
鶴岡市商工観光部商工課増田亨課長、鶴岡商工会議所経営支援課川村広宣氏、鶴岡銀座商店街振興組合竹野等理事長、鶴岡駅前商店街振興組合石橋政士理事長、鶴岡山王商店街振興組合三浦新理事長（山王まちづくり株式会社代表取締役）、公益のふるさと創り鶴岡阿部等常務理事、まちづくり鶴岡菅隆企画部長。
(2) ジャスコは 1971 年鶴岡駅前の地元大型店、佐金デパートに資本参加し、ジャスコ鶴岡店として開業、その後 1980 年に隣接地において新店舗を建設し、1987 年には再開発ビルのマリカにも出店し、ジャスコ鶴岡店と一体運営するも、2005 年までにすべて閉店した。
(3) 小売商業の中心性指数は中心地性指標、小売吸引力指数とも呼ばれ、通常、県内における当該市町村の商圏上の中心性を表す数値で、当該市町村の人口 1 人当たり小売販売額を県全体の人口 1 人当たり小売販売額で割った数値である。
(4) 2016 年 5 月 21 日付『山形新聞』によると、2017 年度の開業を目指して、市が管理するマリカ東館 1 階空きスペース約 1700㎡に鶴岡の食文化の情報発信基地（観光案内、地元産食品の販売、飲食店等で構成）を設置する計画がまとまったと報道されている。

[参考文献]
鈴木進・川原晋「まちづくり市民事業の到達点」佐藤滋編著『まちづくり市民事業—新しい公共による地域再生』学芸出版社、2011 年。
三橋重昭「まちづくり憲章・協定のもと協働のまちづくりに取り組む（シリーズ　活き活き商店街とまちづくり 67）」『専門店』日本専門店会連盟、2012 年 5・6 月号。
『鶴岡駅前商店街振興組合創立 50 周年記念誌』2013 年。
『鶴岡銀座商店会創立 50 周年記念誌』2007 年。
（本文中に引用されている『鶴岡地域商業近代化地域計画』等公的報告書・資料は省略）。

第2章 コンパクトシティを先取りした
公共施設のまちなか配置
──新潟県長岡市

川野訓志

## 1 はじめに

　地方都市の地域商業やまちづくりを考えた場合、論点となるのは役所や学校、図書館などの公共施設の配置問題である。公共施設の立地に関しては、市役所のように1ヵ所に立地させる施設と、学校のように分散させる施設とがある。現在、問題となっているのは1ヵ所立地型施設の配置である。

　人の出入りの多い1ヵ所立地型公共施設の郊外部移転が中心市街地の空洞化の一因になるとの議論がある。公共施設が郊外移転するのは、施設建設のための広い敷地が必要である、あるいは人口が郊外にシフトしている、さらには市町村合併した関係で従来とは異なる都市の中心地を考える必要が出てきている等々の理由がある。

　これに対して、公共施設がまちなかに立地する意義もある。地方自治体は地域の最大事業者であることが多く、役所に勤務する人々や用事で出入りする人々の流れは都市の構造に大きく関わっている。実際、まちなかは都市全域からアクセスしやすい場合が多く、特に高齢者をはじめ身体能力に不安を抱える人々にとっては便利な場所である。

　中越地方の拠点都市である長岡市は市役所をはじめとしたさまざま行政施設をまちなかに集中させることで中心市街地を活性化しようとしている先駆

的な例である。長岡市の公共施設立地戦略の特徴は、単にまちなか回帰にとどまらず、1つの建物に文化活動や教育、娯楽といった異なった機能を取り込み、なおかつその種の施設を分散させ、まちに生きる人々の力を活用し、まち全体の回遊性を高める「まちなか型公共サービス」の提供と「市民協働」の推進を意図している点にある。

なぜ長岡市はコンパクトシティ構想を先取りし、まちなか回帰に取り組むようになったのか、また商業者はどのように関わっているのか、1970年代の商業近代化地域計画から今日の中心市街地活性化基本計画に至る軌跡をたどりながら、その意義と課題を考えてみる[1]。

## 2　長岡市のまちと商業

長岡市は新潟県中部内陸に位置し、長野県（JR飯山線）や群馬県（JR上越新幹線、関越自動車道）へと抜ける交通の要衝にあり、中越地方の拠点都市である。長岡市内は市街地を東西に分ける形で信濃川が流れており、右岸（東側）に城跡＝長岡駅を中心に広がる旧市街地、左岸（西側）に新市街地が広がっており、特に長岡駅から伸びる大手通を通って信濃川を渡ってすぐの地区にはロードサイドに新興商業集積地が展開している。

長岡市は江戸時代に長岡藩の城下町として栄えたものの、戊辰戦争と第2次世界大戦の空襲により、2度にわたり市街地の多くを焼失しており、以前の面影はほとんど残っていない。しかし、そのつど復興事業が行われ、鉄道、道路、公園、上下水道などの都市基盤は整備され、公共施設や業務施設が集積した。1898（明治31）年には、北越鉄道（現信越本線）が延伸され、長岡停車場つまり現在の長岡駅が城跡に開業し、まちの玄関口として機能している。

### （1）基本的な動向

1945（昭和20）年の長岡空襲は空襲被害の点で甲信越地方最大規模であったとされ、長岡のまちづくりは文字通り廃墟の中から始まった。1950年代には丸大、イチムラ、大和といった地方百貨店が次々と開店し、中心市街

**図2-1 長岡市主要部の概略図**

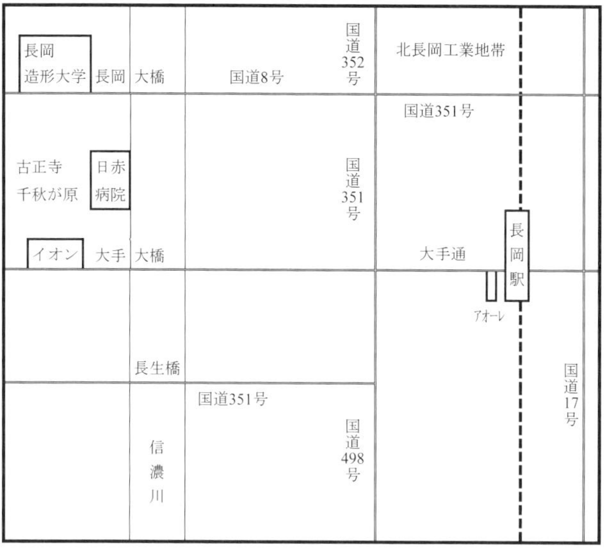

|  |  |  |  | 国道352号 | 北長岡工業地帯 |
|---|---|---|---|---|---|
|  | 長岡造形大学 | 長岡大橋 | 国道8号 |  | 国道351号 |
|  | 古正寺千秋が原 | 日赤病院 |  | 国道351号 |  |
|  | イオン | 大手大橋 |  |  | 大手通 　長岡駅　アオーレ |
|  |  | 長生橋 |  |  |  |
|  | 信濃川 |  | 国道351号 | 国道498号 | 国道17号 |

（出所）筆者作成。
（注）国道8号線は関原町・長岡ニュータウンを経由し柏崎市へ向かう。

地は活況を呈した。1970年代半ばには長岡ニュータウンが建設されたのを契機に郊外部の国道の整備が進み、人口の郊外移動が起こった。1980年代初めには新幹線乗り入れに伴い長岡駅新駅が設置され、駅ビル「セゾン・ド・ナガオカ」（現 CoCoLo 長岡）が開業した。

1970〜80年代の交通網整備は駅前市街地の強化と同時に信濃川の対岸の開発も促進した。これにより商業中心地の拡大とともに、商業集積の分散化が進み、1990年代には駅前中心市街地の地盤沈下が懸念され始めた。そこで、1993年地方拠点都市法に基づき、長岡地方拠点都市地域整備基本計画が策定され、中心市街地の整備が着手された。大手通における地下駐車場の整備、アーケードの建て替え、拠点都市にふさわしいシンボルロードの整備（1985年計画策定）の3点セットによる中心商店街の底上げが図られた。

一方、信濃川河岸に広がる新市街地の商業集積もモータリゼーションの影響を受けて着実に成長した。1989年にイオンの新長岡ショッピングセンタ

ーが開業したのを契機に郊外店の出店が増加した。1997年には日本赤十字病院が対岸河川敷に移転し、郊外部の発展が一層促された。

その後、2004年に新潟県中越地震、2007年には新潟県中越沖地震が発生した。長岡市は地震により財政力が弱体化した古志郡山古志村など周辺市町村を合併し、2007年に特例市に移行した。長岡経済圏が拡大したこの時期にはイオンに次いで、大規模商業施設リバーサイド千秋が開業した。その後、リバーサイド千秋はユニーがアピタを核店舗に運営管理する体制に切り替わった。

以上のような経緯を経て、2010年代にはまちなか回帰の動きが起きた。2012年、信濃河畔の幸町にあった市役所がまちなかに移転したのである。その経緯は後で説明するが、多くの自治体が公共施設を都心部から郊外部に移転させていたのとは対照的に、いち早く行政施設を中心市街地に回帰させた長岡市の決断は全国的にみても画期的な出来事だった。

### (2) 商店街の成り立ち

長岡市は長岡駅周辺から西側の信濃川までが旧市街となっており、中心商

図2-2　長岡中心商店街の概略図（図の左側が北方向）

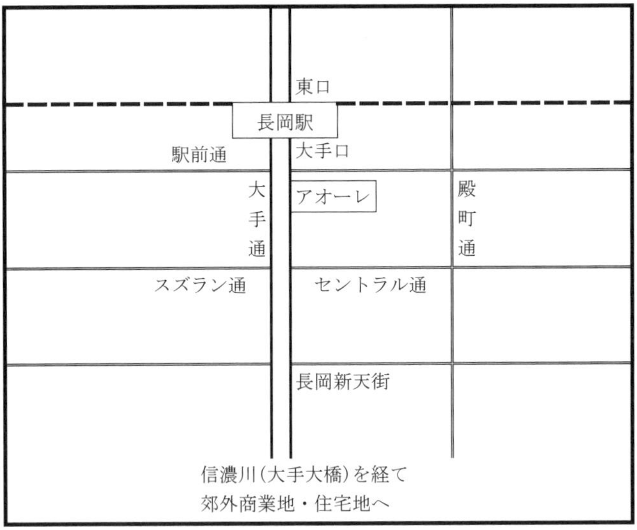

（出所）筆者作成。

店街は7商店街で構成されている。なお、中心商店街の1つの宮内商店街は、長岡駅から1駅目の宮内駅前にあることから本論では触れない。

長岡駅から西方向の信濃川に向かって走る大手通に大手通商店街（長岡市大手通商店街）が展開している。長岡駅駅舎・線路の西側に沿う形で駅前通商店街があり、大手通の中ほどから北に走る通り沿いにスズラン通商店街（長岡市スズラン通商店街）があり、スズラン通商店街の通りが大手通を越えるとセントラル通商店街（長岡市東坂之上町一丁目商店街）となる。セントラル通商店街と平行し、より駅から離れたところにあるのが長岡新天街である。長岡駅から駅舎・線路沿いに南に行き、高架になった線路の下を通る道路を西に行くと殿町通商店街になり、セントラル通商店街や長岡新天街と交わっている。

6商店街には大きな性格の違いがある。長岡新天街と殿町通商店街は基本的に飲食店街である。位置的にも視認性という点でも中心的なのは大手通商店街で、長岡を代表する買回性の高い業種の商業集積となっている。大手通商店街を駅前通商店街、スズラン通商店街、セントラル通商店街が囲み、補完する構造となっている。駅前通商店街にはイトーヨーカドー・丸大長岡店があり集客の核となっている。

### (3) 商業の中心性と大型店の動向

商業統計表を利用して長岡市小売商業の中心性をみてみよう。比較都市として新潟県内の新潟市と上越市を使用する。

表2-1　中心性指数にみる長岡市小売商業の位置づけ

| 市 | 1960 | 1970 | 1980(1979) | 1990(1988) | 2000(1999) |
|---|---|---|---|---|---|
| 新潟市 | 1.65 | 1.45 | 1.27 | 1.24 | 1.26 |
| 長岡市 | 1.56 | 1.49 | 1.36 | 1.32 | 1.31 |
| 上越市 | 1.6 | 1.34 | 1.31 | 1.34 | 1.43 |

(注) 1971年4月に高田市と直江津市が合併し上越市が誕生したため、それ以前の数値は両市の合計を使用した。

表2-2　各市の人口シェアと小売販売額シェアの変遷

| 市 | | 1960 | 1970 | 1980(1979) | 1990(1988) | 2000(1999) |
|---|---|---|---|---|---|---|
| 新潟市 | 人口シェア | 12.9 | 16.3 | 18.7 | 19.6 | 20.3 |
| | 販売額シェア | 21.3 | 23.7 | 23.7 | 24.3 | 25.5 |
| 長岡市 | 人口シェア | 6.1 | 6.9 | 7.4 | 7.5 | 7.8 |
| | 販売額シェア | 9.5 | 10.3 | 10.1 | 9.9 | 10.2 |
| 上越市 | 人口シェア | 3.0 | 3.2 | 5.2 | 5.3 | 5.4 |
| | 販売額シェア | 4.8 | 4.3 | 6.8 | 7.1 | 7.7 |

(出所) 筆者作成。なお、各年は国勢調査の年であり、商業統計調査年がずれる場合、( ) 内に調査年を示した。

　中心性指数は当該都市が購買力を県内各地から吸引している程度を示す数値であり、長岡市は新潟市とよく似た傾向を示しており、ほぼ一貫して数値を下げている。特に、1960年代から70年代にかけての低下傾向は著しく、その後低下傾向は緩やかになっている。

　中心性指数を計算する基礎数字である当該都市の県内人口シェアと同小売販売額シェアを使い詳しく検討すると、人口シェアは3市ともに継続的に数値をあげている。他方、小売販売額シェアをみると、3市3様の動きを示している。新潟市は停滞していた時期もあるものの、比率を高め続けているに対して、長岡市は1970年以降減少傾向を示していたが、1999年には持ち直している。上越市は1960年代に数値を低下させていたが、その後、上昇に転じている。

　3市とも周辺の市町村を継続的に合併してきており、単純に考えれば、人口シェアも小売販売額シェアも、統計をとるタイミングの問題はあれ、上昇するはずである。大型店の進出を考慮すれば、1960～70年代の小売販売額を押しあげたのはスーパーの出店であり、1990年代以降は郊外ロードサイド商業施設や郊外型ショッピングセンターによるところが大きいと推測できる。

　長岡市の場合、1970～80年代に大規模店の出店はあったものの、相対的に購買力の吸引にはあまり結びついていなかったが、イオンやアピタといった大規模郊外型ショッピングセンターの開発が進む1990年代にはいり、よ

うやく顧客吸引力を高めたということができる。

　各地の地方都市と同様に、長岡市の場合も、第2次世界大戦後高度成長期の頃まで大型店の進出といえば、中心市街地への百貨店の出店であった。1950年代に丸大、イチムラ、大和といった地方百貨店が大手通に相次いで開業し集客の核となった。特筆すべきは1960年に丸専という専門店による共同店舗が大手通に開設されたことであり、百貨店進出に対する地元商業者の対抗措置だった。

　しかし、大手通に進出した地方百貨店3店舗と専門店の共同店舗はいずれも2010年までに閉店している（図2-3参照）。すでに触れたように1980年代半ばに大手大橋が暫定2車線で開通し、信濃川対岸の千秋が原・古正寺地区にイオンやアピタなどが集積し新しい商業地区を形成するようになった。それに押され、中心市街地の商店街の地盤沈下と百貨店の撤退が起きたのである。

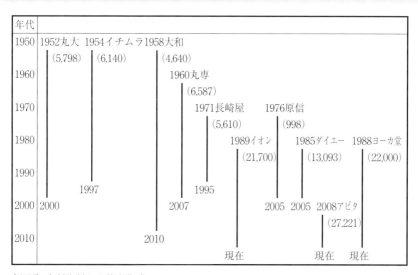

図2-3　主要な大規模店の消長（店舗面積、単位：㎡）

（出所）各種資料から筆者作成。

## *3* 商業近代化地域計画の策定

　長岡地域の商業近代化地域計画事業は、1970年に事業が開始され、1973年に基本計画が策定された。基本計画段階では長岡地域の経済分析が中心となっており、10年後の1983年に策定される実施計画において商店街改造計画が具体的に提案された。1998年に実現する2階軒高アーケードはこの段階で提案されている。その間、アーケード建設を支援するフォローアップ事業計画が1988年に策定された。

### (1) 基本計画のポイント

　1973年に策定された基本計画では、長岡市は商業都市としての性格を持つものの、卸売業と比べて小売業の影響力は弱く、第1次商圏に含まれる周辺市町村は越路町と山古志村の2町村にすぎないと、かなり厳しい評価をしている。

　商店街については商圏範囲から性格づけを行っており、広域買回型商店街は大手通のみであり、スズラン通、中央（セントラル通）、殿町通、長岡新天街といった他の中心商店街は地区型に含まれ、周辺の宮内（宮内駅前）、上田（大手通の延長）、大工町（大手通の延長、現在の日赤町）、北長岡（北長岡駅前）、神田（スズラン通の延長）等は近隣型に区分された。

　大手通商店街は、百貨店やスーパーが立地し商店街構成員の意識も高く、経営成果のあがっている店が多いとしている。地区型のスズラン通商店街は買回業種の構成比率が比較的高いものの、中央通・殿町通になると店舗密度がやや低くなり、長岡新天街の場合は食料品等最寄業種で構成されていると指摘している。中心商店街全体の問題点としては、①駐車場が不足している、②大型店が大手通に集中し商店街に面的な広がりがない、③緑地帯などの潤いが少ないこと、に言及し対策の必要性を強調した。

　また、人口動態や交通網の整備を考え併せると、長岡市の都市軸は東西方向になるとしている。つまり市の北側には北長岡工業地帯があり、南には軽工業地区・住宅地区があるため、新たな成長地域は長岡駅周辺の商業・業務

地区から信濃川を超えた西側の新市街地区に拡大するとの見方である。実際、その方向で郊外開発が進められることになる。

## (2) 実施計画のポイント

　1983年の実施計画になると、長岡市を取り巻く環境は大きく変わった。上越新幹線や北陸自動車道・関越自動車道といった高速交通網の整備、長岡市および周辺部への大型店の進出、そして消費者の変化という3点である。

　交通の変化による影響では新潟市との競合が激化した。モータリゼーションの進展により買い物が広域化したが、長岡市の商店駐車場設置は1.53台／店で、新潟市の2.27台／店を大きく下回っている。加えて、周辺市町村を含めて長岡経済圏の購買力が高崎市や東京地域の広域商圏に流れる可能性が懸念されている。

　地域商業については、各商店街の特徴が乏しく、中央商店街にも最寄品店が相当数含まれるなど、専門店の育成を課題として指摘した。同時に、小売業者の組織化率（法人化した商店街組織に加入している小売店舗数の比率）も長岡市は28%にとどまり、新潟市の45%と比べて大きく見劣りする。大型店に対抗するためには、個店の経営力強化に加えて、共同化や商店街の活性化が求められるとしている。

　消費者行動の面では、多様な来街目的に対応でき長時間滞留可能な商業空間の創造を目指すために、サービス・レジャー機能の強化、緑地や広場の創設、駐車場・駐輪場不足の解消が指摘された。

　実施計画の提案は次の4点である。第1に、都心部での交通・道路体系の整備を進め、駐車場を整備する。第2に、評判のかんばしくない大手通のアーケードなどを修復し、買い物客らが快適に歩ける空間に改善する。具体的には、2階軒高・耐雪構造のアーケード建設が提案された。第3に、駅前地区に商業活動が集中する傾向があるが、中心商店街に面的広がりを持たせるため、表町をはじめとした大手通にありながら駅から離れ信濃川に至る中間地区の再開発を進める。この地区は将来予定されている大手大橋の開通により対岸の新興地区と駅前地区とを結ぶ結節点に当たるので、中心商店街内の回遊性を確保するために重要としている。

最後に、長岡市の玄関口に当たる長岡駅大手口駅前の再開発を行うことである。当地区ではすでに丸大（後にイトーヨーカ堂グループ入り）を核店舗とする再開発事業が開始されており、長岡の顔として広域的な競争力を持った商業集積地と位置づけられていた。

　1980年代にはいると、周辺他都市や郊外部との広域競争時代が始まっていた。それに対する「備え」として、中心商店街の改造や整備が急がれたのである。

## (3) フォローアップ事業

　フォローアップ事業は端的にいって実施計画で提案されたアーケード整備事業を推進するために調査作成されたものである。具体的には、対象6商店街のうちスズラン通商店街と駅前の城内町2丁目地区のアーケードの新築・建て替えである。実施計画段階では、長岡駅大手口広場北側・東口広場北側に2階軒高アーケードが設置され、1987年には大手通でシンボルロードの事業計画（1985年度）による架空線地下化が実施された。その後、商店街改造の動きを中心商業地区全体に波及させるために、大手通から横に伸びるスズラン通と城内地区で本事業が実施されるに至ったのである。

　実施計画策定時からの変化として、長岡市の顧客吸引力の低下、とりわけ中心商店街の地位低下が懸念される状況になっていた。長岡市内の商業集積地単位で小売販売額シェアをみると、買回品については大手通地区が1980年と比べると、12.5ポイントも低下しているものの、1986年時点でも51.8%と高いシェアを示している。これに対して、小売販売額シェアをのばしているのは川向こうの新市街地に位置する大島・希望ヶ丘地区で4ポイントアップの7.4%となっている。

　最寄品では性格上「自宅付近」で購入する割合が高くなるが、ここでも大手通地区のシェアが最も大きく1986年で17.8%、次いで大島・希望ヶ丘地区の11.9%、郊外部の長岡ニュータウンを後背地とする関原地区の6.8%となっている。この段階で旧市街地優位の構造は続いているものの、郊外部の新市街地が急速に買い物場所として浮上してきていることを示している。

　フォローアップ事業の中心課題である2階軒高のアーケードは1984年に

長岡駅大手口駅前広場北側でまず完成し、この実績に基づき都市核を形成し幅員が5m以上の歩道のある地区、具体的には駅前広場の南北側、城内町、大手通、スズラン通、東坂之上町等に設置しようとした。さらに大手口駅前地区の東西方向街路については3階軒高のアーケードを備えたモールとするとしている。スズラン通ではアーケード建て替えの合意形成がすでに図られていたため、商店街組織を振興組合に再組織化し高度化資金の目途をつけ、天井高6mのアーケードの実施設計へと進もうとしていた。

　大手通でもアーケード建て替えが検討されていたが、こちらでは駐輪場・駐車場整備が主要課題となっていた。シンボルロードの事業計画においては大手通地下に駐輪場を整備しようとしていたが地元合意が得られず、大手通商店街青年会は大手通地下に駐輪場ならびに駐車場を整備するという提案を行っていた。長岡市も駅前周辺に駐車場の必要性を認め、シンボルロード基本計画を修正する方向で動きつつあった。

　以上のように本報告書で課題となったのは、アーケード建設と駐車場の2つであった。1つは豪雪地帯であるというハンディを克服する対策であり、もう1つは郊外部で商業開発が進む原因となっているモータリゼーションに対応した動きであった。背景には、駅前地区に丸大ができることで人の流れが一層駅前地区に集中してくることが予想され、いったん駅前に集中した人の流れを大手通の吸引力をテコにして市内中心部の各商店街に還流させる仕組みを構想していたものと推測できる。

　3度にわたる商業近代化地域計画事業をまとめてみる。基本計画での問題抽出では、長岡市の小売業の弱さの原因を大手通のみに依存する中心商店街の構造に求めた。一極集中的な商店街構造はモータリゼーションに対応できていないとの認識があった。そこで、実施計画になると、郊外開発進展の背景となっているモータリゼーションに対応するため駐車場・駐輪場を設置すると同時に、大手通を中心として回遊性を持たせるため快適な歩行環境を整備し、大手通の中程に位置する表町と駅前地区との開発を進めるよう提案した。そして、フォローアップ計画では、実施計画の延長として駐車場整備とアーケードのさらなる整備が提案された。

長岡の商業構造は大手通一極集中型であり、基本的に大手通の買い物環境水準を引きあげることで中心商店街全体の格上げを狙っていたことがうかがえる。この中心商店街のあり方がその後の行政施設のまちなか回帰に大きな影響をおよぼすことになる。

## *4* 中心市街地活性化「長岡モデル」

　商業近代化地域計画のフォローアップ事業策定後、1993年に冒頭で言及した地方拠点都市法の第1次指定を受け、長岡地方拠点都市地域整備計画が策定され、中心市街地の整備が本格化した。大手通地下駐車場は200台収容の規模で雨雪に濡れずに商店街にアクセスでき、軒高が低かったアーケードは2階軒高まで改造され、開放感が増した。大手通のシンボルロード整備では歩道の舗装が統一され、歩きやすくなった。3事業の総事業費は約100億円で、いずれも1997年までに完成した。

　しかし、1990年代を通して人口の郊外移動と郊外ショッピングセンターの開設が続いた。国道8号線や351号線の延伸に伴い、川向こうの地区が区画整理され開発が進んだ。中心商店街整備事業の工事期間中は来街者の数が減り、中心市街地の地盤沈下はとまらなかった。商業近代化地域計画事業で課題とされた中心商店街における駐車場整備、まちなかを雪に悩まされることなく開放的な空間で快適に買い物ができる空間づくりは一部実現したが、目にみえる効果は現れなかった。

　1990年代は長岡市のまちづくりにとって重要な分かれ道となった。郊外部でも中心部でも大規模開発が同時並行的に進んでいた。その中で、長岡市はどちらを重視するかという選択を迫られたのである。1999年の市長選で建設省出身の森民夫が行政施設のまちなか回帰を主張し、当選した。その後、森体制の下で、国の政策支援を受けながら、まちづくりは中心市街地活性化へと大きく舵を切ることになった。

### （1）市役所のまちなか回帰

　長岡市は1999年に最初の中心市街地活性化基本計画（旧基本計画）を策

定している。商業関連では、チャレンジショップ制度、空き地・空き店舗対策、一店逸品運動、中心商店街合同イベントの開催等が提案されている。しかし、森市長の中心市街地活性化に対する基本方針は、あくまで商業のための活性化であってはならず、市民が必要とする施設を市内に整備することで、市内に人が集まり、その結果として商業者のビジネスチャンスが高まるというものだった。

郊外部では道路整備に伴い、商業施設のほか、赤十字病院や長岡造形大学といった大規模公共施設の整備が進められていた。中心部にも商店街だけではなく、集客の核となるような公共施設が必要であると考えられるようになっていた。しかし、旧基本計画で各種計画は提案されたものの、地権や利害が複雑に絡んだ中心市街地では事業がなかなか進まなかった。

そこで、2003年長岡市都市整備部まちなか活性課が事務局となり、中心市街地関係者や学識経験者、アドバイザー10名からなる「中心市街地構造改革会議」（会長：長岡商工会議所会頭）を組織し、新しい発想からまちづくりが議論された。その結果、郊外へ分散したさまざまな公共施設を中心市街地に集約し、「まちなか型公共サービス」を提供するという新しいコンセプトが提案された。これが市民のハレの場となる新しい長岡の「顔」づくりを目指し、①行政機能のまちなか回帰が先導する「まちなか型公共サービスの展開」、②まちなかを舞台とした「市民協働のまちづくり」推進という基本方針を打ち出す契機となった。

まちなか回帰の視点からの先行的な試みとして、2001年大手通に立地していた地元百貨店の「ザ・プライス丸大」閉鎖に伴い空き店舗となった建物約8000㎡を借りあげ、地上4階（最終的には地下1階から地上5階まで利用）のながおか市民センターを開設した。市役所のまちなか回帰第1号として市まちなか活性課が入居したほか、市民サービスセンター、市民活動センター、まちの情報コーナー等市民生活に必要な機能を担う公的施設を幅広く取り込んだ。

## (2)「アオーレ長岡」の開設

中心市街地活性化法の大改正を受けて新たに策定された2008年の長岡市

中心市街地活性化基本計画（第1期）は、改めて中心市街地の人口減少・高齢化、事業所の減少、大型店の撤退と多数の空き店舗の存在、地価の大幅な下落等の問題を指摘している。計画策定にあたって実施された市民アンケートでは、回答者の73.5％が「中心市街地の活性化は必要である」とし、その理由として「地域の活力や個性を代表する街の顔であるから」をあげている。中心市街地の利用目的は「買い物」が最も多く、今後の希望として「商業施設や公共機関等が充実した街の顔であること」をあげている。

これは中心市街地構造改革会議が提案した「まちなか型公共サービス」の提供に合致する内容であり、市民の間では買い物環境の整備が重視されていることを示していた。

基本計画（同）の下で実現したのが長岡駅前のシティホールプラザ「アオーレ長岡」の整備であり、行政機能のまちなか回帰を大きく前進させた。アオーレ長岡は2012年、総事業費132億円を投じ、中越地震で被災した厚生会館跡地（宝田公園を含む）の再開発事業として完成した。隈研吾建築都市設計事務所の設計による地上4階、地下1階の建物は、市役所本庁、市議会場、市民ホール（2000人収容の多目的ホール）、市民協働センターに加えて、従前の公会堂（厚生会館）の機能である5000人収容のアリーナと、都市公園（宝田公園）が担っていた広場機能を再現した屋根つき広場「ナカドマ」を併設しているのが大きな特徴となっている。

市役所のある東棟1階には市民総合窓口があり、各種申請・手続きが1ヵ所に集約され、ワンストップサービスが提供されている。窓口業務は平日午後8時まで延長し、年末年始を除き土日・祝日も業務を行っている。市民協働センターは「市民協働のまちづくり」の拠点として設置され、市とNPO法人市民協働ネットワークの共同運営により市民活動の相談窓口や貸スペース、休憩コーナーが設けられている。

アオーレ長岡はスカイデッキで長岡駅に直結しており、アクセスが抜群によい。開設後1年間（2014年4月～15年3月）の利用者数は152万人にのぼり、うち106万人が各種イベントの来場者、アリーナ、ホール等の利用者となっており、市民総合窓口、市民協働センターの利用者もそれぞれ22万人、21万人を数えている。文字通りまちの「顔」となった。

## （3）空き店舗・空き地の活用

　まちなか回帰の再開発事業で大きな役割を果たしたのが大型店閉鎖・撤退後の空き店舗・空き地の活用である。さきに紹介した2001年のザ・プライス丸大の店舗を借りあげて開設したながおか市民センターに続いて、2010年には閉店した百貨店の大和長岡店1階を利用し長岡市の物産店が開業し、大手通商店街振興組合が業務委託を受け運営している。また、2011年には大手通の大型店跡地を利用した再開発ビル「フェニックス大手」が全面完成した。

　旧丸専デパート跡地に建設された大手通中央西地区市街地再開発事業「フェニックス大手ウエスト」1棟と、旧イチムラ（ダックシティ）と旧第四銀行長岡支店跡地に建てられた同東地区市街地再開発事業「フェニックス大手イースト」、「フェニックス大手セントラルレジデンス」、業務棟（愛称なし）の3棟の計2地区4棟からなる大規模プロジェクトである。

　2010年に完成したウエストは地上18階、高さ63mで市内で最も高いビルで、1階が店舗、2、3階は子育て相談コーナーや親子のふれあいの場、一時保育、まちなか絵本館などのはいる「ちびっこ広場」関連事業施設、4階から18階はまちなか居住を促す分譲マンション63戸となっている。

　2011年竣工のイーストは地下2階、地上8階建てで、商業・観光関連の業務を行う長岡市役所大手通庁舎のほか、市民の生涯学習と交流の場となる「まちなかキャンパス長岡」、新潟県中越地震の資料等を集めた「きおくみらい」が入居している。イーストより早く2009年に竣工した業務棟は地上6階、地下1階で地元金融機関等が、また地上9階建てのセントラルレジデンスの上層階には分譲・賃貸マンションがはいっている。

　2014年からは中心市街地活性化基本計画第2期が始まっており、その下で大和長岡店が閉店した跡地を利用した大手通表町街区の再開発事業が計画され、すでに西地区では「福祉の拠点」を目指したクリニック、社会福祉センター、老人ホーム、住宅等の建設工事が着々と進められている。

## (4) 中心市街地活性化事業の評価

　長岡市の中心市街地活性化事業はどのように評価されるのであろうか。長岡市は中心市街地に「来る人」、「住む人」、「働く人」、「活動する人」の数を審査指数に設定し、2014年に事業評価のフォローアップ結果を公表している。

　中心市街地に「来る人」の数（歩行者・自転車通行量）は2013年に1日平均約9万3000人で、2007年基準値を15％強上回ったが、目標値の10万人は下回った。来街者数の増大に伴い、まちで「活動する人」（アオーレ長岡、市民協働センターの利用者数）は122万人で、基準値32万人、目標値78万人とも大きく超えた。アオーレ長岡の利用者数が多く、全体の来街者数、施設利用者数の増加に貢献している。

　しかし、まちなかに「住む人」の数は約5600人で基準値を若干上回ったが、目標値はやや下回った。また、まちで「働く人」の数は1万4000人と基準値、目標値とも下回り、4つの指標の中で最も達成度が低かった。

　全体評価では、まちに「来る人」「利用する人」の増加から、中心市街地活性化基本計画事業は、「おおむね順調に進捗・完了した」と評価し、まちなかの活性化が「かなり図れた」と結論している。

　事業評価には他市であげられている売上げ動向や空き店舗率といった商業関連の指標が含まれていないものの、中心市街地活性化が一定の成果を上げている点は確認することができる。まちなかに公共施設を分散立地させるという発想が市民に受け入れられており、適切な集客の核がまちなかに立地すればまちのにぎやかさが戻りうることを示したものと評価できる。

　長岡市の中心市街地活性化事業は、大型店舗や公共施設の跡地を利用したビル建設によるハード整備が目立つ。その際、「市民協働」を合い言葉にして、さまざまな機能を1つの再開発案件に組み入れ、性別・年齢層を超えた人々がまちなかで交流する仕組みをつくっている点が評価できる。たとえば、アオーレ長岡やまちなかキャンパスは単に市民ホールや大学の教室が設置されているにとどまらず、市民やNPOがさまざまな文化的、社会的活動や研究成果を発表する場となっている。まちなかキャンパスの講師に占める市民の割合が25.1％、NPOが講師というのが31.4％を占めることに表われている。

ハード施設の運用に当たっても人が回遊する仕組みづくりに腐心している。市役所が大手通周辺に分散しているため、来街者は自動車を地下駐車場に止めるが、その際の駐車料金を1時間無料に設定しており、それがまちなかでの飲食や買い物を促進させている。フェニックス大手のちびっこ広場には保育士に子供を預けられるサービスがあり、幼児連れでまちなかにきて安心して用事をすませて、飲食や買い物できる環境づくりが行われている。

　地元では「まちなか型公共サービスの展開は、中心市街地活性化の新しいモデル」（長岡まちなか創造会議2013年「中間とりまとめ」）との自信を深めている。それでは、人がまちなかに戻っている中で、商業者たちはどのように考え、行動しているのであろうか。次にその点を考えてみたい。

## 5　個別商店街の現況

### (1) 大手通商店街

　長岡の都市軸をなす商店街であり、オフィス、市役所等が立ち並ぶ商店街である。商店街振興組合員数は40（賛助会員15）、その内訳は物販20（3）、金融1（5）、飲食6、サービス4となっており、残りはビルのオーナーという構成である。会員数は最盛期の3分の2程度に減っており、集客の核だった百貨店の相次ぐ撤退が大きく影響している。

　店舗数が減るなら新しい店舗を誘致するということになるが、物販店が出ても3年程度で撤退を余儀なくされることが多く、またビルのオーナーの立場からすると、物販店でも飲食店でも、とにかく入居してもらうのが先決ということで、飲食店が増えがちになっている。

　現在のところ、2階スペースも含めて商店街加入率は60～70%とかなりの水準を維持している。ただ、歴史ある商店街ということもあり、高齢化が進んでおり、平均年齢が50代後半から60歳程度に達している。それだけに若手の会に参加するメンバーに期待が集まっている。4年前に30～40代の若手6名が集まり、休眠状態だった若手の会を結成した。現在はテナントショップから4名が参加し、10名になっている。

若手の会は、商工会議所、青年会議所、新潟県が実施している商業者青年の会等に参加している。スズラン通商店街に活動拠点を置き、市商連の若手を集めている組織（「スネーク」、2013 年＝巳年結成）があり、中心市街地の活性化のため、まちゼミの企画等を行っている。また、スネークには各商店街から参加するメンバー以外にも商工会議所や市の振興課からも参加し、商店街の若手メンバーが交流の場を広げる役割を果たしている。

　大手通商店街のアーケードは 1998 年に設置され、2018 年には借入金を完済予定である。ソフト事業では五十六祭、長岡祭に参加し、イルミネーションや新春売り出し等各種セールを行っている。なお、「車庫天」と呼ばれる市営地下駐車場を借りあげる事業は長岡市商店街連合会として運営している。

　特徴的な事業として「組合員が連携する空店舗対策」がある。狙いは空き店舗対策とともに、組合員の交流・連携にある。商店街の構成員は、日常業務に忙殺されることから、同じ商店街の中で働いていてもそれほど話をする機会がなく、よく知り合っているわけではないとの実態もある。そこで、店舗の改廃やテナントの動きといった不動産情報という側面から商店街構成員同士が話し合う機会を設けることを意識している。商店街内にある 2 軒の不動産業者も積極的に協力しており、現在では 1 階部分の空き店舗はなくなった。

　商店街内にある市民ホール等のはいるアオーレ開業の影響はどうか。居酒屋が増えたことや、アオーレ～カーネーションプラザ（表町東地区）間の歩行者の回遊がみられることが好影響だという。居酒屋の増加は市役所職員、視察の来街者やイベント開催時の来街者がもたらした効果である。歩行者の回遊性増大の効果は、アオーレ開業がなければかなり通行量が減少した可能性があることを考えれば、大きい。

　好影響が既存商店の底あげや店舗構成の改善にどの程度、寄与したのか。全面改装した店舗が若干数あったものの、多くの店舗では経営上の大きな変化は確認できなかったという。それでも商店街関係者への聞き取り調査によると、飲食店を含む 3 分の 1 以上の店でアオーレ開設後、売上高が増加しており、3 分の 1 の店舗は売上高減少、残りは横ばい状況という。

## (2) セントラル通商店街

1996年にアーケード建設のために振興組合となったセントラル通商店街は振興組合員数29名で、その内訳は小売店8名、飲食店7名、サービス業2名、不動産業12名となっている。飲食店が増える傾向にあるほか、不動産業の多くは商店が閉店後、不動産管理に専念するようになったものである。

振興組合設立当初は44組合員で、うち小売店が17〜18店を占めていたというから、物品販売店の経営状況の厳しさがうかがえる。大手通の中ほどで交差する通りであり、大手通のように行政機能のまちなか回帰による効果は現れておらず、通行量は最盛期の3分の1程度にまで減少している。小売店も店頭販売だけで成り立っているところはほとんどなく、外商、年金、不動産等の収入によってなんとか生計を成り立たせているのが現状という。

商店街の独自事業もかつては実施していたものの、いまでは自店の経営に専念せざるを得ず、実施が困難な状況に陥っている。中心市街地活性化については、オフィス街化しており、まち全体の通過歩行者数は増えていても、それを吸引できる力のある店が減ってきている。また、客の目が肥えているのについていけない店が少なくなく、市商店街連合会が推進するまちゼミについても、セールスポイントを打ち出せる店が少なく、参加店舗は少数にとどまっている。

## (3) スズラン通商店街

戦後間もない1951年に法人化したスズラン通商店街は、昭和30年代には映画館が5館立地し、休日には来街者であふれ、歩きにくいほどのにぎわいをみせていた商店街である。商店街振興組合員は70名で、うち小売業26名、飲食業14名、サービス業6名、不動産業15名、その他9名（郵便局、金融機関、事務所など）で構成されている。

ハード整備として現在、行っている事業はなく、1991年に設置したアーケードは借入金を返済し終わったばかりだという。ソフト面での独自事業として年1回のセールとイルミネーション事業を行っている。長岡市商店街連合会の事業として、年3回のセール、6回の歩行者天国を実施しており、商

店街単独というより連合会での事業が中心になっていると思われる。

　世代交代期にある店が多く、後継者難とそれに伴う空き店舗が悩みとなっている。現在、空き店舗は10軒程度あるが、規模の大きな店が多く、小売業者の出店希望者はなかなかみつからないのが悩みの種となっている。飲食・風俗関係の出店打診は比較的多いが、商店街としては日常的な買い物に役立つ生鮮食品店や総菜店が欲しいという。

　市役所の分散移転により歩行者が増えているが、いかにして歩行者に入店してもらうかということと顧客を吸引できる店の経営充実が課題になっている。

### (4) 長岡市商店街連合会

　すでにみてきたように、長岡市の中心部を構成する主要商店街でも独自事業はセール程度に限られており、事業主体としては長岡市商店街連合会の果たす役割が大きい。その理由としては、各商店街の長さに比して各商店街の店舗数、特に小売店舗数が少なく、店舗密度が低いことから、個別商店街で事業を実施するのは困難かつ非効率という問題点があった。

　長岡市による中心市街地活性化の動きをいかしていくためには、中心商店街が一体として集客しまちなかに来街者を回遊させることが必要になる。アオーレ効果による歩行者の増加を集客に結びつける試みとして、オープンカフェ、週末フリマ（フリーマーケット）、夜マルシェ（夜市）、路上バルといった路上活用型のイベント事業が実施されている。公共施設などを目的としてやってくる消費者を、商店街のイベントに誘い込むという取り組みである。長岡のまちは広い道路が計画的に走り、道路沿いに店舗が散在するという構造のため、買い物客が目的の店にしか立ち寄らず回遊しないという問題がある。その問題解決のためにまちなかを歩き回る仕掛けが必要なのである。

　商店街としては店内へ買い物客を引き込むことが次の課題となる。多くの消費者が商店街を利用しない現在では、はいったことのない店にはいるというのはかなりハードルが高い。長岡市商店街連合会では、そのためまちゼミを実施している。2016年9月で第5回目を迎えたまちゼミは、お雛様の手入れや並べ方から爪の手入れのような美容に関するテーマ、さらには終活や

投資に関する講座まで30〜50講座が1ヵ月間展開されている。まずお店を知ってもらい、中にはいってもらう地道な活動が積み重ねられている。

　商業者がまちゼミに参加することは、商業者自身にとっても自らの仕事のあり方を見直す良い機会になる。どこからか商品を仕入れてきて、値段をつけて売るだけではまちゼミにはなりにくい。場合によっては、既製品をそのまま売るというビジネススタイルから、材料を仕入れて、組み立てや加工を行い、お客の要望に応じてアレンジして販売するという新しいビジネススタイルを導入しなければならないかもしれない。そのように商売の幅を広げることで、他店との差別化が可能になる。大型店やコンビニエンスストアがプライベートブランド商品にこだわるのと同じ理由であろう。

　また、近代的な商業施設においては清掃活動により清潔な買い物環境を整えるクリンリネスが厳しく指導されている点をみならい、長岡市中心部においても商店街連合会の方針の下、各商店街単位でゴミ拾いや草取りといった清掃作業を積極的に実施している。行政の「まちなか型公共サービス」による影響にただ乗りするのではなく、それを積極的に集客機会として活用するとともに、快適な環境整備を商店街組織で取り組んでいるところに意味がある。

　商店街連合会とは直接関係はないが、中心市街地活性化事業により変化したこととして、商業者と市役所との距離の問題がある。近隣に市役所が立地することで、市職員の人たちと日常的に顔を合わせるようになり互いの人間関係もでき、市職員の方でも商店街の状況に詳しくなる、こうした関係の形成がまちづくりの話をしていく上で大きな力になるというのである。長岡市レベルの都市規模になってくると、各人が生活している社会の人間関係だけに閉じこめられがちである。それを打ち破ることができるのは日常的に顔を合わせる人間同士の関係性であろう。

　森前長岡市長は市役所職員に対しまちの人たちと飲食をともにするように勧めていたと聞く。それはこうした関係をつくることは地域のあり方を考える作業であるまちづくりに必要不可欠であり、地域に住み働く人々の考え方やニーズを肌で知る機会になるとの意図であろう。即効性はないかもしれないが、長い目でみると大切な視点である。

# *6* まとめに代えて

　長岡市は市内を信濃川が流れており、対岸の新市街地にはモータリゼーションに対応した新たな商業集積地が形成されており、典型的な二眼レフ型都市構造となっている。新興商業集積は「中心市街地」から外れたとはいえ総合計画では「都心地域」と位置づけられており、2km余り離れてはいても1本の道路で結ばれている。市民生活からみれば、ほぼ同じ生活圏に含まれる。一方、中心市街地には近代的なビルが計画的に整備されている。豪雪地帯であるためマンション需要があり、郊外部への人口移動はあったものの、高齢者を中心に中心市街地周辺にはかなりの人口集積が残っている。

　信濃川を挟んだ駅前の中心市街地と新市街地との関係はかなり微妙である。そこに震災や町村合併等の問題が起こり、信濃川端に移転していた市役所が中心市街地に戻ってきた。行政機能が中心市街地内に複数の庁舎として埋め込まれ、まちなかは市民や市役所職員が行き交う場に変わった。

　モータリゼーションの進展により公共交通機関が衰退し、中心市街地の地盤沈下が深刻化する傾向が地方都市ではしばしばみられるが、長岡市の場合、いまでも駅が集客機能をある程度果たし、まちの中心性保持に貢献している。駅からまっすぐに伸びる大手通周辺に業務、商業集積が集中している。この都市構造が新しい長岡の「顔」づくりというまちなか回帰の基盤となった。

　再開発の手法では公共施設（アオーレ長岡の旧厚生会館）の跡地のほか、大型店の空き店舗・空き地を活用した点に大きな特徴がある。1950年代に競い合うように開店した丸大、イチムラ、大和の3地方百貨店と1960年に開店した丸専は、2010年の大和閉店を最後としてすべて撤退した。4店舗すべて中心市街地の軸である大手通に立地していた。

　集客力のある大型店は高度成長期には中心商店街の核店舗として機能し、正の外部性効果を発揮した。他の地方都市ではいまでも大型店の空き店舗・空き地が負の外部性と転じて、まちづくりの足を引っ張っているのに対して、長岡市では跡地を活用した再開発事業がタイミングよく立ちあげられ、新たなまちの核として再び正の外部性効果を発揮している。跡地は公共サービス

関連施設を含む再開発事業として活用された。長岡の場合、再開発がスムーズに進んだのは、地権者の理解があったことと公共施設の入居を早期に提示できたことが大きいようである。

　ただ、長岡のまちを歩いて感じるのは、整備されたビル街と広い道路で成り立っているため、ビジネス街という性格が強いことである。商店街といいながらも、小売店の存在感は弱く、飲食店、金融機関、学習塾などのサービス業が目につく。特に、飲食店については2012年のアオーレ長岡開設以降、増えたという声が聞かれた。これはこれでまちのにぎわいを創出しているが、小売店の存在感が弱い点がやや気になる。空き店舗になった後を飲食店やサービス業が埋めているのは新陳代謝が進んでいる証拠である。それでも空き店舗が残るのは表通りの高い賃料が裏通りにまで影響しているからであろう。

　長岡市のまちづくりから学ぶことができるのは行政と商業者との役割分担であろう。長岡市に限らず多くの地方都市では中心部の大規模店や公共施設の巨大な空き店舗がまちづくりの障害となることが珍しくない。空き店舗はまちのイメージを悪化させるだけでなく、本来、人の流れをつくり出す装置として機能すべき建物が逆に客足を遠のかせている。

　長岡市の場合、公共機関を中心として各種生活機能を各所に埋め込むことで、商業施設に代わって人の流れをつくり出した。街の構造を決定するような大規模再開発や集客の核づくりは、商業者やその集合体としての商店街には困難であろう。ここは都市計画権限を有するとともに、地域で最大規模の事業者である行政機関が担当すべき事業であろう。

　今後の長岡市の中心市街地のあり方を決めるのは、新たな商業集積の拡大を抑えることができるかどうかということと、人口つまり市場規模の問題もあるものの、新興商業地と中心市街地とで機能分担ができるかどうかにかかっている。出店抑制は都市計画の運用などによりある程度可能である。むしろむずかしいのは、中心市街地の小売業が近代的な大規模チェーン店の提供できないような価値観を人々に提供できるか否かである。

　商業集積が維持発展していくには新規開業の店舗が不可欠である。これは単に空き店舗をつくらないという消極的な意味でなく、万事、既存のものは陳腐化し易く、絶えず新たな要素が必要だということである。現在の長岡市

には新規開業のいわゆる「とんがった」店があまりみられない。そもそも新規開業した小売店そのものも少ない。商店街の昔からの店が商業集積を維持しているのが現実であろう。新規開業の仕組みづくりが求められている。

### 付表　長岡市における商業・流通近代化の歩み

| 年 | 事項 |
|---|---|
| 1870 | 長岡藩に支藩の三根山藩から 100 俵の救援米（米百俵）が送られる。 |
| 1898 | 北越鉄道（現信越本線）延伸、長岡停車場（長岡駅）開業。 |
| 1906 | 山古志郡長岡町が市制施行により長岡市となる。 |
| 1945 | 長岡空襲。空襲被害では甲信越地方最大規模。 |
| 1960 | 大手通に丸専デパートが開店。 |
| 1975 | 長岡ニュータウン。 |
| 1977 | 幸町庁舎で業務開始（郊外部）。 |
| 1980 | 長岡駅新駅・駅ビル「セゾン・ド・ナガオカ」（現 CoCoLo 長岡）。 |
| 1982 | 長岡駅に上越新幹線開通。 |
| 1984 | 「長岡テクノポリス計画」が国の承認を受ける。 |
| 1985 | 大手大橋開通。駅前街区再開発の都市計画決定。 |
| 1988 | 城内町 2 丁目に城内地区再開発ビル（イトーヨーカドー丸大長岡店）。 |
| 1989 | 新長岡ショッピングセンター（イオン）できる。 |
| 1991 | 線引き拡大により郊外店でき始める。 |
| 1992 | 国道 8 号線延伸。 |
| 1997 | 日赤病院、河川敷に移転。（跡地に下越のウオロク進出）。<br>大手通地下駐車場、アーケード、シンボルロード完成。 |
| 1998 | 古正寺地区の区画整理、351 号線延伸。 |
| 1999 | 中心市街地活性化基本計画、長岡市都市計画マスタープラン策定。 |
| 2001 | ながおか市民センター。 |
| 2003 | 長岡市中心市街地構造改革会議、まちなか・考房（2007 年、NPO 化）。 |
| 2004 | 新潟県中越地震（震度 6 弱）。<br>これ以降、市役所機能の市街地進出、まちなか型公共サービス。 |
| 2005 | 中之島町、越路町、三島町、山古志村、小国町編入。 |
| 2006 | 栃尾市、寺泊町、与板町、和島村編入。リバーサイド千秋（アピタ）。<br>都市再生整備計画、長岡市総合計画策定。<br>（駅前～千秋が原・古正寺に都市機能を集積）。 |

| 2007 | 特例市に移行。新潟県中越沖地震(震度6)。 |
| 2008 | 第1期中心市街地活性化基本計画(2008〜2014年度)。 |
| 2010 | 川口町編入。まちなか子育て支援拠点の整備。<br>長岡市都市計画マスタープラン(中心市街地を重点整備地区に)。 |
| 2011 | アオーレ、フェニックス(まなびと交流拠点)完成。 |
| 2012 | 市役所を幸町からアオーレ(厚生会館跡地)へ移転。 |
| 2013 | 長岡東西道路フェニックス大橋、左岸バイパス開通。 |
| 2014 | 第2期中心市街地活性化基本計画(2014〜2019年度)。 |

(出所)各種資料から筆者作成。

[注]
(1) 本論をまとめるにあたっては、長岡市中心市街地整備室まちなか政策担当課長相田和規氏、商工部商業振興課課長伊藤美彦氏、長岡市大手通商店街振興組合事務局長佐藤雅幸氏、セントラル通(東坂之上町一丁目)商店街振興組合事務局五十嵐順一氏、長岡市商店街連合会理事長武見正廣氏、大手通商店街小野淳一氏のご協力を戴いた。(肩書は調査時点のもの)。記して、謝意を申し上げたい。なお本稿にかかる一切の責任は筆者が負っている。

[参考文献]
商業近代化委員会長岡地域部会(1974)『長岡地域商業近代化地域計画報告書』。
商業近代化委員会長岡地域部会(1983)『長岡地域商業近代化実施計画報告書』。
長岡地域商業近代化フォローアップ事業委員会(1988)『長岡地域商業近代化フォローアップ事業報告書』。
長岡市(2008)『長岡市中心市街地活性化基本計画』。
長岡市(2014)『長岡市中心市街地活性化基本計画(第2期計画)』。
長岡郷土史研究会編(1982)『長岡まちづくりの歩み』。
長岡商工会議所(1983)『長岡産業経済発達史』。
長岡市(1994)『長岡市史 資料編5 近代二・現代』。
長岡市(1996)『長岡市史 通史編 下巻』。
内閣官房地域活性化統合事務局・内閣府地域活性化推進室「中心市街地活性化基本計画平成25年度最終フォローアップ報告」(2014)。
http://www.kantei.go.jp/jp/singi/tiiki/chukatu/followup/houkoku140708.pdf
(2016年10月23日アクセス)。

第3章 地盤沈下する中心市街地
——山梨県甲府市

南亮一
関根孝
三橋重昭

## 1 はじめに

　甲府市は山梨県の中央を南北に三日月形に縦断した地形をしており、中央市、笛吹市、甲斐市、昭和町などに隣接している。人口約20万人を擁する山梨県の中核都市だが、近年中心市街地の地盤沈下が著しい。甲府の中心市街地は、周辺の市町村からも買い物客を集めてきた商業の中心性の高いまちであったが、1970年代頃から人口と商業集積が郊外に移動し、1990年頃からは周辺市町に大規模な商業施設の開発が相次ぎ、中心市街地商業の空洞化が進んだ。

　甲府市は商業活性化のため、1970年代の商業近代化地域計画から最近の中心市街地活性化基本計画まで種々の施策を実施してきたが、中心市街地商業の衰退はいまだ歯止めがかかっていない。甲府における商店街近代化計画やまちづくりがどのような現状認識と意図をもって展開され、またそこにどのような困難があったのかについて振り返り、今後のまちづくりの課題を考えてみたい[1]。

## 2　商業近代化地域計画と甲府の都市・商業環境

　甲府は戦国大名である武田家の本拠地として発展し、江戸時代に柳沢吉保が城主となると、甲府城を中心とした城下町の整備が進んだ。明治時代に入り、武家屋敷と町屋を分けていた甲府城の堀が埋め立てられ、堀の内側の武家屋敷だったところには次々と行政施設が建てられ、多くの商人も店を構えるようになった。こうして、甲府駅から南に500mほどのエリアに銀座通り、桜通り、春日通り、常磐通りなど複数の商店街が集まる「中央商店街」[2]が形成された。

　1937（昭和12）年、県内初の本格的な百貨店として松林軒が桜通りに開業したのに続き、翌38年には岡島百貨店が常磐通り・オリオン通りに開業し、中央商店街は戦前から戦後にかけて著しい発展をみせた。

　しかし、1970年代にはいると、地盤沈下が始まった。山交百貨店が移転開業した甲府駅周辺の力が強まり、中央商店街の人通りが減少する傾向が現れた。中央商店街には戦後多くの小売業の参入があり商店数が急増していたが、大多数は零細規模で経営は脆弱であった。人通りが減少する中で中小零細店の経営体質改善が急務の課題として認識されるようになった。

### （1）市街地内の地区間競争とダイエー出店

　1970年代には中央商店街をはじめとする甲府の中心市街地では、市街地外との競争よりも市街地内の地区間競争が関心事となっていた。岡島百貨店のある常磐通り・オリオン通りが集客力を強めた結果、甲府駅からオリオン通りに続く人通りが南の銀座通りや桜通りなどにまで伸びなくなり、銀座通りなどの商店は危機感を持つようになった。

　中心市街地内の地区間競争は大型店の出店・増床により大きく揺れ動いた。中央商店街では大型店出店を中小小売店の脅威だとして反対する姿勢をとっていたが、銀座通り商店街がダイエーを誘致し、人の流れを呼び込もうとした。これに対して常磐通りなどの商店街は強く反発した。

　ダイエーの出店問題については、ダイエーと出店を問題視する甲府商工会

### 図3-1 甲府中心商店街の概略図

（出所）筆者作成。
（注）甲府市が2014年に策定した『中心市街地活性化基本計画』
　　　で示された中心市街地には、上図で示された範囲のほか、
　　　甲府駅の北側エリアなども一部含んでいる。

議所との間で話し合いがもたれ、店舗面積は当初計画から5％カット、休日は原則月4日、閉店時間は原則午後6時とすることで合意した。休日日数・閉店時間を制限する措置は既存の大型店にも適用されることになり、「甲府方式」と呼ばれて全国的に注目された。「甲府方式」は、大型店の閉店時間を一律に早い時間に設定することで、大型店閉店後に商店街が集客できるようにすることを意図したが、実際には大型店が閉店するとすぐ閉店する商店が少なくなく、「甲府方式」の狙いははずれ、消費者の足は早々と店を閉める商店街からしだいに離れていった。

　それでも1974年に甲府銀座ビルに開業したダイエーは、岡島百貨店と並ぶ中央商店街の核店舗として周辺市町村から集客する役割を果たした。

### (2) 商業近代化地域計画の策定

　大型店の誘致問題で中央商店街が揺れる中、甲府市は1973年に商業近代

化地域計画事業の指定を受け、『甲府地域商業近代化地域計画報告書』(以下、『近代化地域計画』) を策定した (報告書完成は 74 年)。『近代化地域計画』では、銀座通りなど「中央商店街においては、核店舗が乏しく、伝統的商法を踏襲して、消費者行動の変化に反応する対策の採用が遅れ、老朽店舗が多く商店街が陳腐化し、また最近の自動車交通量の増大により商業機能が低下し、再開発を図ろうとしてもリーダーに欠けており、さらに商店街の共同事業も乏しい」と、旧態依然とした商店街の状況を問題視した。

商店街や中小小売店の今後の方向性については「核店舗誘致に狂奔することなく」と釘を刺したうえで、「商店街の再開発を断行し、共同店舗、共同建築等の共同化を積極的に促進し、同時に憩いの場を提供し、高度地域型商店街へ脱皮することが強く期待される」と前向きな提言をしている。

『近代化地域計画』は、目指すべき市街地の姿として、市民が集い、ショッピングする場として、商業施設、娯楽施設、文化施設がコンパクトに集結するまちをつくるという高い理想を掲げたが、具体的な事業計画については多くは語られていない。

## (3) 地区間の対立と甲府市小売商業振興指針の策定

1980 年に再び大規模商業施設建設をめぐる問題が持ちあがり、地区間の利害対立が表面化した。1970 年代から甲府駅の施設近代化が市の重要課題

表3-1　甲府市の主な地域商業活性化関連の計画

|  | 計画名 |
| --- | --- |
| 1973 年 4 月指定<br>(1974 年 1 月報告書完成) | 商業近代化地域計画 |
| 1983 年 4 月指定<br>(1984 年 3 月報告書完成) | 商業近代化実施計画 |
| 2000 年 3 月報告書提出 | 中心市街地活性化基本計画<br>(旧中心市街地活性化法にもとづく) |
| 2008 年 11 月認定 | 中心市街地活性化基本計画<br>(改正中心市街地活性化法にもとづく) |
| 2014 年 10 月認定 | 中心市街地活性化基本計画 (第 2 期) |

となっていたが、駅舎だけでなく駅ビルをつくる計画が浮かびあがった。それに対して甲府商店街連盟は、駅ビルの入居条件が厳しく地元の中小小売店の入居が困難だとの理由から駅ビル建設に反対の意向を打ち出した。

そこで、甲府市は1981年に「甲府市商業の活性化再開発のための当面の方針」を出し、駅ビル問題の解決を図った。市の方針は、市内の商業集積のバランスを「短期のうちに大きく変動させることは、小売商業に混乱を生じさせ、ひいては消費者の便益に大きな影響をひきおこす可能性をもつ（中略）。現状のバランスを大きく変化させない再開発を目指す」というものであった。駅ビルの開発規模を抑制するとともに、ビル建設による駅周辺の商業床面積の増加を容認する代わりに、中央商店街エリアの商業床面積の増加も容認するとの対応を示し、中央商店街と駅周辺商店街との間の利害対立を調停した。

そこに新たな競合相手が登場してきた。1980年代頃から食品スーパーを核としたショッピングセンターやロードサイド型専門店が郊外に出店するようになった。中央商店街の力の衰えが目立つようになったが、それにもかかわらず商店街では『近代化地域計画』で提案された商店街近代化事業実施に向けた機運が一向に盛りあがらなかった。市は1983年に商業振興のためのトータルビジョンとして『甲府市小売商業振興指針―甲府市商業の未来像をめざして』を策定し、人口増加の鈍化と人口のドーナツ化、モータリゼーションの進展、周辺都市との集客競争の激化から、中心市街地の小売商業が停滞の危機にあると明確に指摘した。

また、同指針では、中心市街地の各商店街が個々に再開発を進めるのではなく、全市的なビジョンに立って各地区商店街の調整・合意の下で開発を進めること、現状の地区間バランスを少なくとも短期的には大きく崩さないことに配慮すべきであるとして、商店街間連携の必要性を示した。

## （4）商業近代化実施計画の策定・実行

『甲府市小売商業振興指針』の提言を受け、また『近代化地域計画』で示された構想を実現するため、甲府市は1983年、『甲府地域商業近代化実施計画報告書』（以下、『近代化実施計画』）を策定した（報告書完成は84年）。

しかし、『近代化実施計画』で示された現状認識は『近代化地域計画』と

大差はなかった。高速道路のインターチェンジが完成したこともあり東京への消費流出を強く懸念している一方、郊外の商業施設については「買物行動が目的的で単純であるため、まちとしてのおもしろさがない」との比較的楽観的な判断を示し、中心地区商店街の魅力は「ウインドウショッピング、マンウォッチング、ぶらつきなどで、そこに集まってくる人々の付加的な行動という状況にある」と分析した。当時まだ店舗面積が5000㎡を超えるような大型店は郊外にはなく、多様なテナントを導入した大型のショッピングセンターが市内に誕生するのは1980年代後半以降(たとえばオギノのイーストモールショッピングセンターは1989年のオープン)であった事情が影響している可能性を指摘できる。

『近代化実施計画』は中心市街地内の地区間競争の問題にも触れている。「駅前と中央、結局この2地区は客足を奪い合うのではなく、互いの地の利、構造の利を生かしながら中心地区商店街としてパイ全体を大きくしていくよう街づくりに努めていくことが肝要」とし、「中心商店街を二極化することを阻止し駅前から中央を一体化した実施計画を推進する」と結論した。そこには中心市街地内の駅前と中央商店街という2つの核の間のエリアを開発し、商店街の広がりを拡大するとの意図が明示されている。

具体的な事業としては、アーケード設置・付替え事業、市街地再開発事業、店舗共同化事業が予想コストなどの具体的な数値とともに提示された。当時、国は商店街近代化のためアーケード設置を推奨していたが、甲府でも大型店に対抗し、買い物環境の整備のためアーケード設置に取り組むことになった。このうち、後述するように春日通り・桜通りのアーケード設置・モール化計画は1986年に完成したが、計画に盛り込まれた銀座通りの店舗共同化計画は実現しなかったほか、市街地再開発計画も断念に至ったものが多かった。

## 3 都市・商業環境の変化

### (1) 中心性指数とメッシュデータにみる郊外化

1980年頃から甲府市内外で活発化した大規模商業施設の開発は、甲府市

商業と周辺都市との力関係に変化をおよぼした。そこで、1970年代以降の甲府市および周辺都市の商業中心性指数の推移をみてみよう（表3-2）。

中心性指数は、ある都市の人口1人当たり小売販売額を県全体の1人当たり小売販売額で除して求められるもので、この値が大きい、つまり人口に比して小売販売額が大きいと、県内においてその都市の商業の力が比較的強く、市外から買い物客を吸引していることを示している（第1章の注参照）。

1970年の甲府市では中心性指数が1.81と1を大きく上回っており、市内の小売店が周辺市町村から集客していたことがうかがえる。一方、同年の田富町（合併して現在は中央市）は0.40、74年の石和町（合併して現在は笛吹市）は0.44と1を大きく下回っており、商業の集積度が高かった甲府市など町外に買い物客が流出している。

甲府市周辺の市・町で大規模店の開発が進められるのに伴い、甲府市の中心性指数は低下し、逆に昭和町、田富町の中心性指数は1985年に1を超え、2004年になると昭和町は2.91、中央市は2.13にまで高まった。これは甲府市の1.40を大きく上回っており、買い物客が流出していた昭和町や田富町が逆に買い物客を周辺から吸引するまちになったことを示している。

以下では少し細かく、メッシュデータを用いて、人口および小売業販売額が甲府市の中心地域から郊外へ、さらに市外へと拡散していった過程を把握してみよう。データを収集した地理的範囲は、甲府駅付近を中心とした東西10km、南北14kmであり、その範囲を約1km四方の格子状に分けた140の

表3-2　甲府市ほか3町の中心性指数の推移

|  | 1970 | 1974 | 1979 | 1985 | 1991 | 1994 | 1999 | 2004 |
|---|---|---|---|---|---|---|---|---|
| 甲府市 | 1.81 | 1.73 | 1.74 | 1.61 | 1.62 | 1.60 | 1.44 | 1.40 |
| 昭和町 | - | 0.44 | 0.93 | 1.11 | 2.09 | 1.80 | 2.50 | 2.91 |
| 田富町（現 中央市） | 0.40 | 0.84 | 0.99 | 1.10 | 1.60 | 1.52 | 1.84 | 2.13 |
| 石和町（現 笛吹市） | 0.96 | 1.03 | 1.36 | 1.20 | 1.56 | 1.35 | 1.27 | 1.20 |

（出所）国勢調査および商業統計表のデータをもとに算出。
（注）・表に掲げた年号は商業統計表の調査年。なお、人口データは1970年から2005年までの5年ごとに実施されている国勢調査の人口データを用いた。
　　・1970年の昭和町については、小売業販売額が秘匿データとなっているため算出不能。

区画ごとに人口および小売業販売額のデータを得た。そのうえで140区画を、①中央商店街エリア：中央商店街エリアのある区画、②甲府駅エリア：甲府駅のある区画、③その他の甲府市内エリア：甲府市内にある70区画、④甲府市外エリア：甲府市外（甲斐市、昭和町、中央市、笛吹市）の68区画、の4つのエリアに分けて集計した。

以上の4つのエリアそれぞれが、4エリア合計の人口および小売業販売額のうちどのくらいの割合を占めているのかを年代別に算出した（表3-3、3-4）。人口については、10年前と比較した増減率も表3-3のカッコ内に示した。

これらのデータから1980年代に人口および小売業販売額の郊外化が顕著に進んだことがわかる。中心市街地である「中央商店街エリア」および「駅前エリア」の人口が1975年から85年の間に1割以上減少したのに対し、「そのほかの甲府市内エリア」は5.0％増、「甲府市外エリア」は61.6％増と対照的な結果となった。

小売業の郊外化も進展した。1974年の時点では「中央商店街エリア」（21.4％）と「甲府駅エリア」（20.7％）の販売額シェアが大きく、「甲府市外エリア」は7.8％にすぎなかったが、85年までの間に「甲府市外エリア」のシェアが10％ポイント以上高まった。1980年に甲府駅から南に4kmの昭和町内に中央高速道路の甲府昭和インターができ絶好の商業立地となるなど、甲府市外への郊外店の出店が急速に進んでいた。「甲府市外エリア」のシェアは2007年には40.8％まで高まった。それに対して、「中央商店街エリア」は、2.1％にまで低下した。メッシュデータは人口と商業の郊外化が急速に進んだ過程をはっきりと示している。

## （2）市外大規模商業開発の活発化

甲府で進んだ郊外化には特有の地理的条件が強く影響している。甲府市は人口約20万人の中核都市だが、人口規模に比べて市域は広くない。甲府の中心部から西にわずか3kmで甲斐市、南西に3kmで昭和町に達する。それに対し続々と誕生している車客を対象とした郊外型商業施設は、5kmあるいは10km圏という広い範囲を商圏として設定する。昭和町で開業したイオンモール甲府昭和の基本商圏は自動車で30分圏内の39万人を想定している。

表3-3　エリア別の人口構成比推移

|  | 1975年 | 1985年 | 1995年 | 2005年 |
|---|---|---|---|---|
| 中央商店街エリア | 3.7% | 2.8% | 2.0% | 1.7% |
|  |  | (-10.8) | (-21.7%) | (-17.2%) |
| 駅前エリア | 3.0% | 2.1% | 1.5% | 1.3% |
|  |  | (-19.1%) | (-23.1%) | (-7.6%) |
| そのほかの甲府市内エリア | 69.6% | 62.5% | 58.8% | 55.9% |
|  |  | (+5.0%) | (+2.3%) | (-2.8%) |
| 甲府市外エリア | 23.6% | 32.6% | 37.6% | 41.1% |
|  |  | (+61.6%) | (+25.4%) | (+11.9%) |
| 全体 | 100% | 100% | 100% | 100% |
|  |  | (+17.1%) | (+8.6%) | (+2.4%) |

（出所）国勢調査地域メッシュ統計　山梨県メッシュ統計報告のデータをもとに算出。
（注）エリア別の人口構成比の推移を示した。エリアについては本文参照。
　　　括弧内は10年前と比較した人口増減率。

表3-4　エリア別の小売業販売額構成比推移

|  | 1974年 | 1985年 | 1994年 | 2007年 |
|---|---|---|---|---|
| 中央商店街エリア | 21.4% | 16.9% | 6.3% | 2.1% |
| 駅前エリア | 20.7% | 11.9% | 17.4% | 9.6% |
| そのほかの甲府市内エリア | 50.1% | 53.0% | 51.5% | 47.6% |
| 甲府市外エリア | 7.8% | 18.3% | 24.9% | 40.8% |

（出所）商業統計メッシュデータのデータをもとに算出。
（注）エリア別の小売業販売額構成比の推移を示した。エリアについては本文参照。

　甲府市はもともと隣接する市・町の影響を受け易い地理的条件を有していた。
　1980年代の甲府市外における大規模商業施設開発としては、甲府リバーサイドタウン内に87年11月に開業したオギノリバーサイドモール（現・オギノリバーシティショッピングセンター）がある（表3-5）。リバーサイドタウン開発は、田富町（現中央市）が、甲府市との境に近い北西部一帯を住宅地として開発する目的で地区開発計画を策定したものである。その中央部に設けられた商業ゾーンに、オギノリバーサイドモールが開業した。出店計

表3-5 甲府周辺の主な大規模小売店舗

| 店舗名 | 市町村名 | 所在地 | 開店日 | 店舗面積（㎡） |
|---|---|---|---|---|
| 岡島百貨店 | 甲府市 | 丸ノ内 | 1936年3月 | 32,044 |
| 山交百貨店 | 甲府市 | 丸ノ内 | 1954年6月 | 16,445 |
| 甲府駅ビル（セレオ甲府） | 甲府市 | 丸ノ内 | 1985年10月 | 5,700 |
| イーストモールショッピングセンター（オギノイーストモールSCパリオ） | 甲府市 | 朝気 | 1989年3月 | 10,740 |
| 山梨交通湯村ショッピングセンター（オギノ湯村SC） | 甲府市 | 千塚 | 1990年11月 | 10,588 |
| kokori（ココリ） | 甲府市 | 丸ノ内 | 2010年10月 | 8,600 |
| 甲府リバーサイドタウンショッピングセンター(オギノリバーシティSC) | 中央市 | 山之神 | 1987年11月 | 17,300 |
| アピタ田富店 | 中央市 | 山之神 | 1998年10月 | 21,061 |
| イオンタウン山梨中央 | 中央市 | 下河東 | 2008年5月 | 18,350 |
| イオン石和店 | 笛吹市 | 石和町松本 | 1990年2月 | 15,196 |
| アピタ石和店 | 笛吹市 | 石和町窪中島 | 2005年9月 | 23,011 |
| スーパーセンタートライアル南アルプス店 | 南アルプス市 | 十五所 | 1994年10月 | 12,517 |
| 南アルプスビッグステージ（くろがねやスーパーデポ） | 南アルプス市 | 在家塚 | 2004年4月 | 13,080 |
| ラザウォーク甲斐双葉 | 甲斐市 | 志田 | 2009年4月 | 22,582 |
| イトーヨーカドー甲府昭和店 | 昭和町 | 西条 | 2000年2月 | 20,415 |
| イオンモール甲府昭和 | 昭和町 | 常永 | 2011年4月 | 28,000 |

（出所）『甲府市中心市街地活性化基本計画』（2014年）の「甲府市周辺の大規模小売店舗」の表を加筆修正。

画が明らかになると、甲府市内の商業者らは猛烈な反対運動を起こしたが、阻止することはできなかった。

　リバーサイドタウンに代表される開発は、甲府市に隣接する市・町にとっては甲府の中心市街地に吸収されていた購買力を地元に取り戻す計画であった。長い間停滞に苦しんできた甲府周辺のまちは、1980年代から商業をはじめ、企業、工場、大学等の誘致を進め、新しいまちづくりを目指した。そ

れが甲府市にとっては人口と商業の郊外分散化をもたらし、中心市街地の地盤沈下に拍車をかける結果となった。

1990年代以降には、昭和町や中央市では、甲府市との境界線近辺を走る国道20号線沿いにイトーヨーカドー甲府昭和店など、多くの商業施設が開発された。その影響を受け、中心市街地内のダイエーは1998年に、西武百貨店は翌99年に相次いで閉店した。

2010年頃には、昭和町や中央市に甲府市内をも商圏とする郊外大規模商業施設が相次いで開業した。2008年、中央市に食品スーパーを中心としたロックタウン山梨中央ショッピングセンター（後にイオンタウン山梨中央に改称）が、また昭和町には2011年、甲府圏最大規模となるイオンモール甲府昭和がそれぞれ開業した。甲府の商店街は市外の大規模商業開発に対する抗議運動を展開し、昭和町のイオンモールについては事業規模の縮小を山梨県知事に陳情した。知事もこれに賛同し、イオンモールは当初計画から40％の規模縮小をすることになったが、出店そのものは実現した。

市域をまたいだ大型店出店問題が起きる中で、山梨県は2009年に「大規模集客施設等の立地に関する方針」を策定し、大規模集客施設（床面積1万㎡超）および特定集客施設（床面積が6000㎡超1万㎡以下）の立地について、広域的に影響をおよぼす可能性が高いことから、可能な限り商業地域・近隣商業地域・準工業地域へ誘導するとともに、非線引き都市計画区域の白地地域や都市計画区域外では農振制度・農地転用制度の厳正な運用を図ることにした。

急速に進んできた人口・商業の郊外化だが、新たな変化の兆しもある。中心市街地の人口は1980年代から減少していたが、2000年代に入り市内の周辺部人口（表3-3の「そのほかの甲府市内エリア」）が増加から減少に転じたのである。人口減少の波が中心市街地から周辺部にまでおよびつつある。今後は周辺部の商業施設間で淘汰が進むことが予想される。

## *4* 中心市街地活性化基本計画によるまちづくり

### (1) 中心市街地活性化基本計画の策定

　商業近代化計画事業により商店街のアーケードの設置・モール化に取り組んだものの、前節でみたように郊外化が進展したことで、中心市街地商業の疲弊が進んだ。甲府市はその活性化を目指し、2000年以降中心市街活性化基本計画の策定と関連事業に取り組んだ。

　2000年に、甲府市は中心市街地活性化法（1998年）にもとづく『甲府市中心市街地活性化基本計画』（以下、『基本計画』）を策定し提出した。既述のように1980年代の『近代化実施計画』策定の頃とは甲府市商業の環境は大きく変わり、郊外に居住する住民の間では車による買い物習慣が定着していた。無料の駐車場を有する郊外店での買い物に慣れた買い物客は、市街地の商業施設に対して駐車場の不足あるいはそれが有料であることに不満を強めていた。市民の中心市街地に対する関心度合いは低下していたと推測できる。

　『基本計画』は郊外化が急速に進展した現実を受け止め、市内中心街では人口減少や商業の空洞化が進んでおり駐車場不足や交通渋滞の問題も生じているとの現状認識を示した。

　また、中央商店街では店主の高齢化が進み50歳以上の割合が7割以上を占めているとの実態調査結果を明らかにした。後継者の目途がたっていない店がほとんどであることもわかったので、10年後、20年後には多くの店が廃業する可能性が高まっていた。しかし、そうした商業の危機的状況についてはほとんど記述されていない。

　「未来にはばたくファッション・ジュエリー都市へ」などを将来像として設定し、具体的な事業としては、甲府の名産であるワインやジュエリーの店を集めたストリートの形成を目指す「ワイン・ジュエリーストリート整備」計画、ワイン館や地ビールレストラン、郷土料理レストラン、オープンカフェ等の誘致・集積を目指す「甲府味のプロムナードの構築」事業、城の南側

に江戸町風歴史ストリートなどの整備を目指す「城下町風街並みの整備」等が設定され、甲府の特産品や産業を生かしながら、市民も観光客も楽しめる市街地のまちなみづくりが提案されているが、アイデア段階の域を出ないものも多く散見される。

数多い事業のうち、「ワイン・ジュエリーストリート整備」計画は商店街のコンセンサスが得られず実施主体も不明確だったため、また「城下町風街並みの整備」計画はイメージが先行した計画でありエリア内に民有地が多かったため具体化しなかった。

## (2) 改正中活法に基づく基本計画の策定とココリの開発

2006年に中心市街地活性化法が改正され、甲府市は改正法にもとづき2008年に改めて『基本計画』を策定し、認定を受けた。新しい『基本計画』に盛り込まれた主な事業には、「甲府駅周辺土地区画整理事業」や「紅梅地区市街地再開発事業」がある。

前者は甲府駅北口周辺の21.9haで土地区画整理事業を行い、そこに合同庁舎、駅前広場、図書館などを開発する計画で、後者の紅梅地区市街地再開発事業は、かつてスーパーオギノの店があった紅梅通り沿いの土地に市街地再開発の手法で上層を住宅、教育施設、駐車場など、地下1階から2階を商業施設とする複合ビルを開発しようとする事業である。

この市街地再開発により2010年8月に竣工したビル「ココリ」は、100戸あまりの住宅部分は完売し市街地人口の増加に貢献したが、商業床については適当な出店者がみつからず、オープン時に複数の空き区画が残ったままだった。また、オープン後も来店客が減少したことでテナントの撤退が相次ぎ、空き区画が目立つ状態となった。

甲府の中心市街地は市街地内の人口の減少や商業の吸引力の低下によって急速に市場性が低下している。再開発ビルの高い賃料を払って事業を始める人はなかなか現れない。ココリは2015年、イオンモール甲府昭和を運営しているイオンモール㈱にプロパティマネジメント業務を委託し、2016年リニューアルによりイオン甲府ココリ店を核店舗とするショッピングセンターに生まれ変わった。

## (3) 第2次中心市街地活性化基本計画の策定

　2010年代に入り、2008年『基本計画』の主要な事業であった北口広場の整備、新合同庁舎建設などが次々と完了した。山梨県が実施主体の甲府城の櫓門（やぐらもん）の復元や、民間企業が実施主体の大正・昭和のまちなみを再現した物販・飲食ゾーンの甲州夢小路整備事業も2012年度に完了した。しかし、これらは主に甲府駅北側の開発事業であった。駅の南側の中央商店街の状況はさらに悪化していた。そこで、市は2008年『基本計画』の計画年度が切れるのを受けて、2014年に第2次『中心市街地活性化基本計画』を策定した。そこでは、疲弊が進む中央商店街など駅の南側の活性化を重点目標とした。

　主要事業の1つは、甲府銀座ビルの再整備である。甲府銀座ビルは、春日通りのダイエーが営業していたビルで、後にオギノが一時入居していたが撤退し空き店舗となっていた。ビルの再生は長らく中央商店街にとって課題となっていたが、民間不動産会社がビルを取り壊し、そこに上層がマンションで下層に商業施設等を設けたビルを開発することとなり、それを支援する市の事業が盛り込まれた。

## 5　中心市街地の商店街の組織と取り組み

### (1) 中心市街地の商店街組織

　次に、これまでの甲府市の中心市街地活性化の取り組みについて商店街の組織面から検討するために、甲府の商店街やまちづくり会社等が組織された経緯とこれまでの取り組みについて、話を進める。

　甲府の中心市街地には、現在、法人商店街7、任意団体としての商店会14を確認できる（表3-6）。このうち、法人商店街の甲府城南商店街振興組合の区域は、任意商店会のオリオン通り商店会、オリオン通り南部商店会の区域を包含するものであり、両商店会のメンバーの多くが甲府城南商店街振興組合の組合員にもなっている。

　同じく法人商店街の銀座通り商店街協同組合の区域は、銀座1丁目発展会、

銀座2丁目昌栄会、銀三会の区域を包含するものであり、これらの任意の商店街組織のメンバーの多くが銀座通り商店街協同組合の組合員になっている。

このように任意の商店会とは別に協同組合が組織されているのは、アーケードの設置事業に取り組むに当たり補助金を受給するために複数の商店会が共同して法人組織を設立した経緯があるためである。つまり、商店街組織のベースとなってきた従来からの商店会と、補助金を受けるための法人化された組織という二重の組織構造が形づくられた。さらに、中央商店街で新たな課題が生じ、補助金を受けて新規の事業に取り組む必要が生じると、また別の組織が設置された。

1980年代以降、中心市街地内での駐車場の不足が問題となったが、地権者法人による市街地再開発事業（1996年着工、98年竣工）で生み出された駐車場を管理するまちづくり会社として第三セクターの甲府中央まちづくり株式会社が組織された。同社は中心市街地活性化法に基づく『基本計画』の策定と認定に向けた取り組みを中心的に行う事務局機能も受け持ったが、その後駐車場事業の収入が低迷し、多額の債務に苦しめられることとなった。

法人組織の1つである合同会社まちづくり甲府は、甲府市、甲府商工会議所、地元金融機関である山梨中央銀行、地元大型店、商店街ら12者が出資し、資本金430万円で1998年に設立された。当時、商店街内の空き店舗問題が顕在化していた。既存の商店会組織では対応できず、同社が組織された。銀座通りにあるコミュニティ施設「銀座街の駅」は、空き店舗だった建物のオーナーから合同会社まちづくり甲府が建物を借り、ＮＰＯ等に賃貸している。

甲府商店街連盟は、1950年5月に34町・発展会が参加し設立された。商店街の共同宣伝、共同仕入れなどを指導してきた商工会議所が、商店街間の連絡協調機関として結成を促したものである。商店街連盟は、甲府市民にとって慰安のための一大事業である甲府えびす講祭りを甲府市の補助金を受けて実施している。

以上のようにアーケードの設置、駐車場の設置、空き店舗の活用などその時々の事業を実施するため、必要要件を満たす新組織が設置された。その結果、商店会、アーケードの設置事業の協同組合や振興組合、さらにはまちづくり会社などが重なり、組織が複雑化し、中央商店街全体としてのまとまり

**表3-6 甲府中心市街地の商店街とまちづくり会社**

| | 甲府市中心市街地の商店街 | |
|---|---|---|
| | 中央商店街区域 | 駅周辺商店街区域 |
| 任意「商店会」 | ①オリオン通り商店会<br>②オリオン通り南部商店会<br>③錦通り会、④西銀座睦会<br>⑤春日あべにゅー商栄会<br>⑥弁天通り振興会<br>⑦銀座仲町春桜会<br>⑧銀座1丁目発展会<br>⑨銀座2丁目昌栄会<br>⑩銀三会、⑪東桜三会<br>⑫仲見世睦会、⑬柳四会 | ①駅前東栄会 |
| 法人商店街 | ①「甲府城南商店街振興組合」<br>②「かすが商店街振興組合」<br>③「銀座通り商店街協同組合」<br>④「常盤通り名店街協同組合」<br>⑤「桜町四丁目商店街協同組合」 | ①「朝日通り商店街協同組合」<br>②「丸の内八番街商店街振興組合」 |
| そのほか | 合同会社まちづくり甲府<br>甲府中央まちづくり㈱<br>甲府商店街連盟 | |

(注)「甲府商店街連盟」の名簿をベースに、実態調査で補足した。なお「甲府商店街連盟」は、1950年に甲府市の商業者・商店街等によって設立された。現在の加盟者は、4つの大型店（岡島・セレオ・山交百貨店・オギノ）と市内23商店街。23商店街のうち19は中心市街地にある。

を欠くようになった。

## （2）商店街の取り組み概況

甲府の中央商店街のうち銀座通り、春日通り・桜町通り、紅梅通り・オリオン通りの3地区の取り組みを簡潔にまとめておく。

①銀座通り（銀座通り商店街協同組合）

銀座通りは、明治時代に甲府城郭内の再開発で生まれた、甲府駅の500mほど南に位置する通りで、昭和初期には百貨店の松林軒デパートのある甲府随一の商業地として発展した。戦後も甲府の中心的な商業地として栄えた。銀座通りは1950年代に、百貨店に対抗して「横の百貨店」を目指してアー

ケードを設置した。それから約30年が経過し、銀座通りの3商店会（1丁目発展会、2丁目昌栄会、銀三会）は、アーケードをリニューアルするため1986年に銀座通り商店街協同組合を設立し、90年に約6億円をかけて200mのアーケードを設置した。現在は、アーケードのリニューアルに伴う債務の返済は終了しているが、人通りは最盛期の5分の1程度となり、空き店舗も見られ、アーケード街からはかつての活気が失われている。

②春日通り、桜町通り

　銀座通りと南北に交差する春日通りには、1969年に春日アベニュー（春日通り南側）にアーケードが設置されたが、『近代化実施計画』で、快適な買い物の場をつくり出すためアーケードのリニューアル事業が掲げられ、1986年に春日通りに歩行者優先のモール街として「かすがもーる」が完成した。また、桜町通りは常盤通り名店街協同組合によって「コリドさくら町」（桜通り北側）のアーケードが、桜町四丁目商店街協同組合によって「ペルメさくら町」（桜通り南側）のアーケードが整備された。アーケード街の完成について、地元の新聞は当時「魅力あふれる"夢の街"が完成」と一面で報じた（『山梨日日新聞』1986年10月1日付）。

　春日通りでは、ダイエーが集客の核としての役割を果たしていたが、同店が1999年に撤退すると、それに替わる大型店の誘致が課題となった。甲府の食品スーパー、オギノを誘致しようとしたが、オギノは通りに車を通すことを出店の条件としたため、春日通りは歩行者優先空間の方針を転換し自動車の通行を認めて、2003年出店が実現した。オギノは2009年撤退したが、自動車の通行は認められたままになっている。『近代化実施計画』で提唱された歩行者優先のモール街の理念は忘れ去られたかのようである。かすがもーる（きぬや前）の休日歩行者通行量は1990年には2万人だったが、2000年に8900人になり、15年には約2000人に下落した（甲府商工会議所『甲府市中心商店街歩行量調査結果報告書』）。それに伴い、地価は1／10以下になったという。

③紅梅通り・オリオン通り

　紅梅通り・オリオン通り地区は、甲府駅と銀座通りの中間に位置し、岡島百貨店を中心とするエリアである。岡島百貨店は歴史のある百貨店だが、周

辺は銀座通りと比べると比較的新しい商業地である。

　オリオン通り商店会が誕生したのは1948年で、1951年に鉄骨アーケードが建設された。紅梅地区の再開発事業に伴いオリオン通りのアーケードの建て替えが計画され、事業主体として商店街振興組合の設立が検討されたが、既存の商店街は30店以上という振興組合の要件を満たしていなかったため、地理的な範囲を広げてオリオン通りを中心とする周辺街区を合わせた45店舗で2009年、甲府城南商店街振興組合が設立された。翌10年、アーケードの建て替えに対し中心市街地活性化法に基づく国の戦略補助金の交付が決定した。紅梅地区の再開発では、2010年10月に再開発ビル「ココリ」が開業したが、既述の通りオープン後間もなく売上高不振に陥り、テナントが相次いで撤退する事態となった。

　3地区が取り組んできたアーケードの設置・モール化や市街地再開発などの事業のその後の状況をみると、当初計画通りに事業の効果が出ていない例（ココリの開発）や事業者が長年、金銭的な負担に苦しむ例（甲府中央まちづくりによる駐車場事業）があり、全体的に中心商店街の活性化は苦境に立たされている。

## (3) 民間事業者による活性化の取り組み

　それでも、中心市街地を再び活性化しようと、大規模な拠点開発に頼らず地道に市街地活性化事業に取り組むリーダーがいる。㈱タンザワ会長で、甲府商工会議所副会頭の丹沢良治氏はその一人である。

　タンザワは天然石アクセサリーの地元の製造小売業者で、1993年に小樽運河の近くに出店したのに続いて、河口湖、長浜、湯布院、函館など全国に約40店を展開するまでになっている。丹沢氏は発祥の地である甲府中心街が発展しなければ、会社の発展もないとして、甲府のまちづくりにも積極的に取り組んできた。2013年、歴史を感じさせる建物群が特徴の商業施設「甲州夢小路」を甲府駅の北側に開発した。これは『基本計画』にも盛り込まれた事業でもあり、明治初期まで200年以上甲府の人々に時刻を知らせてきた「時の鐘」を再現したほか、アンティークジュエリーと版画の「小さな蔵の美術館」、山梨地場産業の名産品（天然石・アクセサリー、ワイン・地酒等）

の店、地産地消をコンセプトにしたカジュアルフレンチなど十数店舗が出店している。

丹沢はまた多くの文化人と一緒に、2001年「ＮＰＯ法人街づくり文化フォーラム」を設立し、理事長を務めている。同ＮＰＯは、05年に桜町通りに明治初期につくられた芝居小屋「桜座」を復活させた。桜座は昭和初期まで多くの歌舞伎俳優が舞台に立ち、県内で初めて映画を上映した小屋でもあった。復活した桜座では年100回以上の公演が行われ、甲府の中心商店街に多くの人を呼んでいる。

## 6　まとめに代えて

2014年に甲府市が策定した「認定中心市街地活性化基本計画の最終フォローアップに関する報告」が、2008年『基本計画』で設定された目標の達成度について検証しているので、甲府の中心市街地活性化に向けた取り組みの進捗を示すものとして紹介しておきたい。

2008年『基本計画』では78の事業が掲げられていたが、そのうち計画期間終了時に46事業が完了、24事業が継続実施中であり、実施率は約90％となった。『基本計画』（計画期間は2008年11月～2014年10月）で設定された目標値は中心市街地内の小売販売額、歩行者通行量、居住人口の3つであり、2007年（居住人口は08年）を基準として14年までにいずれも5％弱の増加を目標として掲げていた。しかし、実際の14年の数字はいずれも目標を達成できなかったばかりでなく基準値をも下回る結果となった。小売販売額は基準値から10.1％減、歩行者通行量は16.8％減、居住人口は4.8％減となっている。フォローアップ報告書は、達成状況を計画した事業はおおむね予定通り進捗・完了したが、いずれの目標値に関しても、最新の実績は目標値および基準値にもおよばなかったと判定した。

目標を達成できず逆に後退する結果になったが、2014年策定の第2次『基本計画』は小売業販売額の減少について、商業施設「ココリ」の空き床が現在もなお約3割を占めておりイメージダウンの影響があったこと、エリア内の小売店舗数が減少し続けていることを主な理由として挙げている。歩行者

通行量の減少要因としては、事業効果が乏しかった中央商店街エリアで減少したことを理由として挙げている。さらに、居住人口については、紅梅地区再開発事業による住宅の提供などの効果による人口増加は一部にあったが、市内の他の地域と比べて高齢化が進んでいるため人口の自然減が大きかったことを理由としている。

中心部では、さまざまな事業に取り組んでいるにもかかわらず人口、通行量、小売販売額の減少が進んでいるのが現状である。商店街からは物販店が著しく減少し、春日通りには風俗店などが軒を連ね、夜の街となった一角が生まれている。現地聞き取り調査によると、商店街にわずかに残る物販店は、広い商圏を持ち固定客のいる店などであるが、それらの踏みとどまる物販店も人通りが減少したため新規顧客が来店しないとの悩みを抱えている。

1970年代から80年代にかけて『近代化地域計画』、『近代化実施計画』、そして2000年代からの『基本計画』の策定に取り組み、関連事業に取り組んできたにもかかわらず、甲府市が中心市街地および中央商店街の疲弊を食い止めることができなかった要因はさまざま考えられる。以下では、2点を指摘しておきたい。

1つは、まちづくりに必要な担い手たちのまとまりの欠如である。『近代化実施計画』や『基本計画』で打ち出された事業計画のうち、民有地にかかわる事業や民間業者が主導する事業では民間側から実施の機運が高まるのを待たねばならない。しかし、市街地が商業中心性を急速に失った1990年代以降は、中心市街地で事業を起こす人がなかなか出てこなかった。

2014年の基本計画にその再整備事業が盛り込まれた甲府銀座ビルは、2009年のオギノの閉店後その再生を引き受ける事業主体が現れず、2013年に事業者が決定するまで中央商店街内に大型空き店舗として放置されたままになっていた。再開発ビルのココリも市街地内にハードとしての拠点をつくり、広い商業床を創出したが、それに応じた民間の入居者を集める手立ては後回しになった。その結果、大手のイオングループに入居者を確保するリーシング業務を頼らざるを得なくなった。

もう1つは、中心市街地内外の地理的な制約条件である。当初から、中心市街地内では細かく分断された地区間で競争が発生しており、大規模商業施

設の開設に関して利害対立が生じた。市や商工会議所はそのような複雑な組織関係のうえに成り立っており、地区間バランスを崩しにくい。

　全国的にもよくあることだが、明治期からの旧道に沿って発展した中央商店街と新興の鉄道駅周辺という2つの中心の間で地区間競合は発生しやすい。第1章の山形県鶴岡市もそうだった。甲府市は甲府駅と中央商店街に挟まれた紅梅通り、オリオン通り周辺を開発することで2つの中心を結び付け、中央商店街全体を活性化しようと努力してきた。それは『近代化地域計画』の頃から、現在まで変わっていない。2014年の中心市街地活性化基本計画で指定した中心市街地エリアは、1970年代から80年代にかけて『近代化地域計画』で活性化しようとした地域の範囲をほぼ受け継いでいる。行政サイドがこうした地区間バランスを大きく変える方針を打ち出すことはむずかしく、現状維持の施策に陥りやすい。

　ただ、現実には駅北側の再開発事業が進み、中心市街地の南北バランスが変わってきている。加えて、甲府市の地理的範囲は狭隘であり、周囲は隣接市町に取り囲まれている。昭和町のように大型店を誘致し、隣接商圏から集客しようとする自治体は少なくない。イオンモール甲府昭和や中央市のイオンタウンは多くの甲府市民を集客している。そこでは、外からの力により中央市街地全体の地盤沈下が進むと同時に、市街地内地区間バランスが崩れてくる。甲府市および商業者は、こうした外からの圧力とバランスを崩す動きに対して、十分に対抗することができなかったともいえる。

　その意味では、人口が減り、中心市街地の集客力が落ちていく中で、駅前から中央商店街に至る広い範囲のまちの活性化を図るのは困難を極める。それでも、中心市街地の商店街は甲府を代表する祭りであるえびす講祭りを維持し、古い芝居小屋や甲府小路を復活させる事業者も現れている。甲府の歴史を感じさせるまちづくりを志向し、商店街の「存続」に立ち向かう長期的なまちづくりのビジョンと、日々のにぎわいを創出する行動力が待たれる。

[注]
(1) 本章は以下の方々への聞き取り調査に基づいている。記して謝意を表したい（順不同、肩書は2015年当時）。

甲府市・まちづくり課まちづくり係村田滋人係長、甲府商工会議所・丹沢良治副会頭、中小企業振興部越石寛部長、甲府商店街連盟・長坂善雄会長、河野勇二専務理事、甲府中央まちづくり㈱　高野洋志雄代表取締役社長、銀座通り商店街協同組合・武内有二理事長、トキワ通り商店街協同組合・小川義美理事長、春光堂書店・宮川大輔氏、甲府城南商店街振興組合・福島敏三理事長、かすが商店街振興組合・木造雅隆理事長。

(2) 甲府市では各種資料において、中心市街地内の商店街エリアのうち、駅から南に500m離れた銀座通りや、桜通り、春日通り、常盤通り一帯の明治期からの商店街エリアを、甲府駅前の商店街と分けて「中央商店街」と呼んでいる。

[参考文献]
甲府市史編さん委員会編［1990］『甲府市史　通史編　第3巻 近代』。
甲府市史編さん委員会編［1993］『甲府市史　通史編　第4巻 現代』。
甲府商店街連盟30年史編集委員会編［1980］『甲府市商店街連盟30年史』甲府市商店街連盟。
(本文中に引用されている『甲府地域商業近代化地域計画』等の公的報告書・資料は省略)。

# 第II部 大都市圏における大型店中心のまちづくり

# 第4章 大型店が けん引するまち
## ——東京都立川市

関根孝
久保(渡邊)ヒロ子

## 1 はじめに

　毎年夏に広大な国営昭和記念公園で行われる花火大会は、1.5尺玉の大玉があがる東京では最大規模の夜空の競演である。40万人近い人を集める多摩地域人気のイベントの1つであり、立川の夏の風物詩としてすっかり市民の間に定着している。

　現在の立川は近代的なまちに、そして文化の香りさえ感じさせるまちに変貌し、かつての「基地の町」立川の面影はほとんど残っていない。2014年にはイケア（IKEA）、翌15年には「ららぽーと立川立飛」と大型商業施設が立川駅北口に開業し、三多摩地区の中心商業地として存在感を高めている。いまでも人口が18万人に満たない立川市の中心市街地には伊勢丹と高島屋の二大百貨店、そして駅の南北両側には2つの駅ビルのほかいくつもの大型店があり、大型店中心の商業活性化とまちづくりが進行している。

　立川がこのような姿に変貌するまでにはいくつかの紆余曲折があった。1960年代の高度成長期には「基地の町」として繁栄を謳歌していたが、1977年基地は返還され、その後経済が安定成長の時代に入ると、まちの魅力はしだいに薄れ、商業の中心性は低下するようになった。背景には人口の郊外移動が進むとともに新たな商業施設が市周辺部や外部に開設され、また

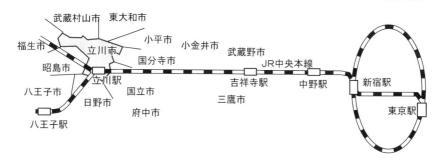

図4-1 立川市と周辺都市

(出所)筆者作成。

武蔵野市（吉祥寺）や新宿など都心へと顧客が流失する変化が起きていた。

その後、1994年の立川駅北口再開発ビル「ファーレ立川」の開業が1つの分水嶺になり、流れが大きく変わることになる。近代的なまちに生まれ変わり、中心商業地は集客力を高めたのである。

東京西部に広がる多摩地域には、新宿を起点にした中央線沿線に中野、吉祥寺、八王子と広域商圏型の駅前商業集積が1時間以内にいくつもあるにもかかわらず、立川市はその中でも抜きんでた商業中心性をそなえている。その基本的な理由は、「大型店中心のまちづくり」にあるのは明らかである。都市開発のプロセスをたどり、大型店中心のまちづくりを推し進めてきた要因を示し、地域商業の観点からまちづくりのあり方を見つめ直してみたい[1]。

## 2　「基地の町」誕生[2]

　立川市は東京都のほぼ中央、西寄りに位置しており、多摩地域の中心部分にあって、昭島市、小平市、日野市、国分寺市、国立市、福生市、東大和市、武蔵村山市と接している。市域の南側には東西に流れる多摩川が、北側には武蔵野台地開墾の源となった玉川上水の清流が流れ、地形は平坦である。JR立川駅周辺は商業が発展し人口が集中し、市域の中央部分には国営昭和記念公園や広域防災基地などがある。また、市域の北部は都市農業や武蔵野の雑木林など緑豊かな地域を形成している。2016年12月1日現在の世帯数は

8万8590世帯、人口は18万1486人であり、全国的傾向とは対照的に人口は漸増傾向にある。

市域中央には、東京都の東西を結ぶＪＲ中央線が走り、東京駅から立川駅まで38km、特別快速電車で40分の距離にある。また、ＪＲ立川駅には青梅線、五日市線、南武線が乗り入れているほか、多摩モノレールが多摩センター駅から立川南・立川北駅を経由して上北台駅へ達し、立川駅は多摩地域の交通の要衝となっている。

明治時代を通じての立川村（柴崎村）と砂川村の主要な産業は農業であった。1922（大正11）年、陸軍の立川飛行場が設置されたことによって商業・工業の集積が進むことになった。1924（大正13）年、陸軍飛行戦隊第5連隊が駐屯することになり、人口が急増して町制が敷かれた。1930（昭和5）年、立川飛行場の周辺に石川島飛行機製作所（1936年に立川飛行機に改称）が移転した。戦時下では軍事基地と軍事産業が集中していた軍都・立川は、1945（昭和20）年2月以降、13回におよぶ空襲を受け多くの被害を出した。

敗戦後、占領軍は立川飛行場を接収し、米軍空軍基地とした。その規模は極東最大であり、立川駅北口駅前の曙町から高松町にかけて基地の辺縁は鉄線を張りめぐらし、内には完全武装した兵隊が銃を構えて立っていた[3]。「基地の町」の闇市には米軍関連の闇物資も出回り、飲食街が形成された。

1947年、駅の南北両側に商店街が組織化され、17の商店会が加入する立川市商店会連合会（立川市商店街振興組合連合会の前身、以下、「たちかわ商連」）が設立された。53年には南口商店会（現・立川南口商店街振興組合）にネオンアーチ、立川銀座商店会にアーケードが完成し、各商店会は競ってアーケード、ネオンアーチ、水銀灯の設置を進めた。

人口は基地の存在から再び増加に転じ、1962年には立川通りの旧伊勢丹に隣接して「中武デパート」が地下1階、地上7階建てで営業を開始した。1984年、全面リニューアルに伴い「フロム中武」に名称を変更し、ファッション衣料品や輸入雑貨、ホビーショップなど、多種多様な専門店のテナントが入居した。2015年には耐震工事のため全館閉店し、16年にリニューアルオープンした。

1960年時点の人口は6万3000人であったが、63年に砂川町が立川市に編

入され、人口は約9万6000人に増加し、市の面積も24km²に拡大した⁽⁴⁾。立川銀座商店街（現・昭和記念公園商店会）の共同建設事業として「第一デパート」が開業したのは、1966年のことである。地下1階、地上5階で、売場は専門店の集積ではあるが、共同店舗としての連帯感に配慮がなされていた。第一デパートは2012年に閉店し再開発され、立川駅北口とペデストリアンデッキで直結する立川駅北口西地区第1種市街地再開発事業として2016年7月に商業・業務・住宅施設を備えた大型高層ビルとして生まれ変わった。

1960年代当時、立川の北口の駅前から北に約300m続く大通り（立川通り）を行くと、基地ゲート前の三叉路に出た。大通りの中央にはグリーンベルトが設けられ、両側には並木が植えられ、駅前には第一デパート、その先に伊勢丹、中武デパートといった近代的な高層ビルが立ち並んでいた。ゲートの三叉路を北に向かうとその両サイドは高松町で、この地域は米駐留軍相手の歓楽街としてにぎわい、地元商店も繁盛していた⁽⁵⁾。当時の商店街の関係者は、「ゲートに隣接する高松町では店を開けさえすれば売上げがあり、商いの工夫をあまりする必要がなかった」と語っている。

## 3 商業の将来ビジョンを打ち出す

1960年代の高度成長期、大きな飛躍を遂げていた多摩地域でも立川市は最も競争力のある商業地として繁栄していたが、2度にわたるオイルショックを経て1980年頃になると、商業の中心性は低下するようになった。それは周辺都市の都市化が進行するにつれて、それぞれの地域に商業施設が増え、最寄り品の市内への買い物出向が減少し、一方で買回り品については吉祥寺や新宿への顧客の流出が顕著になったことによる。高松町の商店街は従前、独自の商圏を持ち、駅北口周辺の商業集積に匹敵する顧客吸引力を有していたが、地盤低下が著しく、駅北口への通過点的存在となった⁽⁶⁾。

### （1）商業近代化地域計画の策定⁽⁷⁾

立川基地返還から4年後の1981年、『立川地域商業近代化地域計画報告書』

(以下、『近代化地域計画』)が策定された。『近代化地域計画』は立川市商業の基本的な課題として、①多摩地域の広域中心型の商業地区へ脱皮し、大型店に依存している北口を奥行きがある多様性のある買い物空間へ移行する、②南口は楽しく買い物ができるように改造し、商業近代化を図る、③多くの大規模プロジェクトの整合を行い、商業振興とまちづくりの総合化が必要となることを挙げた。

立川市の小売業の現状については1960年から1979年までの商業統計を用いて、次のように指摘した。まず、多摩地域全体としては商店数、従業員数、実質年間販売額のいずれの伸び率でも成長しているが、立川市は東京区部のレベルと同じように停滞している。次に、競合関係にある武蔵野市や八王子市の商業人口(市年間小売業販売額÷(都年間小売業販売額／都行政人口))は顕著な増加傾向にあるが、立川市は1972年の28万人から76年の26万人、79年の25万人へと漸減している。さらに、大型店は小売販売額の増加に寄与してきたが、近年、大型店シェアが高まるにつれて、販売額の増加に対する貢献度は小さくなった。

こうした危機的状況を踏まえて、『近代化地域計画』は多摩地域の「心」[8]として都市基盤を整備し魅力あるまちづくりを進捗させるさまざまな近代化計画を提言している。重要課題としては、昭和記念公園を含む基地の跡地有効利用、立川駅舎改良に伴う駅ビル建設、中央線の立体化による複々線化、南北自由通路事業、南口区画整理事業、多摩川架橋および関連事業が取り上げられている。

その後、跡地の有効利用は順調に進み、1983年に西側地域は国営昭和記念公園に生まれ変わり、中央地域には海上保安庁や東京消防庁、警察署などが並ぶ「立川広域防災基地」が建設された。東側地域には、立川市役所(南口からの移転)やオフィスなどがつくられ、青梅線の中神駅から立川基地まで延びていた「引き込み線」のレールは撤去され歩道になった。このほか、立川駅舎改良に伴う駅ビル建設、中央線の立体化による複々線化、南北自由通路事業、南口区画整理事業(1966年に始まり2014年完了)が進められ、1989年に「立日橋」が多摩川に新たに架橋され、ほとんどの大規模な事業が実現している。

こうしたインフラ整備によるまちづくりを行うとともに、『近代化地域計画』では、魅力ある商業空間づくりを中心地区と周辺地区に分け、商業機能配置の考え方、整備構想をまとめている。これらは次の立川市商業ビジョン、すなわち広域商業の3つのゾーニングなどに生かされている。

　立川市における『近代化地域計画』策定の意義は、商業近代化は「楽しく買い物ができる商業空間づくりのみならず、地域住民にとって快適なまちづくり」であることを明確にし、地域商業が直面する課題を指摘し、その後の商業ビジョンの指針になったことである。

## (2) 商業ビジョンの策定

　立川市は1998年、価値観の多様化や高齢化の進展、商業関連法制度の見直し、さらにはモノレールの開通など商業を取り巻く内外の環境変化に的確に対応するため、『立川市商業ビジョン 1998〜2015 −生活とビジネスをサポートする商業都市をめざして』を策定した。これは立川市が東京都商工指導所、立川商工会議所、たちかわ商連などの協力を得てまとめたもので、最近に至る行政による商業政策の拠り所になっている[9]。

　最大の課題は、広域型商業をどのように形成するかである。立川市の駅北口と南口を中心とする広域型商業は交通の結節点として恵まれた環境にあり、隣接都市から集客できる集積力を持っているにもかかわらず、歩行空間における違法駐輪や中心市街地への自動車によるアクセスの不便さ、商業集積における業種構成、各店舗の品揃えなどの点で消費者からの不満が表明されていた。また、来街者からはまちのイメージやコンセプトがはっきりしないことも指摘された。そこでこれらの問題解決策のひとつとして、広域型商業を3つに分けるゾーニングを行った。

　すなわち、

　①芸術・文化ゾーン：ファーレ立川、昭和記念公園文化施設ゾーン、立川駅などを対象とした芸術と文化をテーマとしたまちづくり

　②ショッピングとアミューズメントゾーン：駅周辺の大規模商業施設を中心に高度かつ多様な商業施設の実現

　③食文化街とバザールゾーン：南口一帯を対象としたバザール機能・飲食

機能をもった商業施設整備、飲食街の多様化促進
の3つである。この全市的なビジョンを推進する体制として、「商業ビジョン推進会議」を創設し、参加団体等の行動を要請したり、必要に応じて実行委員会や協議会を組織したり、実施結果の評価と計画の見直しを行うこととした。また、地域ブロックごとにタウンマネジメントを行う地域TMOの設置も提案している。

## 4　「商都」立川の誕生

立川市の小売業は厳しい経営環境の中で、基本的には全国と同じような傾向を示していたが、次の3点で異なっていた。

第1に、店舗数は全国レベルでは1982年が172万店舗と最大で、その後店舗数減少の時代に突入したが、立川では駅ビル開業の影響などで3年のずれが生じた。すなわちターニングポイントは1985年である。

第2に、年間商品販売額は1982年の1800億円から2002年の3000億円と20年間で、およそ1.7倍に増加している。立川の小売業は、80年代前半の中心性の低下の時代から一転し、周辺地域から顧客を吸引し、活況を呈するようになった。

第3は、立川市の小売業の特徴の1つは大型店の比重が高いことである。

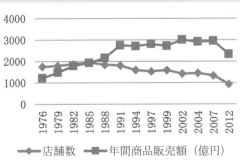

図4-2　立川市小売業の推移

（出所）商業統計表。2012年は平成24年経済センサス活動調査から作成。

表4-1　立川の中心地における主な大型店

| 大型店・施設の名称 | 開店年 | 売場面積 | 営業形態 |
|---|---|---|---|
| フロム中武 | 1962 | 1万0192㎡ | 寄合百貨店 |
| ルミネ | 1982 | 2万6800㎡ | 立川北口駅ビル |
| 高島屋 | 1994 | 3万2007㎡ | 都市百貨店 |
| グランデュオ | 1999 | 2万2085㎡ | 立川南口駅ビル |
| 伊勢丹 | 2001 | 3万7583㎡ | 都市百貨店 |
| ビックカメラ | 2001 | 1万3448㎡ | 家電専門店チェーン |
| アレアレア | 2005 | | 東急ストア、TSUTAYA、オリオン書房、スポーツクラブ、ラーメンスクエアなどが入居した2棟の複合ビル |
| IKEA | 2014 | 2万0723㎡ | 家具専門店チェーン |
| ららぽーと立川立飛 | 2015 | 4万4678㎡ | ショッピングセンター |
| MEGA・ドンキホーテ | 2016 | 1万0620㎡ | 総合ディスカウンター |
| ヤマダ電機 | 2016 | 6451㎡ | 家電専門店チェーン |

（出所）立川商工会議所の資料などから作成。

1988年でみると、大規模小売店舗法による第1種大型店（売場面積が3000㎡以上の店舗）の販売額シェアは54％、第2種大型店（500㎡以上3000㎡未満の店舗）は16％、合計70％に達していた[10]。2007年でも売場面積1000㎡超の大型店のシェアは63％あり、大型店支持人口（大型店1㎡当たりの人口）は小さく、大型店同士が厳しい競争に直面していた。主な東京市部の大型店比率をみると、立川市の販売額シェアが圧倒的に高く、2番目の町田市のそれを10ポイント以上引き離している。

1990年代前半の商店街の状況はどうであったろうか[11]。市内には44の商店街組織があったが、駅北口周辺の5商店街と南口の一部を除いてはあまりみるべき商店街がなかった。景況をみると、「繁栄している」と回答した商店街はゼロ、「停滞している」50％、「衰退している」46％で、立川の商店街が直面していた厳しい状況を表わしている。それらの多くは近隣型商店街であり、総じて広く分散していて、物販店比率（物販店数の総軒先数に対する比率）が低く、商店街としての雰囲気に欠けるところがほとんどであった。さらに商店数の減少がこうした傾向に拍車をかけることになった。商店街が

抱えている問題は全国の商店街と共通したものが多く、「大型店、中型店に客を奪われている」、「後継者難、人材難である」、「商店主の商売に対する情熱が薄れている」、「駐車場が足りない」、「行政、住民との連携がうまくとれない」などが指摘された。地域商業の一角を担うべく商店街は1990年代前半に直面した多くの課題を現在まで引きずっている。

　かつて国立市在住の山口瞳は、新装なった立川駅のトイレの汚さに驚いて、「都会暮らしのルールに慣れていない街」と断じている。それは一面では競輪のまちであり学生のまちであること、三多摩の山奥に住む人たちにとっての交通の要地だったからである[12]。しかし近年、立川市の近代化は著しい。それは『近代化地域計画』や『立川市商業ビジョン』で指摘された課題を1つずつ克服したからにほかならない。

　それでは、近代的なまちと商業に変貌した立川の発展プロセスを、「基地返還と新たなまちづくり」、「交通ネットワークと北口駅前広場の整備」、「中心市街地と商業の変動」の3段階に分けて、詳しくみてみよう。

### （1）　基地返還と新たなまちづくり

　発展プロセスの第1段階の契機は、1977年の立川基地の全面返還である。

図4-3　立川駅周辺の主な大型店

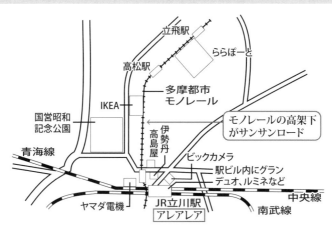

（出所）日本経済新聞（2015年12月10日付）を基に作成。

基地跡地に防災基地や昭和記念公園がつくられ、1982年には立川駅ビル「ウィル」（現・ルミネ）が開業し、近代的なまちへの途を歩み始めた。そして、まちのイメージを大きく転換させたのが1994年の立川駅北口の再開発ビル「ファーレ立川」の開業であった。

　ファーレ立川は立川基地跡地関連地区土地区画整理事業として駅北口に、7街区、10階建てから13階建てのインテリジェント（高度情報化）ビル10棟という規模で完成した。各ビルには業務施設と商業施設が入居し、業務施設は企業の多摩地区における活動拠点、都心のバックオフィス、沿線の先端産業の活動拠点として利用されている。商業施設としては高島屋、都市型ホテル（パレスホテル）、映画館6館が集まるシネマコンプレックスなどが入居する、立川市にとっては画期的な再開発事業であった。駐車場は公共駐車場220台を含む約1000台の駐車場が用意された。

　ファーレ立川の開業には追い風が吹いていた。1990年代以降、小売業の出店調整政策の緩和の流れの中で、大規模小売店舗法に基づく大型店の出店調整をする機関として全国の商工会議所に組織されていた商業活動調整協議会（商調協）が、そして2000年には大店法自体も廃止され、大型店の出店は大幅に自由度を増していた。また、八王子や吉祥寺などとの地域間競争で劣勢に立たされていた立川では地元商店街が弱体で、「基地の町」のイメージを払拭したい空気があり、大型店の進出に対して歓迎する雰囲気が醸成されていた[13]。

　ファーレ立川は地元の期待に応えるようにアートをふんだんに取り入れ、文化の香りを演出し、1983年オープンの国営昭和記念公園と連動性のある設計構想を打ち出したところが新鮮だった。どの建物も1～2階部分の外壁には自然石が使われ、格調高い雰囲気につくられている。また、公園や広場を配置する代わりに、世界32ヵ国のトップアーティストが建物の外壁、駐車場への順路、車止め、換気塔、ベンチ、標識などいわゆるまちの機能部分にアートを施している。その数は100ヵ所以上におよび、階段下のデッドスペースになりそうな部分まで、空間を生かしたオブジェや彫刻が置かれていて、文化の香りがするまちへ変貌しようとする意気込みを感じとることができる。ちなみに1996年には「都市景観大賞」（東京都都市整備局主催）を受

賞している。

　立川市が開業後に行った「商店街通行量調査」によると、立川駅から高島屋への通路となる商店街の通行量は開業前と比較すると、休日で33％、平日で29％も増加している。特に、女性に限ると5割以上も上昇した[14]。また、駅を中心に半径7kmの圏域から多摩市を除き、福生市を加えた地域に住む20～69歳の女性を対象に行った調査でも、ファーレ立川のオープンが契機となり、周辺地域から若い女性客が集まる傾向が強まり、立川での買い物活動が活発になったことが明らかになっている[15]。多摩の中心地として発展する大きな一歩を踏み出したといえる。

　ファーレ立川完成後の立川のまちのイメージに関する立川市の「広域圏購買動向調査」がある。それによると、立川市民の55％が「まちのイメージが変わった」と回答し、隣接する武蔵村山、東大和、昭島の各市在住の来街者では、その比率は56～58％に達している。実際、個性的商品（ファッション衣料）について、市内居住者の地元商業施設の利用率は61％に上昇し、昭島、国分寺、国立、東大和、武蔵村山といった各市在住者の間でも立川は購買都市の第1位になっている。

## （2）北口駅前広場の整備

　第2段階の幕開けは多摩都市モノレールの開業である。多摩地域は鉄道空

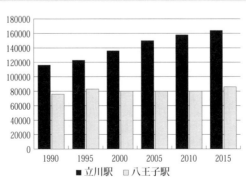

図4-4　立川駅および八王子駅の1日平均乗車人員

（出所）JR東日本の資料から作成。

白地帯が多く、立川駅を起点にしてみると南北方向の公共交通はバスに限定され、道路は片側1車線の対面通行で朝晩のラッシュ時などには渋滞が慢性化し、長い間公共交通の整備が望まれていた。そこで東京都と私鉄各社との第三セクターである多摩都市モノレールは、漸次整備を進め、1998年「立川北～上北台」間に続き、2000年「多摩センター～立川北」間を開業し、整備路線の全区間が開通した。この全線開通により、多摩地区の交通利便性が向上し、多摩都市間の人の交流、地域の発展、商業の振興にも大きく寄与している。

駅の乗降客数は都市の活力をみる1つの指標であるが、JR立川駅は多摩都市モノレールの開通を挟んで、1995年から2005年の10年間で乗降客数が2割以上も増加しているのに対し、八王子駅は漸減している。これは立川駅でモノレールの利用が可能になり、北の砂川方面と南の多摩センター方面との間の交通の隘路が解消された影響が非常に大きかったためと推測できる。

現在、立川駅北口を出ると駅前広場の地上部分を覆うようにペデストリアンデッキがあり、伊勢丹などの百貨店に直結するとともに、多摩都市モノレールの立川北駅や高島屋、シネマシティ、パレスホテルなどが集積するファーレ立川方面へと通じている。また、駅前広場の地上部分は、タクシー乗り場とバスターミナルになっている。

南口も北口と同様に各大型施設はペデストリアンデッキでつながっている。かつて南口駅前には東武ストアが入居する商業ビル（現在は閉店）以外は目立った大型店はなく開発が遅れていたが、2000年の多摩都市モノレール「立川南駅」をはじめ新しい再開発施設などが次々に開業し、にぎわうようになった。2008年にエキュート立川がオープンし、南口デッキが直結した新たな駅南口も新設された。

立川駅北口駅前広場の整備は、1990年、立川駅北口土地区画整理事業として開始され、2004年に事業が完了した。ペデストリアンデッキが整備された直後に運輸政策研究所が行った調査では、駅周辺におけるまち回遊性が高まったと回答する者は83％にも達し、来街頻度は64％、滞留時間は50％上昇していることが明らかになった[16]。

2001年1月にはJR立川駅北口の区画整理事業ビルのキーテナントとし

て、伊勢丹立川店が売場面積を 2.8 倍の 3 万 7500 ㎡に増床・移転、多摩地区最大級の百貨店として開店した。1995 年に高島屋立川店が「ファーレ立川」に移転・増床して以来、大型店間の競争は激化しており、伊勢丹立川店は打撃を受けていた。

　高島屋は売場面積を倍増させたのを機に、40 代以上の女性に焦点を当てた店づくりに取り組んだ。これに対して、伊勢丹新立川店は既存の中高年齢層向け売り場とともに、伊勢丹が得意とする 20 代、30 代向けファッション関連の売り場を充実させた。化粧品は 16 ブランドと都心店並みに取り揃え、婦人雑貨「プラダ」、婦人カジュアル衣料「ザラ」など海外ブランドも多く品揃えに加えた。また、パートの積極活用で売上高人件費比率を低く抑える新しい店舗運営方式を導入した。さらに、物流・検品などを一括して引き受ける「業務センター」を新設し、従業員が販売に専念できる体制をつくった。

　伊勢丹立川店の「新しい百貨店づくり」は消費者の支持を集め、現在、三多摩地区における一番店の地位を築いている。ちなみに、百貨店それぞれの投資家向け情報によると、2015 年の伊勢丹の年商が 374 億円に対し、高島屋立川店は 158 億円と半分以下に低迷している。当初、二大百貨店が競い合い、集積としての魅力度の飛躍が期待されたが、現在までのところ明暗を分ける結果となっている。

### (3) 中心市街地の面的拡張

　サンサンロードを徒歩で行くことができる立地に、2014 年イケア、翌 15 年ららぽーとが開店し、さらにその北側には市役所が移転済みで、立川の中心市街地と商業は西北の方向に移行しつつある。これが立川の発展プロセスの第 3 段階である。

　立川の都市軸であるサンサンロードは、緑川通りを起点に多摩都市モノレールに沿って北方向へ約 550 m の自転車・歩行者専用道路で、幅員が 40 m あり、2003 年 4 月に開通した。市の木と花である「けやき」と「こぶし」が街路樹として植えられ、立川のシンボルロードとして発展途上にある。サンサンロードの有効活用を目的にサンサンロード活用協議会が設けられ、商業組織や市民団体によるさまざまなイベントが四季折々に開催されている。

世界最大手の家具小売業であるイケア・ジャパンは2014年4月、立川店を開業した。ＪＲ立川駅から北側に伸びるサンサンロードに面して立地し、駅から約1kmとイケアの店舗としては駅に近いのが特徴で、多摩都市モノレールの高松駅より徒歩7分である。立川駅周辺は商業施設が集まっており、車で近隣から来る客で慢性的な渋滞が発生していた。そこで、イケアは公共交通機関の利用を促して渋滞緩和するために、約1500台収容の駐車場を有料にした。イケアにとって立川店は東京都内への初出店で、売り場は1階と2階で延べ床面積は約4万㎡の規模がある[17]。

　しかし、イケアの出店は難産だった。というのは立川基地跡の国有地売却は難航していたからである。イケアが落札した都市軸沿道地域のA地区ではそれまでに3度入札が行われたが、いずれも参加者がいない「不調」か、価格が最低価格に届かない「不落札」に終わっていた。そこで、イケアの立川進出には特別の措置がとられた。「立川市都市軸沿道地域企業誘致条例」で立川基地跡地地区に対し、土地および家屋それぞれに賦課される固定資産税および都市計画税に相当する100分の50を乗じた額を奨励金として交付されたのである。

　イケアが出店するに至ったのは、それとともに、ＪＲ立川駅から徒歩14分、モノレール「立川北駅」から11分、「高松駅」から7分の位置にあり、サンサンロードを遊歩で行くことができるなど交通便宜性が大きかった。また、イケアとしては立川出店により既存の船橋、港北、新三郷の店舗とともに、首都圏のどのエリアからでも店舗にアクセスしやすい店舗網ができあがった。

　2015年12月に開業した「ららぽーと立川立飛」は立川駅から2kmに位置し、店舗面積約6万㎡、250店が入る多摩地域で最大級の商業施設である。多摩都市モノレールの立飛駅に直結している。ユニクロや東急ハンズ、いなげやなど有名店舗が数多く入居したほか、親子で楽しめる大型遊具を備えたレストランや約650席のフードコートなど時間消費型店舗も多い。ららぽーとを運営する三井不動産は、「立川は西東京の拠点都市として今後も発展が見込めるエリアであり、中心部にはゆっくり過ごせるワンストップショッピングの場が少なく、施設間のすみ分けはできる」と中心市街地での「オーバーストア（店舗過剰）」の心配を打ち消している[18]。

ららぽーと立川立飛の出店についてもまったくの無風状態であったわけではない。設置者の立飛ホールディングスが2015年3月、大規模小売店舗立地法（大店立地法）に基づく新設届出書を都に提出した。これに対して9月、東京都の大規模小売店舗立地審議会はららぽーと立川立飛の立地を了承したが、審議会会長は「総合的に判断し、意見なしとする」と立地を了承する一方、「現時点で確定していない交通対策は開業前までに完了するよう望みたい」との要望を付け結審している。付帯決議の背景には「市の発展には渋滞緩和が不可欠」（佐藤浩二 立川商工会議所会頭）との声があった[19]。

　大店立地法は、大店法に代わるまちづくり三法の1つとして立法化されたもので、交通安全、騒音防止、廃棄物処理など大型店の「負の外部性」を回避し、生活環境を守るために制定されたので、その趣旨に沿った決議といえる。

　駅からやや離れたイケアやららぽーとの攻勢に対して、危機感を抱いた駅周辺の商業施設は対策を講じている。駅ビルのルミネは2014年秋と15年春の2回に分けて食品売り場を大幅改装したほか、子供が遊べるスペースの新設などを実施した。高島屋も2016年春に食料品売り場で大幅改装した。伊勢丹立川店も「喫茶スペース拡大や自主ブランド品の拡充」を行っている[20]。

　また、立川駅と周辺にある伊勢丹、ルミネ、高島屋、グランデュオは4施設合同で、ファッションを通じた地域活性化イベント「立川ファッションウィーク」を開催し、ららぽーとのオープンに対して先制攻撃を加えた。2015年11月末から12月上旬の期間中、4会場ではさまざまなイベントを企画し、フィナーレにはそれぞれでファッションショーを実施した。各店舗とも期間中の入店客数や売上高の前年度比伸び率が開催前よりも増え、冬物商戦を盛りあげるのに貢献した。

　こうした集積内競争の活発化は消費者による買い物施設の選択肢を間違いなく拡大し、便宜性を高めている。

## 5　商業まちづくりの新しい動き

　ここでは商店街と地元企業に焦点を当て、立川における新しい商業とまち

づくりの動きを追ってみよう。

　現在、たちかわ商連（立川市商店街振興組合連合会）には4名の専従の職員がおり、さまざまな企画を活発に行っている。1999年「立川プレミアム商品券」、2000年仮想商店街「あねっくす 立川」の各事業を立ち上げ、その後「メディアミックス事業」、「子育て応援たちかわマップ」、「たちかわ輝く個店大賞」などの多種多彩な事業を実施してきている。

　2006年から始まった「子育て応援たちかわマップ」は、子育て中の親が安心して買い物できる市内の商店街を紹介するもので、立川市とたちかわ商連による共同事業である。子育て団体の市民グループ「たちママ探検隊」がコーディネーターとなり、子育て中の母親を公募して商店街の調査を行い、「赤ちゃん休憩室」や「トイレ貸します」、「授乳できます」といった項目について地図、記事、イラスト入りのマップを配布している。2009年からの「たちかわ輝く個店大賞」は、市民が店舗デザイン、商品力、接客などにつき優れた店舗を推薦し、それを中小企業診断士、地域住民、商店街の代表などが審査し、魅力ある店舗を表彰する制度である。物販サービス業、飲食業、審査員特別賞に分かれ、毎年、老舗から近年創業した店まで多様なおよそ5店舗を表彰している。

　これらの企画はいずれも市民を巻き込み、市民と商店・商店街の接点が深まるように設計されている点で注目に値する。各商店街でもさまざまな取り組みが行われている。空き店舗活用策としてアーティストの住居やアトリエの設置（シネマ通り）、若者の就労体験の場として商店街のシャッターのペンキ塗り替え体験（高松町商店街）、そのほか祭り型イベント（東立川商店街の「羽衣ねぶた祭」や南口すずらん通り商店街・南口いろは通り商店街の「立川フラメンコ」）などが実施されてきた。

　大型店中心のまちづくりが功を奏し、にぎわいが出てくる中で商店街活動が活性化している。そのうちアニメ・サブカルチャーのまちづくりと、北口と異なり中小商店や飲食店の多い南口商店街の活動の2つを、少し詳しく紹介しておこう。

## (1) アニメ・サブカルによる「まち起こし」

　最近、立川を舞台としたアニメやマンガ作品が多く製作されたことから、アニメの聖地と呼ばれることもあり、「立川あにきゃん」に代表されるアニメ関連のイベントが活発に行われるようになった。立川あにきゃんはアニメなどのサブカルチャーで新たなまちの魅力を実現できる（Can＝きゃん）というコンセプトで、2012年から北口駅前大通り商店会、あけぼの商店街振興組合等の若者を中心に、北口のサンサンロードをメイン会場にした1万人規模の一大イベントとなっている。

　2016年は11月3日に開催され、コスプレイベント、痛車（アニメ・ゲームのキャラクターを車体にデザインした特殊改良車）展示、アニソン大会、メイドカフェなどまち歩きを楽しむ企画が中心街で繰り広げられた。もう1つ注目すべきはサンサンロード沿いにあるプラモデルやフィギュアの企画・製造・販売を行う立川の地元企業、壽屋（店名・コトブキヤ）の本社兼本店である。壽屋は東京の秋葉原、大阪の日本橋にもプラモデル・フィギュア専門店を持つこの分野では有名な企業で、売上高の7割が卸売り、残り3割が小売りで、卸売りの比率の方が大きい。同社は、1947年にJR立川駅近くに玩具店として創業し、その後1967年に寄合百貨店「第一デパート」ができると、テナントとして入居した。通常の玩具店とは異なり、模型メーカーが大量生産するプラモデルではなく、上級者向けに少数生産される組み立て模型「ガレージキット」の品揃えを充実させた「プラモデル専門店」として、マニアの間で人気となった。

　2012年入居していた第一デパートの取り壊しに遭遇し、立川店は幕を下ろしたが、2016年サンサンロード沿いに本社が移転したのを契機に1、2階に大型直営店を開店し、サブカル文化の発信地として復活した。「立川市公認なりそこねキャラクター」のウドラのプロモーションを行うとともに、サブカルの情報発信基地として市外および海外からの来街者増加に貢献している。各種人気キャラクターの公式ショップの揃った1階やコトブキヤ製プラモデルやフィギュアのショールームのある2階は来街者の人気スポットとなっている。

大型店中心のまちづくりの過程で、半ば偶発的に特定の文化的蓄積が生成し、アニメ・サブカルの情報発信基地という新しいまちのイメージが生まれた興味深いケースである。

### (2) 巻き返す南口商店街[21]

　立川駅南口の商業集積は北口とは対照的に小規模な個店、特に飲食業等が多い。北口が百貨店が立ち並ぶ「表玄関」ならば、南口はいわば「裏玄関」であり、地元では「南北格差」ともいわれてきた。しかし、実際は北の物販に対して、南は飲食などサービス業が中心であり、相互補完的な関係にある。南口の商業者の間には「北口に負けるな」という対抗意識が根強くあり、それをバネに新しい活動に挑戦している。

　いわゆる商店街整備事業では立ち遅れていた南口も、近年になり再開発事業が急展開している。1999年に駅ビル「グランデュオ」が開業し、翌2000年には多摩都市モノレールの立川南駅や関連施設が完成し、北口同様に各大型施設はペデストリアンデッキで駅とつながった。かつて南口駅前には東武ストアが入居する商業ビル以外は目立った大型店はなかったが、2005年東急ストア、ラーメンスクエア、オリオン書房などが入居する「アレアレア」、2008年駅南改札口に88店舗が入居する「エキュート立川」がオープンし、また南口デッキに直結した改札口が新設された。これ以降、取り残されていた街区は集客力を急速に高めたのである。

　南口には1000軒を超える飲食店が密集しており、食のイベントが活発に行われてきた。2013年に54店舗が参加し始まった「立川フードコレクション」は、南口の10商店街で結成する立川南商店街連合会が主催するイベントで、「食のまち」、「世界のグルメが集うまち」のイメージ浸透を狙って実施された。期間中は各飲食店が一押しメニューを準備し、来街者は各店を食べ歩き、気にいった店舗・メニューを投票し、得票数の多い店舗を表彰するもので、入賞した店舗は伊勢丹立川店で実演販売を行うことができる[22]。

　南口駅寄りのいろは通り商店街とすずらん通り商店街は2009年から食と音楽の歩行者天国「秋の食楽祭」を共催している。また、2012年には「健康」、「つくる」、「まなぶ」、「食べる」をテーマに商店主・飲食店主が各店舗でセ

ミナーを開く「まちゼミ」が37店舗の参加により始まった。2015年には食楽祭、まちゼミ、まちバルの3つのイベントを統合し、南口商店街連合会の主催による「立川南口フェスティバル」が実施された。

　しかし、各種イベントが活発に行われるようになる一方で、各商店街を束ねる南口商店街連合会として、「どのようなまちづくりを目指すのか」いうビジョンをめぐる議論が巻き起こった。そこで、2008年、連合会内に自主的勉強会「まちづくり協議会」が設置され、その議論の中で各商店街の後押しもあり意思決定の自由度の高い完全民間出資会社設立の構想が生まれ、2014年有志6名の出資により「まちづくり立川」が誕生した。

　まちづくり立川は、いわばまちづくりのあり方を構想・企画する商店街連合会の事務局であり、またビジョンを実行する部隊として機能している。最初の事業化は、「地元農家のとれたて野菜 のーかる」の開業だった。駅からほど近い場所にあったＪＡ野菜直売所「みどりっ子」が経営不振で撤退したが、地域住民から存続を求める署名が1000通以上集まり、それに応えるかたちで、まちづくり立川が地元野菜を中心に味噌、醤油、ジャム等の加工品を売る店として再生させた。まちづくり立川は「のーかる」のほか、南口商店街連合会の事務代行、立川シェアオフィスの管理、地域密着型クラウド・ファンディングの運営などを行っている。

　しかし2016年、商店街連合会は会長交替を機にいったん「立川南口フェスティバル」を中止した。立川は居住人口や来街者数が減少している多くの都市と異なり、まちに人を呼び込む集客型イベントの必要性は乏しいと判断したからである。そこで、もう一度、南口の商店街のあり方に立ち返り、持続可能な商店街として存続するため、まちづくり協議会が「まちづくり宣言」の作成に着手した。市民の声を吸いあげ、2016年12月にまとめられた宣言は、目指すべきまちのあり方に向けて街並み景観の維持、空き店舗対策、テナントの誘致などの方向性を示す内容となっている。

## *6* まとめに代えて

　立川はそもそも五日市街道沿いの砂川村と甲州街道沿いの柴崎村に挟まれ

た農村地帯であったにもかかわらず、大型店が林立する近代的都市に生まれ変わった。劇的なまちの変容を促進した要因は何か、また人々はどのように現状をみているのか、まとめてみよう。

## (1) 大型店中心のまちづくりの推進力

歴史的にみると、大型店の出店は地域社会の秩序を崩したり、地元商業者の激しい反対運動を受けたり、しかも出店した大型店が、環境の変化などにより立ちいかなくなり閉鎖したりする例もあり、まちづくりの担い手としては一部に批判があることも事実である。しかし、立川では『近代化地域計画』、『立川市商業ビジョン』で提案された基本構想とそれを実現するための再開発事業計画が着々と進捗し、大型店中心のまちづくりが推進されてきた。その基本的な要因は何であろうか。

第1に、交通体系の変化があげられる。明治時代に中央線や青梅線が開通し、近年においては多摩北部と南部を結ぶ多摩都市モノレールが完成した影響が大きい。クラッセンらによれば、都市のダイナミズムは、社会の発展によって自動的にみられる部分もあるが、多くは社会構造を改善しようとする人的意思決定によってもたらされてきた[23]。その人的意思決定とは、具体的には交通体系の変化と関連する土地利用や都市計画を意味し、それは商業立地の改善に資するものでもある。

ゴーシュ（A. Ghosh）らは、「立地がよければ顧客の接近を容易にし、顧客を多く吸引することができ、小売店の売上げを引きあげる。特に競争的な状況では、ちょっとした立地の違いがシェアや利益率にかなりの影響をおよぼす。もっとも重要なことは、店舗立地は長期にわたる固定投資なので、悪い立地の劣位性は克服困難である」と述べている[24]。

第2に、立川では「基地」が未利用の国有地として高度成長期以降まで残っていたことがある。ファーレ立川やイケア、ららぽーと立川立飛といった商業施設、それにまちのイメージアップに大きな貢献をした国営昭和記念公園は、すべて基地跡地に創設された。財産の私的所有権絶対の原則が貫かれている日本では、地域社会にとって必要な市街地再開発事業や区画整理事業であっても、土地収用などにより強制的に進めることが非常にむずかしい。

その点、立川には「基地の返還」という「贈り物」があった。

　第3に、商業の後進性がもたらした開発上の優位性があった。駅ビルやファーレ立川が誕生するまでの立川中心街は、伝統的な商店街や大型店など魅力的な商業集積があまりみられず、近隣都市間との競争で劣位の状況にあった。それゆえ消費者の間には大型商業施設の進出を歓迎する雰囲気が強くあり、地元商業者の間にも大手資本の進出に対して比較的寛容な態度がみられた。それが短期間のうちにまちが変貌することに寄与したとみられる。

　以上3点のうち基地返還は立川固有の条件であるが、都市計画に基づく交通体系の整備と大型商業施設の配置は各都市共通の政策課題である。その意味では、工場や大型商業施設の跡地を含めて中心市街地周辺の空間利用が都市再開発上、鍵となる点が示唆されている。

### （2）中心市街地の面的広がり

　東京西部における都市間競争において、かつて劣位にあった立川が競争力を高めたのは、都市計画や土地利用計画に基づく中心市街地の面的拡大による側面が大きい。北部地域と南部地域を結ぶモノレールの開通という交通体

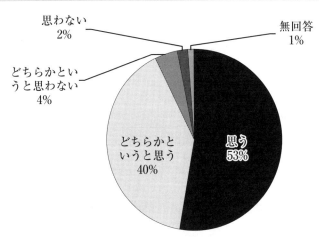

図4-5　立川は住みやすいところと思うか

（出所）立川市『平成27年度市民満足度調査集計結果』。

系の変化と円滑な土地利用の進捗により、地域商業内で活発な競争が繰り広げられてきた。立川駅北口の商業集積の中心は、高松町から駅周辺へ向かって移動し、そしてサンサンロードの整備とサンサンロード沿いの開発事業による新たな変化が進行中である。北口だけでも大手百貨店（高島屋、三越伊勢丹）、寄合百貨店（フロム中武）、ディスカウントストア（ドン・キホーテ）、駅ビル（ルミネ）、家電量販店（ビックカメラ）、雑貨専門店（ロフト）、家具専門店（イケア）などが展開し、活発な異業態間競争が消費者の選択の幅を広げてきた。

加えて、近年は駅南口の大型再開発事業が次々に完成した。1982年の北口駅ビルに遅れること約20年、南口にも2001年に駅ビル「グランデュオ」が開業し、駅両側、さらには駅ナカでもショッピングセンターが営業する全国的にも珍しい開発状況を呈している。2005年に開業した複合商業ビル「アレアレア」は立川駅南口・多摩都市モノレール立川南駅に直結し、東急ストア、オリオン書房、ＴＳＵＴＡＹＡ、ネット・漫画カフェ、ラーメンスクエアなど多様な業態が入居しており、北口とは異なる個性を発揮している。

大規模商業施設による商業集積が南北に拡大する中で、地元商業者の間から新しい動きが出てきた。北口におけるアニメ・サブカル文化の情報発信基地としてのまちのにぎわいづくりや南口におけるまちづくり会社の活動がそれである。これらの動きにより、中心市街地が大型商業施設と中小商店・サービス業が同居する活力あるまちへと、どのように変貌していくのか注目したい。

## (3) 「大型店中心のまちづくり」の是非

立川市は2012年から「市民満足度調査」を実施している。直近の2015年度アンケート調査によると、「立川市が住みやすい」と回答した人の割合は、「どちらかといえばそう思う」という人を含めると、93％に達している。また、「これからも立川市に住み続けたい」と思う人は「どちらかといえばそう思う」人を含めると、これも90％を超えている。住み続けたい理由では、「買い物など日常生活が便利である」が71％でトップ、次いで「自然環境・居住環境に恵まれている」54％、「長年住み慣れており、愛着を感じる」51％の順

### 図4-6 立川市固定資産税の推移

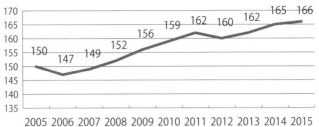

単位：億円

（出所）立川市『立川市財政データ集』各年版から作成。

になっている。これらの結果から判断すると、立川の中心市街地と商業の現状について市民は総じて好意的に評価していることがわかる。

しかし、不満がないわけではない。「駅周辺に百貨店や大型商業施設が多くできたが、食料品や日用品など日常の買い物はかえって不便になった」、「地域色のある商店が少ないので、独自性の乏しい町になっている」、「高級品の品ぞろえや若者向けの店舗が増える一方で商店街が姿を消し、年配者には安心して買い物をすることができなくなった」など大型店中心のまちづくりに対する批判的意見も寄せられている。

さらには、「立川通りには慢性的な渋滞が発生しているところがある」、「駅周辺を迂回できる道路が必要」など交通問題の解消を求める声や、「まちづくりを表面的、短期的に行うのではなく、文化的価値を重視して長期にわたって落ち着きのあるまちづくり考えてほしい」という意見も散見される。

ただし、市民に対して質の高い行政サービスを提供するために必要な財政体質の健全性を調べてみると、大型店中心の中心市街地の活性化という、まちづくりのあり方が一定の貢献をしていることが確認できる。市町村における歳入のうち自主財源は、住民税と固定資産税などの地方税が中心になる。このうち住民税収入は、今後生産年齢人口の減少に伴い減少する見通しである。この住民税の減少分を補填するのが固定資産税である。したがって、これから市町村財政における固定資産税収入の比重は一層大きくなることが予想される。

## 付表　立川市における商業・流通近代化の歩み

| 年 | 事項 |
|---|---|
| 1922 | 陸軍の立川飛行場設置。 |
| 1930 | 立川飛行場の周辺に石川島飛行機製作所（1936年に立川飛行機に改称）が移転。 |
| 1940 | 人口は3万5千余人に達し、市制が施行。 |
| 1943 | 立川市商店会連合会（現 立川市商店街振興組合連合会、たちかわ商連）設立。 |
| 1953 | 立川商工会議所が発足。 |
|  | 南口商店会（現 立川南口商店街振興組合）にネオンアーチ、立川銀座商店会にアーケードが完成。 |
| 1961 | 高松町3丁目商店会（高松大通り商店街振興組合）がスタンプ事業を開始。 |
| 1962 | 中武デパートが営業開始。 |
| 1966 | 第一デパートがオープン。南口区画整理事業が開始（2014年完了）。 |
| 1977 | 立川基地が全面返還になる。 |
| 1981 | 『立川地域商業近代化地域計画報告書』策定。 |
| 1982 | 立川駅ビル「ウィル」（現「ルミネ」）がオープン。 |
| 1983 | 基地跡地の西側地域が国営昭和記念公園に生まれ変わる。 |
| 1989 | 多摩川に「立日橋」が架橋。 |
| 1994 | 立川駅北口の再開発ビル「ファーレ立川」のオープン。テナントとして高島屋が増床移転。 |
| 1998 | 『立川市商業ビジョン 1998～2015 －生活とビジネスをサポートする商業都市をめざして』策定。多摩都市モノレール「立川北～上北台」間が開通。 |
| 1999 | たちかわ商連が「立川プレミアム商品券」を発行。 |
| 2000 | 多摩都市モノレール「多摩センター～立川北」間も開業、整備路線の全区間が開通。仮想商店街「あねっくす立川」立ち上げ。 |
| 2001 | 伊勢丹立川店が北口駅前に増床移転、多摩地区最大級の店舗に。 |
| 2003 | モノレールの高架下に「サンサンロード」が開通。 |
| 2004 | 立川駅北口駅前広場を整備する立川駅北口土地区画整理事業が完了。 |
| 2005 | 南口駅前に複合商業ビル2棟「アレアレア」が開業。 |
| 2006 | 「子育て応援たちかわマップ」を作成。「立川いったい音楽まつり」を開催。 |
| 2009 | 立川市とたちかわ商連が「たちかわ輝く個店大賞」を授与。 |
| 2010 | 立川市役所が北口の基地跡地に移転。中央線三鷹～立川間の高架化が完了。 |
| 2012 | 南口で「街ゼミ」開催。「立川あにきゃん」を開催。丸井跡に「ロフト」と「ブックオフ」がオープン。 |
| 2013 | たちかわ商連が「THE 商人塾！事業」を実施。 |

| | |
|---|---|
| | 北口で「立川バル街」、南口で「立川フードコレクション」(たち☆コレ)開催。 |
| 2014 | イケア立川がオープン。 |
| 2015 | ららぽーと立川立飛がオープン。 |
| 2016 | ダイエー(トポス)跡にＭＥＧＡドン・キホーテが開店。第一デパートの跡地に再開発ビル「立川タクロス」が竣工。「タクロス広場」、新自由通路、新「北改札口」、「エキュート立川 osoto(オソト)」がオープン。ヤマダ電機「LABI LIFE SELECT 立川」が開店。『立川南口まちづくり宣言』発表。 |

(出所)各種資料から筆者作成。

　固定資産税収入の内訳をみると、いずれの市町村でも中心市街地からの税収入の割合が非常に大きく、中心市街地の活性化の成否が大きな意味をもつことになる[25]。立川市の固定資産税の推移を過去10年間でみると、漸増傾向にあり、中心市街地活性化による一定の効果があったと推測できる。イケアの進出の際に奨励金を提供するなど思い切った誘致策を講じてきたことなどの成果といえる。

[注]
(1) 本章は以下の方々への聞き取り調査に基づいている。記して謝意を表したい(順不同、肩書は2015～16年当時)。
立川市・吉田正産業文化スポーツ部産業観光課商工振興係長、同・井深亜希子商工振興係、立川商工会議所地域・柴田達矢産業振興課課長、立川商店街連合会・伊藤良三理事長(丸屋本店 代表取締役)、同・石井賢事務局長、壽屋・清水一行代表取締役社長、同・清水浩代表取締役副社長、同・比留間誠戦略開発課課長、まちづくり立川・岩下光明代表取締役社長(岩下商事代表取締役)、同小澤清富取締役副社長(入船専務取締役)。
(2) 立川市のＨＰ、関根(2016)。
(3) 立川市史編纂委員会(1978)(下)1162頁。
(4) 青木(2010)。
(5) 桝田(1966)23-25頁。
(6) 立川市／東京商工指導所(1998)277-278頁。
(7) 商業近代化委員会立川地域部会(1981)。
(8) 東京都は、1998年、立川の中心市街地を八王子などとともに、多摩の業務・商業機能等の集積を図る「心」(しん)と位置づけ、拠点機能の強化や交通基盤の

整備を進めてきた。その後、多摩の「心」は「核都市」へと名称変更された。ここでは業務・商業機能等の拠点ばかりではなく、文化的な側面を含んだ意味で多摩地域の「心」と呼ぶ。

(9) 立川市（1998）18-23 頁。
(10) 東京都「商業統計調査 1988 年」による。
(11) 立川市（1997）78 頁。
(12) 山口瞳（1991）120 頁。
(13) 伊藤良三・立川商店街連合会理事長に対するヒアリングによる（2015 年 12 年 7 日）。
(14) 立川市（1996）『平成 7 年度 立川市商店街通行量調査』。
(15) 立川商工会議所（1996）『立川主要商圏の買い物行動－立川 7km 圏消費者の動向調査報告書』。
(16) 運輸政策研究所（2004）74-75 頁。
(17) 『日経トレンディネット』2014 年 4 月 9 日。
(18) 『日本経済新聞』2015 年 12 月 10 日付。
(19) 『日本経済新聞』2015 年 11 月 30 日付。
(20) 『日本経済新聞』2015 年 12 月 10 日付。
(21) 岩下光明・まちづくり立川代表取締役社長、小澤清富・同副社長に対するヒアリング（2016 年 1 月、10 月）と同社ホームページによる。
(22) 立川経済新聞（http://tachikawa.keizai.biz/）2013 年 2 月 4 日、5 月 20 日付。
(23) Klaassen et al.（1981）p.20.
(24) S. Brown（1989）p.450.
(25) 高橋秀樹（2008）12-17 頁。

[参考文献]
青木久（2010）『砂川・立川合併の絆—すずかけ通り』知の木々社。
運輸政策研究所（2004）「拠点駅における利便性・快適性向上のための総合的調査研究」『季刊 運輸政策研究』Vol.7 No.1、Spring（通巻 24 号）。
商業近代化委員会立川地域部会（1981）『立川地域 商業近代化地域計画報告書』立川商工会議所。
関根孝／横森豊雄（1998）『街づくりマーケティングの国際比較』同文舘出版。
関根孝（2016）「中心市街地と商業の動態的分析－甲府市と函館市のケース」『専修商学論集』第 102 号。
高橋秀樹（2008）「中心市街地の活性化はなぜ必要か？地方都市の現状と今後の展開」『Think-in』第 9 号。

立川市(1990)『立川市商業ビジョン 1998 〜 2015 −生活とビジネスをサポートする商業都市をめざして』。
立川市(1997)『平成 8 年度 立川市商業ビジョン策定のための基礎調査報告書』。
立川市(2015)『平成 27 年度 市民満足度調査集計結果』。
立川市／東京商工指導所(1998)『平成元年度 立川市広域商業診断報告書』。
立川市史編纂委員会(1978)『立川市史(上)(下)』立川市。
立川商工会議所(2004)『立川商工会議所 50 年史 1953-2003』。
立川市商店街連合会(2014)「平成 25 年度 ＴＨＥ商人塾！事業 事業報告書」(全国商店街支援センター委託事業)。
中野隆右(2009)「戦後立川・中野喜介の軌跡」(http://chinokigi.blog.so net.ne. jp )。
『日経トレンディネット』(2014)「都内初進出のＩＫＥＡ立川、他店との違いを探る」(4 月 9 日)。
桝田一二(1966)「立川市の成立とその都市化」『立正大学文学部論叢』23 号。
山口瞳(1991)『還暦老人 極楽蜻蛉−男性自身シリーズ』新潮社。

Brown, S., (1989) "Retail Location Theory: The Legacy of Harold Hotelling", Journal of Retailing, No.4.
Klaassen, Leo H., J. A. Bourdrez and J. Volmuller (1981) "Transport and Reurbanisation", Gower.

第5章 中心商業地の
混沌と多様性
——千葉県船橋市

久保(渡邊)ヒロ子

## 1 はじめに

　船橋市は東京のベッドタウンとして、人口増加が顕著な都市である。2003年4月、船橋市は中核市(指定要件は、政令指定都市以外の人口20万人以上の都市)に移行し、2015年には人口62万人を超えた。船橋駅はJR、京成電鉄、東武電鉄の3線が乗り入れ、戦後、駅周辺は中心市街地として発展してきた。

　しかしながら駅周辺は街区の整備が遅れ、低層・高密度の住商混交地区となっていたことと併せて、交通渋滞も深刻化していた。再開発計画による都市整備が長年の課題とされながら、権利調整の煩雑さなどから船橋駅南口の再開発事業は思うように進まず、計画立案から三十数年経過した現在でも、再開発予定地5街区のうちわずか1街区(京成線の高架化も含む)と、再開発組合施行による本町交差点周辺の整備事業が完了した程度にとどまっている。

　小売商業構造は大型店に集中しており、商店街の物販店は厳しい現実に直面している。ハード面におけるまちづくりや地域商業の点で多くの問題が山積している半面、混沌とした状況の中からNPO(非営利団体)や営利企業といった社会企業家がソフト分野における新たなまちづくりの担い手として現れている。

本章では、大都市における中心市街地再開発のむずかしさと同時に、NPO・新規事業者の参入によるまちづくり・地域商業の担い手の多様化をテーマに考えてみる。

　なお、船橋市は商業の中心地が船橋、西船橋、北習志野等に多極分散しており、それぞれに中心市街地・中心商店街がある。それと区別するため、船橋駅周辺の商業集積を中心商業地と呼称することにする[1]。

## 2　中心商業地の概況

　船橋は江戸時代以前から宿場町として栄え、一番歴史のある船橋市本町通り商店街は船橋大神宮に行く通りとしてにぎわった。明治にはいると、鉄道が敷設され、産業構造と人の流れが大きく変わり、船橋は東京圏に組み込まれるようになった。戦中、中心商業地は空襲にあわず焼け残ったことから、戦後、駅前周辺には闇市や魚市場ができ、近隣から多くの客が集まった。

　戦後、統制経済が解除され、商品が出回るようになると、本町通りの商店の結束は高まり、優良店会を結成し、船橋をアピールする活動を始めた。伊藤楽器の伊藤幸蔵（敬称略、以下同様）がリーダーとなり、1951年「船橋信販」という信用販売会社が創設され、1988年に株を売却するまで最盛時には78店舗が加盟していた。

### (1) 本町通りから駅前へ

　1960（昭和35）年、防災建築街区造成事業により船橋市本町通り耐火建築組合が設立され、3階建ての連棟式（長屋づくり）耐火建築化が進んだ。加えて、交通量の増加により道路拡幅の必要が生じたため、各店が3.6mセットバックし、その土地を市が買い取った。同組合はそれを建築資金の頭金とし、1964年には39棟、95店舗がはいるアーケードつき連棟式耐火建築が完成した。全国に先駆けた大規模な商店街整備事業として注目された。また、1962年にはいわゆるスタンプ事業である「ダイヤモンド・サービス事業」を開始し、多い時には120店舗の加盟店があり、シール売上高が年間2500万円を超える年もあった。

1965 年には事業用住宅用地の取得や耐火建築の土地の所有者として法人格が必要になったため、組合員 134 名で船橋市本町通り商店街振興組合を設立し、1960 年代後半から 70 年代にかけてイベント開催やアーケードのリニューアルに取り組んだ。

　1970 年代、本町通り商店街は市内の商店街全体の売上高の 6 割弱を占め、中心商店街として存在感を放っていた。また、飲食店が商店街の 4 割弱を占め、地域の盛り場としての役割も担っていた。しかしながら、1960 年代後半から JR 船橋駅周辺や駅前通りに大型店が出店を開始し、1981 年には郊外型ショッピングセンターのはしりである「ららぽーと船橋ショッピングセンター（現、ららぽーと TOKYO-BAY）」が開業した。その間、周辺駐車場整備の遅れや隣接する前原（津田沼駅周辺）商店街の整備が進捗した影響があり、本町通りの来街者数はしだいに減少した。

　本町通りと並ぶ繁華街であった船橋駅前商店会は JR 船橋駅から京成船橋駅を経て、本町通りと交わる交差点まで続く。戦後、船橋駅を中心に駅前通りには闇市が広がり、当時は「日本の香港」といわれるほど活況を呈したという。闇市は 1950 年前後まで続き、その後の商店街形成につながっていった。1955 年以降には、国鉄や京成線の駅を中心に鉄道やバスの乗降客でにぎわい、駅前通りには丸興、十字屋、長崎屋、大丸百貨店が進出し、さらに 1967 年には駅前に西武百貨店が出店し、大型店の集客力は急速に高まった。それに伴い、商店街の中には業種変更をする店や廃業してビルオーナーになる人が少なからず現れた。

　駅前通りと並行して通っている山口横丁には山口横丁商店会[(2)]がある。明治期には山口楼という遊興施設があった場所で、1949 年には民営魚市場が誕生し、1970 年頃まで開設していた。当時は大みそかになると上野のアメ横のような混雑ぶりだったという。1960 年代半ば頃は物販店が多かったが、駅周辺に大型店ができると、この通りでも徐々に店をたたみ、貸店舗を営む不動産業へと転身する人や飲食店が増えた。

　駅南口と比べて、駅北口商店街の発達は遅く、1970 年代にはいって再開発事業が始動し、バスターミナルが整備され、1977 年に東武百貨店が北口再開発ビルに西武百貨店を上回る店舗規模で出店した。続いて 81 年の再開

### 図5-1 船橋中心商業地の概略図

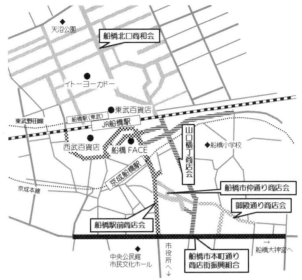

(出所)「ぐるっと！ふなばし街なか歩き　アイラブふなばし」を基に筆者作成。

発事業で専門店街と大型駐車場を兼ね備えたイトーヨーカドーの大型店舗が駅前に開店した。これを契機に中心商業地の核は本町通りからJR船橋駅周辺に移った。

### (2) 大型店の出店攻勢の脅威

船橋市はもともと大型店の出店に関して比較的寛容であった。1978年当時、千葉県葛南地区で船橋市は千葉市に次ぐ大型店（売場面積1500㎡以上）の激戦地区で、18店が営業し、それら店舗の総売場面積は15万139㎡に達していた。地元の小売商業者団体である船橋市商店会連合会は当時、「大型店協賛のもとに、商業振興策に力を入れる」との方針を打ち出し、市川、千葉などの沿線各都市との競争を意識し、大型店との共存共栄策がとられていた。

その頃、船橋駅前商店会で洋品店を営んでいた商店主は、大型店が出店後、業種転換したが、「業種がもろにぶつかるので、商売替えをした。異議を唱

えるよりも共存共栄を目指した」と証言する。しかし、それも長く続かなかった。1980年、船橋市商店会連合会は他の大型店激戦地にならい、大型店出店凍結宣言を行うに至った。駅に直結した東武百貨店の開店、西武百貨店の増床、北口へのイトーヨーカドーの出店が続いたこともあるが、特に郊外型大規模ショッピングセンター、ららぽーとの開店が大きな脅威となった。また、船橋中心商業地を取り囲むように他地区（夏見台、西船橋、芝山、北習志野）でも商店街の形成が進み、新たな競合先となった。

　危機意識を持った駅前商店会のリーダー、園芸専門店の伊東屋・伊藤竹治の声掛けで、1980年に船橋駅周辺の活性化を目的に、任意団体の船橋中央地区商店街連合会（2001年、「アイラブふなばし実行委員会」に名称変更）が設立された。加盟組織は船橋駅周辺の6商店会・振興組合（船橋駅前商店会、船橋市本町通り商店街振興組合、船橋市仲通り商店会、山口横丁商店会、船橋北口商和会、船橋FACE商店会）および5企業（東武百貨店船橋店、西武百貨店船橋店、イトーヨーカドー船橋店、シャポー船橋、船橋北口開発株式会社）である。主な活動内容は、設立当時から継続している大型店も参加して行う清掃活動をはじめ、街歩きMAPの作成、「アイラブふなばし商学校」という小学生の就業体験イベント等である。

　2016年現在、船橋市内の大型店舗としては、店舗面積が1万5000㎡を超える店舗が8店あり、中心商業地であるJR船橋駅、京成船橋駅周辺には西武百貨店、東武百貨店、イトーヨーカドーの3店舗がある。これら以外に船橋駅周辺にはJR船橋駅に隣接している駅ビル、シャポー船橋（店舗面積9416㎡、1972年開設）、船橋駅南口再開発ビル・船橋FACE（店舗面積3947㎡、2003年開設）がある。2012年には東武鉄道船橋駅の隣駅（新船橋駅）にイオンモール船橋が開業している。

　1981年に開業したららぽーとは、2016年現在、店舗面積が11万6879㎡と非常に大きく、テナント数も約440店（うち小売業243店）、駐車台数5883台を数えている（全国大型小売店総覧2016）。ららぽーとは船橋中心商業地から南に約3kmほど離れており、かつてレジャー施設、船橋ヘルスセンターがあった場所である。船橋ヘルスセンター（社団法人船橋ヘルスセンター）は1955年に開業し、1960年代の最盛期には年間400万人の入場者があ

表5-1 船橋の主な大型店

| 店舗名 | 開設年 | 業態 | 店舗面積(㎡) | |
|---|---|---|---|---|
| ららぽーと TOKYO-BAY | 1981 | ショッピングセンター | 11万6879 | |
| イオンモール船橋 | 2012 | ショッピングセンター | 4万1500 | |
| 西武百貨店船橋店 | 1967 | 百貨店 | 3万8311 | |
| ビビット南船橋 | 2004 | ショッピングセンター | 3万7199 | |
| 東武百貨店船橋店(船橋駅北口再開発ビル) | 1977 | 百貨店 | 3万6439 | うち東武百貨店面積 2万8960㎡ |
| IKEA船橋 | 2006 | 専門店 | 2万3499 | |
| 津田沼パルコショッピングセンター | 1977 | ショッピングセンター | 2万3112 | |
| イトーヨーカドー船橋店(船橋ツインビル) | 1981 | 総合スーパー | 2万0145 | うちイトーヨーカドー面積 1万4248㎡ |

(出所)東洋経済新報社『全国大型小売店総覧2016年版』。

った。1977年の閉館後、跡地にららぽーとが建設されたほか、商業施設以外にも温浴施設や「ららぽーとスキードームSSAWS（ザウス）」(1993〜2002年)等のレジャー施設がつくられた。現在、ザウスの跡地はIKEA船橋店となり、ららぽーとの隣には専門店を核にしたショッピングセンター、ビビット南船橋（駐車台数約1346台）が営業しており、船橋中心商業地との地域間競争が激しくなっている。

## 3　商業近代化政策の展開

　首都圏の人口急増地帯である船橋では都市計画が着々と練られてきた。1967年の船橋駅前広場整備等の都市計画決定、1969年の「船橋市総合開発計画」（目標年次：1985年)、1972年「首都圏整備計画」（鉄道・幹線道路網・港湾・ニュータウン・流通センター等広域スケールでの開発)、1973年「千葉県第4次総合5か年計画」（目標年次：1977年、船橋を住機能の中心としつつ、千葉県の「政治経済の中心」として位置づけた)、1975年「船橋都市施設整備計画」（目標年次：1985年、「住圏」を設定し住圏ごとの生活関連

諸施設の整備を行う）などである。

　1967年の都市計画決定では船橋駅前広場や都市計画道路等が対象となり、それをふまえてJR船橋駅の東側地区の整備が計画された。1969年の船橋市総合開発計画では、船橋駅周辺を広域圏の商業地とするため、交通渋滞や駐車場の不足といった交通問題の解決や公共施設の整備の必要性とともに、商店配置や業種配置を消費者のニーズに合わせるといった商店経営の課題が取りあげられている。また、本町通り商店街はすでに耐火建築化を進めていたが、裏通りに密集住宅地を残している点が課題として指摘された。

　1975年の船橋都市施設整備計画でも、船橋駅周辺を伝統的な文化や商業・娯楽の融合した質の高い商業地として整備する必要性を謳っている。具体的には、京成電鉄の立体交差化、駅前広場の拡充、都市計画道路および細街路の整備、土地の高度利用と用途純化、駐車場の確保を図りながら快適な住環境・商業環境を整えることである。基本構想としては駅前通りと並行して西側に道路を整備し、その2本の通りに囲まれた地区を駅前から湊町の官公庁地区まで面的に拡がる中心商業軸として計画した。

　1976年に策定された『船橋地域商業近代化地域計画』（以下、『近代化地域計画』）はこうした基本構想を商業サイドから補完していた。

## （1）船橋地域商業近代化地域計画の策定

　『近代化地域計画』ではJR船橋駅南口一帯の商業地およびまちづくりの問題点について、次のようにまとめている。

　第1に、市街地における土地所有が細分化され、権利関係が重複していることが障害となり、都市の発展や人口増加に対応した都市整備全般が遅れている。特に、駐車場などの交通基盤の不備があり、また京成電鉄成田線による地域の分断と交通渋滞が起きている。第2に、中心商業地の業種構成や店舗形態が近代的商業地として魅力的でないうえに、充分ともいえず、特に女性や家族連れが買い物や散歩のできる環境が整備されていない。第3に、娯楽・文化あるいは住民の集会等のための施設が不足している。第4に、市民のまちづくりへの参加意欲が弱い。

　こうした問題指摘を受けて、『近代化地域計画』は「合理化とか高度化と

いう型通りの発展や振興を図るだけが唯一の道ではない。船橋には船橋としての商業特性があり、他都市とは異なった活性化があるはずである」と意欲的な問題解決の方向を示している。さらに、再開発による大型店や大規模ディベロッパーの進出に対して、地元商店と大型店とは共存共栄を図ることが望ましいとし、大型店の集客力を利用しながら、小売店や飲食店が各々の特性を発揮し、商店街全体のレベルアップを図る方途を示唆した。それにより中心商業地として個性ある景観と魅力ある街区が形成されると考えたのである。

『近代化地域計画』では北口駅前交通広場周辺から南口の本町通りあたりまでのエリアに商業施設を集約し、隣接する近隣商業地を整備することを企図していた。この時期、地下鉄東西線の延伸、総武線の新駅開設や東京湾岸道路といった新道開通等、交通網のより一層の拡充計画が明らかになったこともあり、商業施設を集約化することで駅周辺を近代的な都市空間へと転換し、広域からの集客が可能になると踏んでいた。具体的には、次の3つが中心商業地の核としてあげられた。

① 北口駅前交通広場を中心とする商業地

飲食店を含め最寄性の強い商業地とし、核店舗を誘致する。比較的小さいブロックごとの事業再開発[3]が中心となる。

② 南口駅前広場より現京成船橋駅付近に至る商業地

京成線立体交差化の跡地を緑道とし、公共広場として朝市・集会場・行政窓口といった機能をもたせるとともに、南口駅前広場から公共広場を軸に、周辺を一体的な買い回り性の高い商業地として整備する。北口から南口本町交差点の商業核をつなぐ商業地として、歩行者動線を複数確保し回遊性を高める。

③ 南口駅前通りと本町通りが交差する本町十字路を中心とする商業核

文化・商業核の形成が再開発のキーポイントとなる。大型商業施設の誘致とともに、公民館・市民ホールなどを取り込む。十字路の周辺地域が地上・地下等多層でつながる一体的な開発を行う。

以上の3つを商業の核としたうえで、近隣型商業地は駅北口天沼地区、海神・大神宮へ至る本町通り両端部、山口横丁、御殿通りとし、このうち特に

船橋の特性をいかす地区として歴史軸の観点から大神宮と中心商業地の回遊性が重視され、大神宮に至る本町通りや山口横丁は商業用途以外の自動車については進入禁止とするほか、都市計画道路沿いに共同駐車場やポケットパークなどの整備が想定された。

『近代化地域計画』には本町通り商店街について次のような指摘がある。

「従来のような建築、都市計画中心の商店街再開発では失敗をすることになるだろう。専門店ビル方式をとるか、計画的に大型店を抱きこんだ商業ビル方式かによる二者択一への道となるだろう。業種のしぼりこみによる計画的業種構成とフロアー構成・商品構成・プライスゾーンの設定等を通して船橋市の特長を打出した目標設定が大事なことになる。共同ビルを作って思いつきの施設計画では絶対に成功しないと考える。」1969年の船橋市総合開発計画でもすでに触れられている商店経営の改善や商店の計画的な配置・業種配置といった課題について、より具体的な計画の必要性が強調されていた。

### (2) 船橋地域商業近代化実施計画の策定

『船橋地域商業近代化実施計画』（以下、『近代化実施計画』）は前出『近代化地域計画』を受けて、2年後の1978年にまとめられた。事業計画や店舗配置計画の面で、より具体的な内容となっている。

従来、船橋の南口の商店街は本町通りと駅前通りに沿って発展してきたが、再開発に当たっては鉄道と自動車動線の結節点であることをいかし、中心業務地区としての機能をそなえた街区編成が計画された。また、都市計画道路（3・4・11号）、本町通り、駅前通りで囲まれる地域では住宅、飲食店、歓楽施設などが無秩序のまま林立していたため、域内の細街路の整備をし、駅前通りから本町通りに至る道路は歩行者の利用を前提として小規模で個性的な商店や飲食店を立地させ、路地状通路には歓楽施設等を、といった業種別立地を進めるなど、小規模事業者が出店しやすい環境整備の必要性を指摘した。

南口駅前広場地区については、広場自体の整備をはじめ、広場へのアクセス道路の新設、駐車場の整備、京成線の立体化による南口地区の交通障害の解消、建物用途の純化と商店街の近代化、公共空間の整備といった課題を指

摘し、開発手法等についても検討している。

 当時、すでに百貨店など大型店の成長に陰りがみえ始めており、また再開発による商業床の価格が工場跡地などの遊休地と比べて割高になりつつあり、出店計画の調整がむずかしくなっていた。また、都市環境整備を目的とした公共財源で推進した再開発事業では、テナント難や条件面で施行者が不利となる例が増加していた。その点を考慮し、『近代化実施計画』では実際の出店需要に見合う容積で再開発事業が行われる必要性を指摘し、施設プランでは低容積、中容積、高容積のそれぞれの比較検討を試みている。

 計画対象施設の主要な客層としては、当時の市内人口の23.5％を占めているにもかかわらず、当該地区の一部でしか消費活動を行っていない15歳から29歳のニューヤング、ニューファミリー層を想定し、ファッション性の高い商業施設とする点が打ち出された。

## 4　遅れた南口再開発事業

 北口地区では1972年に再開発事業にかかわる都市計画の認可が下り、1978年には船橋駅北口地区市街地再開発事業（現東武百貨店が入居する再開発ビル）が竣工し、次いで1982年には船橋駅北口第2地区第1種市街地再開発事業（イトーヨーカドーの入居する船橋ツインビル）が竣工した。一方、南口再開発は、前述の通り1967年に都市計画決定されたが、1969年市議会にて地権者による再開発反対の陳情が採択され、断念せざるを得なかった。南口地区の再開発事業が再開されるのは、北口地区市街地再開発事業の完了した1978年までずれ込んだ。

### （1）複雑な地権者の利害関係

 南口地区再開発事業はそれ以降も円滑に進まなかった。宮永（2006）によると、1988年に市街地再開発事業の都市計画決定が下され、1990年には事業計画の決定がなされたが、反対意見（未同意権利者）があったことで権利変換計画の縦覧ができない状態がしばらく続いた。一方、同意権利者からは建物の建て替え時期がきている、生活設計に支障をきたすといった意見が出

され、市はこれ以上の先送りは事業推進に多大な影響を与えるものと判断し、1992年に権利変換計画の縦覧を行った。

しかし、縦覧期間中に未同意者による反対の意見書が改めて提出された。その中では、再開発のために必要な千葉県収用委員会による「従前・従後の資産評価」に関する問題も指摘されていた。千葉県では成田空港開発事業に絡んで1988年に千葉県収用委員会会長が襲撃される事件が起きており、県の収用委員会は2004年まで機能停止状態に陥っていた。その間、道路や鉄道などの土地の収用はむずかしく、京成船橋駅の高架化は大きく遅れた。

県発行による冊子「千葉県の再開発2002」によると、第1地区には地権者が62名いた。再開発事業への反対理由は「現状のままでよい」、立ち退きの際に「金銭補償より代替地を」という声が多かった。一時期、地権者の反対により国の助成金を返上するというような動きもあった。市関係者の証言によると、船橋は空襲がなかったため密集地であり、それゆえ権利関係が複雑で、権利者がそこに住んでいない例や1ヵ所に何人もの地権者がいる例が

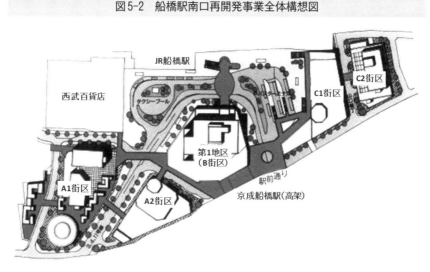

図5-2　船橋駅南口再開発事業全体構想図

(出所)　船橋市ホームページから。

多い。加えて、宿場町として江戸時代から栄えてきたので土地は決して安くなく、駅前通りは来街者も多いため、土地を手放さない地権者が多かったという。それが再開発事業の実現を困難にした。

　1993年、未同意権利者から同意が得られない膠着状態が続く中、市長と未同意権利者の対話を促す仲介者が現れ、両者は事業を前に進めていくとの方針で折り合った。市は未同意権利者の意見に耳を傾け、月1～2回意見交換の機会を設け、1年後の1994年に事業推進について理解を得られるようになった。

　一方で、1990年の事業計画決定から数年が経過し、バブル崩壊の影響もあり、建築プランの見直しを迫られた。見直しに権利者の意見を反映させるため、権利者13名と市からなる検討会を設け、1996年権利者全員の合意を得るところまで漕ぎつけた。1988年に市街地再開発事業の都市計画決定を受けてから12年後の2000年、ようやく再開発ビルの建設が始まった。

　1992年1月が事業の評価基準日だったが、バブル崩壊により床価格（時価）は事業原価（評価基準日価格）の約3分の1と推定され、保留床の分譲が立ちいかなくなった。そこで、保留床はしばらく分譲せず、賃貸で運営することにした。また、起債は30年償還とし、起債償還の財源は保留床の賃貸収入および一般会計からの繰入金でまかない、その累計額は、ゆくゆくは保留床賃貸収入と分譲処分金を充当させるとの方針を立て、事態の乗り切りを図った。

　第1地区の再開発ビル・船橋FACEは2003年に開業し、京成線の高架化は2006年にようやく完了した。船橋FACEは地下1階から地上4階までは商業、5階、6階は主として市の公共公益関連、7階から14階までは国や県の公共施設、ハローワーク、民間企業による業務関連フロアーとなっている。地下2階・3階は平面駐車および機械式駐車の駐車場で189台駐車可能である。

　また、1990年代から2000年代にかけて本町交差点周辺で、船橋スクエア21、ライブ2000、ルナパーク船橋といった市街地再開発組合による再開発事業ビルが3件完成した。その後、船橋駅南口再開発事業は、第2期整備街区のA1街区で準備組合が組織されたが2001年度に解散するなど、しばらく進展がなかった。

2014年度末、JR東日本千葉支社はJR船橋駅に2017年開業予定でショッピングセンター、ビジネスホテルを含む「JR船橋駅南口駅ビル（仮称）」の建設に着工した。この計画にはJR船橋駅と船橋FACE、および西武百貨店側とを結ぶペデストリアンデッキの設置が含まれている。

　一方、市はA1街区とA2街区の間にある都市計画道路3・4・11号線の整備を2017年に完成予定で進めているほか、2016年には「土地活用および回遊性創出に関する基本構想」としてＪＲ船橋駅周辺の中心商業地からＪＲ南船橋駅周辺までの回遊性を高めるための構想が提案され、コミュニティの活性化や福祉をテーマに、多世代コミュニティ型の地域情報発信拠点の整備、山口横丁のコミュニティ道路化、船橋大神宮をはじめとした歴史的資源の活用などの整備メニューが検討されている[4]。

## （2）本町通り商店街の課題

　本町通り商店街は1993年に老朽化したアーケードの撤去や電線の地下化、街路灯のつけ替え、街路樹の植栽などを実施した。総事業費10億円の資金は、前述のセットバック時に受けた補償金を基に、商店街振興組合が船橋市習志野台に保有していた土地の売却による資金と国の補助金でまかなった。

　また、この時期には商店街から撤退や閉店する店舗の増加に伴い、長屋づくりの連棟耐火式建築を切り離し、ビルやマンション建設が進んだ。ビル・マンションは低層階に商業・業務系利用を想定しない設計のものがあり、商店街の連続性が分断されてしまうため、市と商店街は1993年に「船橋市本町通り地域の街づくりに関する覚え書き」を作成し、建物の新築および増改築時には道路の境界から2ｍ以上セットバックすることや建物の1、2階は店舗・業務用として床利用できるよう協力を求めた。

　しかし、強制力がないため、セットバックした場所は固定資産が免除されるなどの特別措置があるにもかかわらず、なかなか覚え書き通りに設計を推進することはできず、結局骨抜きになる例が多かった。マンションが建つことで人の流れができ商店街の集客に貢献していることや、本町通りは容積率600％なので上層階は人を住まわせる場所と評価する声もあり、覚え書き通りのまちづくりは実現していないのが現状である。

## 5　中心商業地の変化

　船橋駅南口の中心商業地の商業近代化計画は紆余曲折を経て、やっと第1地区の再開発が終わった段階にとどまっている。それでは、船橋市の中心商業地はどのような変化を遂げてきたのか、少し詳しくみてみよう。

　まず小売業販売額の流出入について近隣市との関係を確認してみよう。表5-2は船橋市および近隣市の小売商業の中心性指数の比較である。船橋は1988年の1.21をピークに、しだいに中心性が低下しているが、それでも1.0を上回り、鎌ケ谷市、習志野市、市川市といった近隣都市から購買力を吸引している様子がうかがえる。千葉県の『平成24年度消費者購買動向調査報告書』によると、船橋市は地元購買率が80％を超えており、鎌ケ谷市、習志野市および市川市などの近隣都市から10％以上の購買力を吸引している「商業中心都市」と位置づけられている。

　再開発が遅々として進まなかった船橋だが、中心商業地は業務地や商業地として需要が大きい。国土交通省土地総合情報ライブラリーの「主要都市の高度利用地地価動向報告―平成27年第1四半期」をみると、「企業等が千葉県内で営業所・事業所の拠点を置く場合には、都心および県内各地へのアク

表5-2　船橋市および近隣市の中心性指数

|  | 1966 | 1976 | 1988 | 1999 | 2007 |
|---|---|---|---|---|---|
| 市川市 | 1.11 | 0.91 | 0.86 | 0.83 | 0.76 |
| 船橋市 | 1.16 | 0.97 | 1.21 | 1.09 | 1.04 |
| 習志野市 | 0.77 | 0.71 | 1.01 | 1.07 | 0.99 |
| 八千代市 | ― | 0.98 | 1.02 | 0.93 | 0.94 |
| 鎌ケ谷市 | ― | 0.60 | 0.66 | 0.67 | 0.67 |
| 浦安市 | ― | ― | 0.75 | 0.97 | 1.08 |
| 白井市 | ― | ― | ― | 1.03 | 1.02 |

（出所）商業統計、国勢調査。商業統計は1966年、1976年、1988年、1999年、2007年の数値を、また人口は商業統計の各年に対応した国勢調査の1965年、1975年、1990年、2000年、2005年の数値を使用。

表5-3 船橋市内の主な商店街の小売業商店数および年間販売額の推移

| 商店会・商店街名 | | 1988年 商店数 | 1988年 年間販売額(百万円) | 1994年 商店数 | 1994年 年間販売額(百万円) | 1997年 商店数 | 1997年 年間販売額(百万円) | 2002年 商店数 | 2002年 年間販売額(百万円) | 2007年 商店数 | 2007年 年間販売額(百万円) |
|---|---|---|---|---|---|---|---|---|---|---|---|
| 船橋駅周辺中心商業地 | 天沼通り商店街、北口商和会 | 165 | 69,900 | 196 | 89,359 | 176 | 98,359 | 100 | 77,900 | 66 | 72,760 |
| | 船橋シャポー | 91 | 8,695 | 91 | 8,563 | 84 | 7,289 | 70 | 7,720 | 61 | 8,593 |
| | パール地下街 | 13 | 41,538 | 7 | 38,346 | 11 | 33,328 | — | — | — | — |
| | 船橋駅前通り商店街 | 78 | 18,475 | 67 | 20,437 | 65 | 11,586 | 25 | 4,027 | 24 | 3,777 |
| | 船橋駅前東通り商店街(現山口横丁商店会) | 10 | 446 | 8 | 662 | 9 | 719 | 40 | 4,063 | 24 | 704 |
| | 御殿通り商店街 | 23 | 1,377 | 20 | 1,165 | 33 | 1,992 | 9 | 99 | 6 | 33 |
| | 船橋市本町通り商店街振興組合 | 63 | 3,440 | 54 | 5,652 | 57 | 5,230 | 73 | 5,079 | 56 | 4,859 |
| | 船橋FACE | — | — | — | — | — | — | — | — | 16 | 2,494 |
| 小計 | | 443 | 143,871 | 443 | 164,184 | 435 | 158,503 | 317 | 98,888 | 253 | 93,219 |
| ららぽーとTOKYO-BAY | | 268 | 56,396 | 226 | 69,753 | 220 | 63,422 | 286 | 35,431 | 256 | 42,919 |
| ビビットスクエア | | — | — | — | — | — | — | — | — | 24 | 5,980 |
| 習志野台・津田沼周辺 | 北習志野エビス通り商店街他 | 191 | 26,403 | 179 | 26,893 | 187 | 30,505 | 86 | 11,562 | 87 | 10,019 |
| | 習志野台商店街振興組合(習志野台第1ショッピング商店街) | 35 | 4,497 | 38 | 2,932 | 40 | 3,349 | 65 | 8,119 | 45 | 5,575 |
| | 前原商店街、前原駅前通り商店街 | 87 | 17,343 | 161 | 19,400 | 147 | 20,313 | 49 | 4,391 | 37 | 2,955 |
| | 三山央町商店街振興組合(三山中央通り商店街) | 52 | 3,000 | 49 | 3,191 | 50 | 2,655 | 36 | 1,983 | 25 | 1,286 |
| | 津田沼パルコ | 69 | 7,708 | 67 | 15,909 | 58 | 6,056 | 114 | 13,955 | 111 | 12,182 |

(出所)各年の商業統計。
(注)各商店会の名称は商業統計の記載に合わせた。

セスや都市基盤の整備水準等から船橋市を選好する傾向が強まっており、特に総武線快速電車停車駅で、京成線の利用も可能な当地区はビジネス需要が旺盛である」と評価している。実際、千葉県内各税務署別の最高路線価をみても、船橋の駅前の路線価は2014年には千葉県内では最高値になっている。

2016年現在、市内の商店街は60ヵ所ほどあり、40ヵ所程度が船橋市商店会連合会に参加している。そのうち振興組合は3ヵ所のみである。表5-3は船橋中心商業地および市内の主要な商店街を地区ごとにまとめたものである。

小売業商店数および年間販売額の推移をみると、多くの商店街が減少傾向にある。

船橋中心商業地の目抜き通りである船橋駅前通りは人通りも多く、平日の歩行者数（2010年度、午前7時～午後7時）は3万7685人と、市内でも最も人通りの多い場所である。しかし、船橋駅前商店会（表5-3では船橋駅前通り商店街）の小売商店数、小売年間販売額は年々減少している。船橋駅前商店会への非加盟の店舗も合わせた物販と飲食・サービス業の店舗数比率は15：85程度だということからも、船橋駅前通りでは物販店が成立しづらい環境になってきており、逆に人通りの多さから飲食店の台頭がめざましいことがわかる。

船橋市は中心性指数をみるかぎりでは、購買力の市外への流出は顕在化していないが、実際の小売販売額は大型店舗に大きく依存している状況がうかがえる。

## 6　新しいまちづくり・地域商業の担い手たち

船橋中心商業地では再開発事業計画が遅れ、小売販売額は大型店に集中している半面、他方でビジネス拠点都市としては発展しており、飲食店の集積が進んでいる。大都市圏における商業・まちづくりの困難さや特徴がよく現れているともいえる。流動的な大都市特有の状況の中で、新しい商店街の企画・催事、さらには新しいまちづくりの担い手が増えている。

### （1）新企画・新催事の試み

市の商業関係者や地元商店主の話によると、船橋市内の商業の現況は大型店の出店により地元商店街からの客離れが顕著であり、土地・店舗を所有していないと商売が成り立たない状況であるという。高齢化も進んでおり、後継者がいない商店では駐車場にしたり、店を貸したりする不動産業化が急速に進行している。

生鮮3品を扱う商店や豆腐屋、酒屋などは「納め（卸）」をやっており、学校や病院等の給食事業への業務用卸として事業を維持している傾向がみら

れ、店舗はアンテナショップ的機能を果たすにとどまっている例も散見される。しかも、最近は農家が直接各施設と取引する傾向が増え、ネットスーパーの配送力も強化されているため、業務用卸事業を行う商店の経営も打撃を受けている。

各商店街は、まちゼミ、まちバル、100円商店街、一店逸品運動に取り組んでいる。いずれも個店が主役となり、「来街者」ではなく「来店者」を増やす努力を継続しているという共通点がある。従来の街並み整備などのハード事業や一過性のイベント事業は商店街活性化に対して成果があがらなかった点を反省し、個店の魅力を打ち出し、個性ある商店街として再生を目指す動きである。

たとえば、芝山団地商店街[5]は船橋市商店会連合会との共催で、2012年5月に千葉県内初の100円商店街を実施した。東葉高速鉄道「飯山満駅」前に中堅スーパーが出店するにあたり、危機感を持った芝山団地商店街の有志が、船橋市商店会連合会開催の視察研修会で100円商店街の事例を知り、実施に向けて動いた。

第1回を開催するに当たり「100円商店街」の創始者、NPO-AMPの齋藤一成を招き勉強会を実施した。開催時間は10～16時であるが、第1回では午前中に来場者が集中したことを受け、2回目以降はゲームや音楽演奏、落語といった娯楽、16時オープンのビヤガーデン、健康や美容サービスなど物販以外のメニューも充実させていったところ、終日人でにぎわうようになっていった。2016年9月には第11回が開催されている。

2015年2月には西船橋商店街でも「100円商店街」を始めた。飲食店が多いという商店街の特徴をいかして、開催時間は14～20時とした。同年11月に行われた第2回は7000人の来場者があった。2016年7月の第3回では昼の部（12～18時）と夜の部（15～20時）の2部構成で実施した。夜の部の開催は全国でも初の試みだという。

まちゼミへの取り組みも徐々にではあるが増えている。アイラブふなばし実行委員会、西船橋商店会、海神商店会ですでに実施されてきており、他の商店会もまちゼミ開催に向けて勉強会を始めている。

市・商工会議所への聞き取り調査によると、近年、若者同士が連携した催

事・企画が増えているという。たとえば、「小松菜ハイボール」は西船橋の小松菜農家が開発した小松菜パウダーを使ったハイボールで、近隣飲食店と共同で商品化した。2007年には「船橋産小松菜」がふなばし産品ブランド推進事業により、「ふなばし産品ブランド」として認証された。小松菜料理を食べ歩くまちバル企画「こまつなう」というイベントも実施されており、2013年には農業者、商店会、後述する地域情報サイト「まいぷれ」を制作しているフューチャーリンクネットワークの3者で共同開催した。

　若い商業者がユニークな店づくりをしている例も増えている。山口横丁では若いオーナーが経営する飲食店が増えている。山口横丁商店会には加入していない飲食店が集まりイベントを開く動きもあった。2011年には8店舗が集まり「山口横丁ぐるめすとりいと」というイベントを開催し、千葉県産食材を共同で仕入れ、各店舗が趣向を凝らしたメニューを提供した。市の関係者の間では路地裏の隠れ家的繁華街として山口横町をブランド化するアイディアも検討されている。

　事実、市はやる気のある人のつながりを深めるため、2014年2月「ふなばし若手経済ミーティング（副題「序章　ゼロからのスタート」）を実施した。2015年以降は情報交換のための「場」として同ミーティングを開催している。今後も、商・農・漁・工という産業の垣根を越えて、講演会やワークショップを継続して行い、新しいまちづくりの担い手を育てていく方針である。

### (2) 本町通り商店街とNPOの協働

　市内屈指の本町通り商店街の振興組合加盟店は2015年現在、120店中76店にとどまっている。飲食店や大手チェーン店の出店は多いが、同組合にはほとんど加入していない。シャッター店舗も3軒ある。やはり物販業はむずかしい状況にある。自社店舗の店が多いが、古い店は住宅兼用で、貸すためには改装費がかかるため、貸店舗についても積極的に考えられないオーナーもいる。

　現状打開のため、NPOとの協働に乗り出している。「きらきら夢ひろば」（以下、「きらゆめ」）は、本町通り商店街と船橋市内のNPOや市民団体（以下、NPO・団体）が協働する地域交流型のイベントである。2003年から年2回

開催している。NPO・団体はイベントでアート作品・制作風景の展示や活動状況の案内、人形劇といった催しものを行っている。NPO・団体と協働することで商店街側はイベントスタッフを確保でき、NPO・団体にとっても商店街での活動が信用につながる利点がある。

当初は3団体（NPO法人船橋子ども劇場、NPO法人まちアート・夢虫、まちネット・ふなばし）から始まったが、2015年は11団体[6]が参加するようになった。本町通りにはこうしたNPO・団体のいくつかが事務所を開設し、まちづくりの担い手として存在感を増している。

本町通り商店街では2002年に、スタンプ事業をシール方式からポイントカード方式（「ダイヤモンド・ポイント・カード」、愛称「ダポちゃんカード」）へと改めた。105円買い物をすると、カードに1ポイント溜まり、溜まったポイントは360ポイントで500円として加盟店で使用できるといった、通常の買い物ポイントとは別に、500円分のポイント使用ごとに15ポイント（20円相当額）がボランティアポイントとして積み立てられる仕組みを採用している。このボランティアポイントが、地域で活躍しているNPO団体等の活動に役立てられている。

「商店街は地域の人みんなのものという考えでイベントを実施している。ただ、イベントの集客が個店の売上げになかなか結びついてこない」といった問題はあるものの、本町通り商店街の人たちはNPOや市民団体とともに活動をし、不登校の人や障がいを持つ人とともに地域の社会活動に関わり、社会課題を解決することが地域コミュニティの担い手としての商店街の存在意義の1つだと考えるようになった。

それでは、本町通り商店街と協働するNPOはどのような意識を持ち、活動しているのだろうか。NPO法人ちばMDエコネットはノーマライゼーション（障がいの有無にかかわらず、ともに地域で社会生活を送るということ）を推進するため設立されたNPOである。コミュニティカフェひなたぽっこや福祉作業所ひなたぽっこの運営、ノーマライゼーション学校支援事業を行っている。一方で、本町通り商店街のイベント「きらゆめ」に初期から参加し、同商店会の会員として商店街活動にも従事している。

2002年当時、高校を卒業した障がいのある子供たちの働く場所はまだ少

なかったため、障がい者の就労の場をまちなかに築こうと、御殿通りでコミュニティカフェを始めた。従来、福祉施設がまちなかに設立されることは少なく、障がい者がまちなかで働きたいと考えていることは世間にあまり知られていなかった。中心街にコミュニティカフェを開店させれば、コミュニティや地域の課題の発信とともに、ノーマライゼーションをアピールできると考えたのである。

カフェを開店したころ、ちょうど本町通り商店街で「きらゆめ」イベントが始まった。ちばMDエコネットもイベントに参加するようになった。イベントではパンなどを売る出店のほか、「おひさまバンド」というバンドを組んで演奏活動を行っている。ちばMDエコネットは現在、ダイヤモンドポイント会に入会し、商店会活動にも参加している。「ダポちゃんカード」のボランティアポイントはカフェの仕入れ活動に使え、経済的なメリットがある。さらに、障がいを持つスタッフにとって、商店街で買い物をし、店の人とコミュニケーションをとれることも大きな利点である。

13年前、カフェを始めた時は知名度がなかったが、「きらゆめ」イベントや市民祭りに参加することにより、徐々にちばMDエコネット、そしてコミュニティカフェの活動が認知されるようになってきた。「おひさまバンド」は他地域の祭りやイベント、高齢者福祉施設などにも呼ばれるようになっている。2013年からは本町通りの掃除を始め、ロゴ入りのはっぴ・ジャンパーを着て、週2回活動を行っている。ちばMDエコネット事務局長の山本佳美は、今後、カフェとしては地場野菜などを売る朝市を開催する計画のほか、本町通りで子育てや高齢者、障がい者に関わる問題に継続的に関わっていく方針であるいう。

## (3) NPOによる空き家・空き店舗対策

NPO法人情報ステーションは地域活性化を目的に、民間図書館の運営とイベントサポート事業を行っている。民間図書館は船橋FACEの「ふなばし駅前図書館」や本町通り「船橋本町通り街づくり図書館」をはじめ、2015年現在、50店舗ほどになっている。

設立の経緯は、船橋市出身の代表理事・岡直樹が都内大学に在学中に、「自

分は船橋に愛着があるが、果たして船橋はみんなに自慢できるまちだろうか」と考えたところから始まる。学生起業ブームだった2004年、船橋高校時代の友人と「船橋をテーマに何かやろう」と地域活性化のためのWEBサイト運営やイベント企画・運営をするNPOを設立した。しかし、しだいにバーチャルサイトや一過性のイベントで地域が活性化するのかという疑問がわき、恒常的に人が集まれる場所を模索するようになった。

　その頃、船橋FACEが開設し、市から地下道でのイベントを依頼されたことがきっかけで、同ビル2階の空きスペースを借りることになった。ただし、水道・ガスは使用できず、モノの固定もできないといった条件があったため、それにかなうものとして図書館の設置を思いついた。

　公共図書館は閉館時間が早く、利用しづらいため、夜9時まで開いている図書館をつくることが目標となった。貸し出しシステムは友人たちとつくったが、メンバーはしだいに勉強や就職活動で忙しくなり、立ちあげは1人で行った。2006年に1号店「ふなばし駅前図書館」は開設した。企画から開設までに2年ほどかかったことになる。蔵書とボランティアはミクシィなどSNS（ソーシャル・ネットワーク・サービス）での告知により、短期間にしかも遠方からも集まった。現在ボランティアは700人くらいおり、そのうち7割が船橋市民である。

　商店会との連携は3件ある。いずれも市の空き店舗対策としての措置である。「船橋本町通り街づくり図書館」は本町通り商店街の「きらゆめ」イベントにも参加し、古本市をしている。2つ目の千葉市の「ちばぎんざ図書館」は受託運営である。もう1つの習志野市「袖ヶ浦団地まいぷれ図書館」は命名権制度を導入し、「まいぷれ」の運営会社である株式会社フューチャーリンクネットワークが命名権を得るかたちで運営されている。この図書館は空き店舗対策であるとともに高齢化した団地でのコミュニティ空間として活用されており、その実績から、岡は2012年に図書館の立地する商店会「袖ヶ浦ショッピングセンター」の会長に任命された。情報ステーションは船橋本町通りや袖ヶ浦では商店会費を払って活動を行っている。また連携という意味では、近年では野村不動産系列やベネッセ系列、イオン系列の高齢者福祉施設、マンション、ショッピングセンターなどとの提携も多くなっている。

また、NPO運営のほかに、同名で株式会社経営も行っている。当初、NPO法人は銀行・金融機関から融資を受けることができなかったため、資金調達がむずかしく、不動産契約もできなかった。また、情報ステーションで働きたい障がい者の雇用のために助成制度を利用する必要もあって、法人格を必要とした。

　2014年2月には赤字額の多い「船橋北口図書館」維持のため、クラウド・ファンディングを利用し、出資者を募ったところ、164万4000円を調達することができた。それを受けて、2014年下期には新規でマイクロファイナンスに関する事業を開始し、クラウド・ファンディングサイトの運営体制を構築した。今後はクラウド・ファンディングからNPOバンクに切り替えることも検討中である。市民活動や小規模向け融資ができ、返済も低利子・無利子以外に、金銭的利子ではない「何か別のもの」での返済もできる制度の導入を検討している。

　情報ステーションは地域の活性化を「経済と文化の持続的発展」と定義している。今後の目標は、空き家・空き店舗での図書館活用事例を増やすことである。不動産処理の方法なども含めて活用しやすい方策を考えていく計画である。

## (4) 情報発信でまちのつながりを

　船橋をベースにフリーペーパーや情報サイトをつくり、まちの情報を積極的に発信する企業も現れている。地域情報サイト「まいぷれ」を運営するフューチャーリンクネットワーク（以下、「FLN」）（代表取締役・石井丈晴）は、2000年のインターネット黎明期に創業した。2016年現在約350の市区町村で「まいぷれ」の運営サポートを行っている。

　創業当時はさまざまなIT企業が創業した時期であり、利益至上主義的な企業も多かったが、FLNは「利益と理念の追求」を社風とし、企業として利益を出すことはもちろんだが、社会が必要とする価値の提供を行うという理念に基づいて事業を推進することにした。船橋で創業した理由は、石井は高校時代、船橋に通学しており船橋になじみがあったこと、さらに船橋が多様性に富んだまちであり、生活情報のプラットフォーム構築に適していると

考えたからである。

　FLNの事業はエリアマーケティング事業、コミュニティソリューション事業、運営パートナー事業の3つから成り立っている。さきに紹介した船橋市内で実施しているイベント「こまつなう」は、西船橋駅周辺の飲食店で船橋のブランド野菜である小松菜を使った酒類や料理、お菓子などを食べ歩く企画である。これにはエリアマーケティング事業が関わっている。

　西船橋の若手農家が小松菜の販路拡大のためにイベントを開催したいと考えていた。しかし、イベント実務を彼らが担うことは困難であった。そこで、FLNが運営事務局としてイベントの販促物作成やWEB上のプロモーション、事務処理などの裏方業務を引き受けた。回を重ねるごとに認知度が上がり、居酒屋の多い西船橋だけでなく、主婦への広がりを考えてカフェが多い船橋地区でも開催するようになっている。2016年には船橋駅・西船橋駅周辺の70店舗が参加した。

　船橋は個人経営の飲食店などによる店舗間のネットワークが強く、船橋を盛り上げようとさまざまな企画を行っている。たとえば、西船橋では若手飲食店経営者のグループがあり、SNSを利用して共同で参加店舗の告知をしている。こうしたネットワークにFLNの船橋エリアマーケティング事業部は積極的に関わり、連携を踏まえた事業提案を行っている。

　もう1社、フリーペーパー「My Funa」(まいふな)をはじめ、さまざまな媒体で情報発信をしている株式会社ｍｙふなばし、(2008年設立、代表取締役・山﨑健太朗)を紹介しよう。フリーペーパー「My Funa」は2013年時点で発行部数2万5000部、船橋市内の約2000ヵ所で配布されている。WEB「My Funaねっと」も手掛けており、フリーペーパーの誌面に掲載できなかった内容を紹介している。市内の加盟店舗、企業で割引などサービスが受けられる「My Funaカード」も発行している。フリーペーパー、WEBに掲載している商店街の歴史や買い物情報、個店を紹介する記事は好評である。

　山﨑は船橋出身で自動車関連のコンサルタント会社などを経て、2006年に独立し、人材派遣などを主とした株式会社フィットを設立した。並行してタウン誌の制作を計画したところに、「月刊myふなばし」という二十数年

続いたタウン誌を引き継ぐ話が舞い込んできた。そこで、タイトルを「My Funa」に変更し、内容を刷新して2009年に新創刊した。

2016年現在、WEB「My Funa ねっと」、フリーペーパー「My Funa」以外にも、ポスティング新聞「Funaco.（フナコ）」、WEB「船橋経済新聞」などを運営している。

タウン誌やWEB以外にイベントの企画も行っている。イベントは社会問題を扱ったものと、集客を目的に娯楽性を打ち出したものの2種類がある。

集客型のイベントとして「ふなばシル!!」（チケット購入し数店舗を回遊できるまちバルイベント）、「ふなばしハワイアンフェスティバル」（以下、「ハワイアンフェス」）などがある。「ふなばシル!!」は市内の飲食店経営者から開催の相談を受けたことがきっかけで始まった。2015年で9回目の開催となり、船橋駅、東船橋駅周辺の飲食店64店が参加した。

ハワイアンフェスは、2011年に東日本大震災の被災地復興支援として始まり、2015年に5周年を迎えた。この企画では印刷費など実費を除き、「まいふな」スタッフの業務費などは請求していない。いわば企業として社会貢献の一環で行っている。

社会問題を扱ったイベントとしては「ふなばし福祉フェスティバル」がある。市内の障がい者福祉、高齢者福祉と医療関係者の交流を目的とし、さらに一般市民向けに「船橋の福祉」をPRするためのイベントである。第1回は2012年に実施され、23団体が参加した。

山﨑が船橋で事業を始めた理由は、自身が船橋出身で土地勘があり、知人も多かったこと、また、ビジネス面からみれば、船橋市の人口は60万超で、2016年現在、中核市の中でも最大であり、ここでさまざまな事業を実施することが、他の地域でのモデルになると考えたからである。一連のメディアは広告収入ではなく、市内の企業や団体からサポーターを募り、それらからの会費で運営している。通常の広告営業のスタイルでは営業回りにかなりの時間を取られてしまい、スタッフ育成につながらないことなどを考慮し、サポーター制度を導入した。

## 7　まとめに代えて

　船橋中心商業地は都市再開発事業の遅れの影響を受け、地域商業の立て直しも大型店の出店攻勢に揺れ動き、円滑に進んでいるとはいいがたい。それでも人口が増加し、多様な人々が集まるまちには発展可能性があるとの発見もあった。まとめに代えて、その点を強調しておこう。

　船橋駅南口再開発案件は複雑な権利の調整や地権者による反対、さらには収用委員会の機能停止により当初想定した以上の年月を要し、内容を変更しつつ事業を推進してきた。現在でも5街区のうちまだ1街区しか完了していない状態である。大都市における再開発事業のむずかしさを象徴する話である。

　船橋市は『商業近代化地域計画』および『同実施計画』に先駆けて、1967年の船橋市総合開発計画において商店配置や業種配置の問題を取りあげており、それが後の商業近代化計画を大きく方向づけた。しかし、商業近代化計画は時間が経過していく中で、しだいに「市玄関口の整備」という限られた地理的範囲の再開発事業に吸収され、中心商業地の「近代化」も再開発の動向に左右されて、成り行き任せとなった感が否めない。

　商店街の整備事業に限ってみても、単一ないし複数商店街間の集団的な合意形成が必要とされるが、それもまた困難に直面した。たとえば、本町通り商店街では1960年代には商店街あげて耐火建築化を推進したが、1990年代になるとビル新築時のセットバックや、1階への商業店舗設置といったまちづくりの覚え書きが実質的に効力を失う事態に陥った。土地・建物に関する合意形成は一時期できたとしても、その後も維持することは環境変化の大きさを考えるとむずかしい。船橋の駅前再開発事業と中心商業地の近代化政策はその点を雄弁に物語っている。

　首都圏のベッドタウンとして人口増加が続いた船橋市は近接都市間競争を意識し、中心商業地への大型店の出店を受け入れてきた。それにより中心商業地では地元商店の閉鎖や不動産業への事業転換が進んだが、購買力の近接都市などへの流出は一定程度防ぐことができた。駅前通りの歩行者数は多く、

老舗店舗と並んで、大規模チェーンの物販店や飲食店がひしめいている。歴史のある本町通りや山口横丁では飲食店やNPOなどが集まり、独自の活動を繰り広げている。雑多な界わい性の中にも、ある種の魅力をそなえた場所として熟成しているともいえる。

　駅前通りは家賃の負担能力の高いチェーン店の出店が多いのに対して、相対的に家賃の低い本町通りや山口横丁には、起業を目指す人々が拠点を構築しやすい。交通の利便性や周囲の事業環境も悪くない。船橋の場合、再開発が遅れていることもあって中心商業地周辺には古い建物や安価な物件が相当数存在しており、新規企業家が入居しやすい環境が用意されている。

　たとえば、ショッピングセンター（以下、「SC」）に入居しようとした場合、賃料が高いため、効率の良い自店運営が求められる。目標売上高を達成できなければ、退店を促される。また、SCではディベロッパーの提示するコンセプトやテナント構成に適した事業者が入店するケースが多い。こうした条件に合わない、また資金を持たない新規事業者の入居はむずかしい。それに対して、市街地の路面店（空中階も含む）出店は相対的にゆるやかな条件で行われる。

　市街地の中心商業地では新規事業者は自店の経営に見合う店舗物件があれば、比較的自由に参入できることから、それが中心商業地の多様性や独自性を生み出す可能性がある。再開発が遅れ、やや雑然とした感じのする船橋ではあるが、十分に整備された他の大都市圏の都市、たとえば前章の立川と比べて、まちとしての魅力が乏しい、あるいは発展可能性が低いと単純に結論することはできない。

　少なくとも人が集まる船橋は人影もまばらな地方都市よりはるかに恵まれた状況にあり、多様性に富んだまちのあり方が新しい事業者やアイディアを生み出していると評価できる。NPO法人ちばMDエコネットやNPO法人情報ステーションは、商店街にそれぞれカフェや図書館など人が集う場をつくり、商店街活動とも積極的に関わっている。ちばMDエコネットは組織の存在意義をアピールするため、積極的にまちなかに出店している。商店街側も、商店会組織への加盟やイベントなどの商店街活動にNPOが参画することで、企画や活動の幅が広がるという利点がある。船橋以外にも同様の例

が報告されている[7]。

　いわゆる営利企業が行う社会事業と商店街の連携も、新しいまちづくりのあり方として評価したい。フューチャーリンクネットワーク（FLN）やmyふなばしといった企業は単なる情報発信だけでなく、組織と組織、人と人をつなぐ役割を担っている。FLNは「こまつなう」などの食のイベントで農業と飲食店の橋渡しをし、地産地消を促している。myふなばしもまちバル企画をはじめとしたさまざまなイベントや企画などで組織を結集している。

　社会事業を推進する人たちは、営利企業もNPOも社会企業家であり、社会の多様なニーズに応えるとの使命感を抱き、ビジネススキルを用いて事業を推進していく人や組織である。船橋の事例でみられた社会企業家たちは商業集積を課題解決の場として選び、活動している。


[注]
(1) 本章は以下の方々への聞き取り調査に基づいている。記して謝意を表す（順不同、肩書は2015（一部2016年3月）当時）。船橋商工会議所・河野洋平中小企業相談所商業振興課経営指導員係長、船橋市・御園生剛志経済部商工振興課課長補佐、同・櫻井靖久商業係係長、同・板垣匡主事、同・北野恵太企画財政部政策企画課、同・居多淳企画財政部政策企画課、船橋市商店会連合会・伊東實会長、同・伊藤將美副会長（アイラブふなばし実行委員会会長）、船橋市本町通り商店街振興組合・森田雅巳副理事長、同・川勝裕邦事務局長、山口横丁商店会・吉岡宏会長、NPO法人ちばMDエコネット・山本佳美事務局長、NPO法人情報ステーション・岡直樹代表、同・成瀬麦彦氏、株式会社ｍｙふなばし・山﨑健太朗代表取締役、株式会社フューチャーリンクネットワーク・尾辻万葉広報担当。
　なお、本章を執筆するにあたり、現地調査および報告書作成に法政大学矢作敏行名誉教授にご指導を仰ぎました。
(2) 2015年に商店会名を従来の船橋駅前東通り商店会から、知名度の高い山口横丁という名称を取り入れた山口横丁商店会に改名した。
(3) 『近代化地域計画』では事業再開発を以下のように定義している。「比較的広い地域を対象として、道路、公園緑地等の公共施設をはじめとし市街地の整備として必要なものを総合的に行う公的な開発」。
(4) 本稿を執筆中の2016年10月にも、船橋市建設局が「JR船橋駅南口周辺地区のまちづくり勉強会」を開催し、再開発事業全体についての検証を行っている。
(5) 第1回、第2回を共同主催した公設市場「芝山ショッピングプラザ」は2012年

12月末で閉鎖。
(6) NPO法人船橋子ども劇場、NPO法人まちアート・夢虫、まちネット・ふなばし、NPO法人コミュニティアート・ふなばし、NPO法人ちばMDエコネット、NPO法人船橋レクリエーション協会、NPO法人にぎわい創生船橋駅周辺のまち、NPO法人情報ステーション、船橋に中ホールをつくる会、NPO法人百歳まで安心して買い物できるまちづくりの会、船橋市有価物回収協同組合。
(7) 苦戦が続いていた和歌山市のみその商店街では、NPOが街に参入し地域の商店で仕入れや買い物をすることで徐々に経済が回るようになった。またイベントの開催や従来の商店街にはなかったNPO特有のサービスなども注目され、マスコミの情報発信により「みその商店街がおもしろい」と市内外への周知が高まった。

[参考文献]

石原武政・石井淳蔵（1992）『街づくりのマーケティング』日本経済新聞社。

斎藤槙（2004）『社会起業家－社会責任ビジネスの新しい潮流－』岩波新書。

佐藤善信（2003）「自然発生型盛り場の形成と変容の分析―アメリカ村を事例として―」加藤司編『流通理論の透視力』千倉書房。

滝口昭二（2007）『目で見る船橋の100年』郷土出版社。

鳥渕朋子（2012）「NPOの集積による商店街の再生：和歌山市みその商店街を事例として」『都市研究：近畿都市学会学術雑誌』、近畿都市学会、12号。

長谷川敏子（2015）「My Funaタウン誌／千葉・船橋市　基準は損得よりも善悪　だから情報も人も集まる（事例特集　街はメディアだ！：店と地元を元気にする情報発信の最前線）」『商業界』6月号。

藤代孝七（2003）「意見発表1　船橋市「船橋駅南口第一地区」について」『市街地再開発』、全国市街地再開発協会編、394号。

船橋市建設局都市整備部船橋駅南口再開発事務所（2004）「事業計画情報　千葉県船橋市・船橋駅南口第一地区（建物名称：フェイス）－第一種市街地再開発事業・市施行／工事完了－」『市街地再開発』全国市街地再開発協会、406号。

三橋重昭（2014）「活き活き商店街とまちづくり（77）　NPOと商店街協働のまちづくりを実践する：船橋市本町通り商店街」『専門店』、1・2月号。

宮永稔（2006）「都心地区再生トリガープロジェクト―船橋駅南口第一地区の再開発について―」『再開発研究』再開発コーディネーター協会、22号。

[資料]

『船橋駅周辺地区再開発計画　報告書』財団法人都市計画協会、1966年。

『船橋市総合開発計画書－基本計画－』船橋市、1969年。

『船橋都市施設整備計画』船橋市、1975 年。

『生れかわった船橋の北口　船橋市施工　船橋市都市計画　船橋駅北口市街地再開発事業説明書』船橋市都市部都市改造課、1977 年。

『ふなばし市議会報第 1 号～第 70 号縮刷版』船橋市議会、1980 年。

『生れかわった船橋の北口－船橋駅北口地区市街地再開発事業の概要－』船橋市都市部都市整備課、1983 年。

『財産評価基準書 路線価図 昭和 60（1985）年分』東京国税局、他に 1975 年、1995 年、2005 年、2015 年。

『朝日新聞』1990 年 8 月 31 日付朝刊、1994 年 11 月 29 日付朝刊、1996 年 3 月 7 日付朝刊、1997 年 6 月 19 日付朝刊。

『読売新聞』2000 年 4 月 25 日付朝刊。

『毎日新聞』2001 年 9 月 3 日付東京朝刊。

『船橋駅南口第一地区市街地再開発事業記録』船橋市船橋駅南口再開発事務所、2003 年。

『千葉県の再開発 2002』千葉県都市部都市整備課、2003 年。

『日刊建設タイムズ』2015 年 9 月 17 日付。

『船橋市本町通り商店街振興組合設立 50 周年記念誌』2015 年。

船橋市ホームページ：http://www.city.funabashi.lg.jp/index.html

# 第III部 地域商業の底力

# 第6章 「商業近代化計画」を超えて
## ——香川県高松市

南亮一
矢作敏行

## 1 はじめに

　高松市は人口が40万人を超える四国を代表する大都市であり、城下町として整備されてから400年以上の歴史をもつ。いわゆる支店経済の都市として発展してきた高松は、古くから商業の中心地性が高く、周辺の市町村から多くの買い物客が訪れるまちであった。

　中心市街地には伝統的に商業や役所、文化施設、医療施設などの都市機能が比較的コンパクトに集約されており、中でも丸亀町商店街には以前からデパートや多くの高級ファッション店が立ち並んでいた。しかし、1970年代以降になると、人口および商業の郊外化が進み、中心市街地の衰退が徐々に起きた。

　高松市は1987年、中小企業庁の商業近代化地域計画事業の指定を受け、中心市街地の商業近代化計画書を策定した（報告書完成は88年）。しかし、90年代にはいっても中心市街地の商業の停滞傾向は払しょくされず、市は中心市街地活性化基本計画の策定など種々の手を打った。その中で丸亀町商店街は民間主導の再開発事業を実現し、土地の所有と利用を分離する画期的な開発方式を導入し、注目を浴びた。

　本章では、丸亀町商店街を中心とする中央商店街の商業近代化とまちづく

りの動きを取りあげ、そこに内在するタウンマネジメントの課題と中央商店街全体のあり方を考える[1]。

# 2　商業近代化地域計画

## (1) 中央商店街

　明治期に讃岐鉄道が高松まで延び、宇高連絡船が開通して岡山の宇野駅と結ばれると、四国の玄関口として高松の地位は一気に高まった。1931（昭和6）年には三越が丸亀町に高松支店を開き、周辺市町村から顧客を吸引した。中心市街地では南北に延びる丸亀町を中心に東西に連なる兵庫町と片原町へと広がる商業地が形成された。

　戦後の経済復興期には、高松琴平電鉄（琴電）ターミナルが今橋駅から瓦町駅に移ったのを契機に、瓦町周辺が新興商業地として発展し、丸亀町から南新町を経由して瓦町駅に至るL字型のメインストリートが形成された。そこに丸亀町、瓦町、兵庫町、片原町西部、片原町東部、ライオン通り、南新町、田町の合計8つからなる中央商店街（図6-1参照）ができあがった[2]。

　各商店街組織は戦後間もなく、町内会を母体に商工会や商店会という名称の任意団体として再発足した。法人化（事業協同組合）にいち早く取り組んだのが丸亀町商店街で、1949年丸亀町通商店街協同組合（1963年高松丸亀町商店街振興組合に改組）を設立した。

　スーパーの出現とともに流通近代化が叫ばれた1960年代中頃には、各中央商店街は商店街振興組合を設立し、政府の中小小売商近代化政策の受け皿づくりをいち早く終えた。それにより中央商店街はアーケード街へと生まれ変わった。ほぼ同時期、三越が新装開店し、中央商店街は全国でも指折りの近代的な商店街として知られるようになった。

　その後、老朽化が進んだ1982年から89年にかけて、常磐町をはじめアーケード・カラー舗装の改設工事が各商店街で行われた。中央商店街のアーケード・カラー舗装の改設整備事業の資金は、中小企業事業団高度化資金と高松市中小企業振興条例に基づく商店街共同施設事業補助金と自己資金でまか

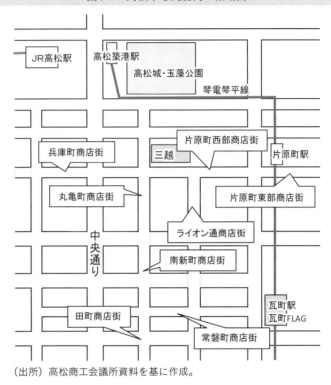

図6-1 高松中心商店街の概略図

(出所）高松商工会議所資料を基に作成。

なわれ、「商業近代化」政策の名の下、商店街整備事業が着々と進められた。

　商工会議所は商業近代化構想を逐次、検討し、支援策を示した。1975年、中小企業振興事業団・中小企業研修所スタッフが高松中央商店街振興組合連合会（1973年商店街振興組合法に基づき設立）加盟の中央商店街、周辺商店街の計15商店街を対象に広域商業診断を実施し、高松市商店街における商業機能の拡充と中小小売商の活性化を図る地域商業振興策の基本構想をまとめ、その後82年度まで地道な調査を積み重ねた。

## (2) 商業近代化地域計画の策定

　それを受けるかたちで、1987年度高松市は中小企業庁の商業近代化地域計画策定事業の指定を受け、商工会議所を事務局として『高松地域商業近代

化地域計画報告書（基本計画）』（以下、『近代化基本計画』）をまとめた。高松の中央商店街は瓦町、片原町という2つの私鉄駅とJR高松駅に近接し、四国最大級のオフィス街の中央通りに接していた。市、商工会議所はコンパクトに形成された中心市街地の地理的条件をいかし、中央商店街の振興策を構想した。しかし、その頃、高松市の商業は大きな転換期を迎えていた。バブル経済が真っ盛りの1988年瀬戸大橋が開通し、翌89年には新高松空港が開港、さらに四国横断自動車道の整備計画が進められた。

当時、中央商店街の北側に位置する丸亀町に三越が店を構えていたほか、南側の常磐町にはダイエー（1967年）、ジャスコ（1971年）の大型店が進出していた。さらに、瀬戸大橋の開設を機に、新たな大手小売資本の攻勢が予想されていた。『近代化基本計画』は、劇的な商業環境の変化を予測し、中心市街地の慢性的交通渋滞や駐車場不足といった都市環境の整備に取り組む必要性を指摘した。

中央商店街については、カラー舗装やアーケード街といったハード面の整備事業が一段落しているものの、核となる商業施設の欠如、コミュニティ施設等の公共空間の不足、動線の長い商店街、魅力的な個店の不足を問題点として指摘した。

中央商店街の業種構成をみると、三越に近接する丸亀町は商店の70％近く、それに続く南新町は60％が衣料品・身の回り品小売業で占められ、ファッション性の高い商店街であるものの、休める場所や飲食店が少なかった。それに対して、丸亀町の通りと交差する兵庫町、片原町西部、また瓦町駅に連なる常磐町は飲食料品店、文化用品、飲食業等の多様な業種で構成されていたが、『近代化基本計画』の分析によれば個店の魅力に乏しかった。

また、『近代化基本計画』では消費者調査から、接客態度、品揃え、駐輪場などについて商店街が新しい消費者のニーズに対応できていないと指摘し、そのうえで商業近代化の中心テーマは「都市構造、商業およびライフスタイルの変革期への対応」であるとして、中央商業地区を質の高い「暮らしの広場」とするための「商店街づくり」に取り組む必要があると結論した。

『近代化基本計画』が提案した「主要プロジェクト」は以下の6件である。

①片原町再開発：片原町周辺地区は中央商業地区の一角をなしているが、

人口の郊外化や消費者ニーズの変化に対応し切れず、商業活動は停滞している。市街地再開発事業によりファッションパークやグルメ街、ホテル等の商業関連施設を導入する。

②瓦町再開発：琴電瓦町駅周辺地区において、市街地再開発などにより、南部商業核となる商業・業務・公共公益施設等を開発する。

③港頭再開発：瀬戸大橋の開通など交通体系の激変に対応し、ウォーターフロントを整備し、港頭地区・玉藻城・中央商業地区が連動した新都市機能を創出する。

④北部商業核リニューアル：丸亀町の三越周辺からお濠端に至る面的開発を意図し、コミュニティ広場やスポーツ・カルチャーセンター等の建設、交通アクセスの改善、散策道の整備を図る。

⑤情報発信基地づくり：上記ハード施設の導入による「商店街再開発」の限界を意識し、街を訪れる人々に楽しさ、驚き、刺激、安らぎを与える「まちづくり」を提案し、商店主の意識改革、イベントの創造、カフェテリア等の空間整備に取り組む。

⑥近隣・周辺商店街の主要近代化プロジェクト：商業地を中央商店街、それに連なる藤塚、花ノ宮町などの中央近隣商店街、各地区の拠点となる香西、太田などの周辺地区センター商店街、その他の最寄り性の強い周辺商店街の4つに分類し、近隣・周辺地区センターでの核店舗の確保や駐車場の整備などの共同事業を推進する。

このうち①片原町再開発、②瓦町再開発、③港頭再開発の3件が中心市街地再開発の主要プロジェクトとして位置づけられた。港頭再開発事業は「サンポート高松」の愛称で知られた県と市の共同大型プロジェクトで、1997年からウォーターフロントの整備工事が始まり、2004年核となる商業・業務施設、高松シンボルタワーが開設したほか、ホテルやコンサートホールが整備された。

瓦町再開発事業では1997年、そごうが琴電瓦町駅に完成したコトデン瓦町ビル（延床面積約9万1106㎡）に出店し、あわせてバスターミナルなど駅前整備が進み、常磐町をはじめとした南部中心商店街は大いににぎわった。

もう1つの片原町再開発事業は4つの街区に分けて商業施設・住居施設を

建設する計画で、そのうち第3街区に2001年に地上13階建ての再開発ビルが完成し商業・業務施設（9区画）と住居施設（94戸）が入居し、1～4階は市の生涯学習センターとして利用されている。

　主要3プロジェクトは、いわゆる箱物の建設はある程度進んだが、コトデン瓦町ビルやサンポート高松ではバブル経済破たん後の景気低迷の影響を受けて、テナントの入れ替えや空きスペースが生じた。特に、コトデン瓦町ビルのそごうは2001年、郊外ショッピングセンターの攻勢を受けて閉店した。直後、岡山の天満屋が後継テナントとして入居したものの、これも2014年撤退した。また、片原町再開発事業では残された3つの街区の再活事業は停止状態が続いている（以上、高松商工会議所での聞き取り調査）。

### (3) 変わる都市環境

　1987年の『近代化基本計画』策定後、高松市を取り巻く商業環境は大きく変わった。1992年に高松自動車道（四国横断自動車道）の高松・善通寺間が開通し、2003年には全面開通した。高松市周辺でも人口の郊外化が進み、高松市全体に占める中心市街地の人口の割合は1990年の6.1％から2005年の4.9％に下落した（『高松市中心市街地活性化基本計画』第1期、2007年）。

　1995年以降は郊外に大規模ショッピングセンターや家電量販店、ホームセンター等の進出が相次ぎ、商業の郊外化が急速に進んだ。特に、1998年中心市街地の南約4キロに出店したイズミが運営するショッピングセンター、ゆめタウン高松は売場面積が大きく（2006年増設後5万4590㎡）、ユニクロ、ニトリ、無印良品等の有名小売ブランドを揃えて、たちまち地域一番店の座を獲得した。

　中心市街地内でも変化が起きた。さきに説明したように常磐町の琴電瓦町駅再開発事業が動き出し、コトデン瓦町ビルが1997年に開業し、そごうが売場面積約2万9500㎡と三越を大きく上回る規模で入居した。丸亀町の通行量が30％減少するとの事前調査結果もあり、1999年三越は対抗上、増床した。これが中央商店街「南北戦争」の始まりとなった。

　1990年代後半から市内外で大型店の攻勢が激化する中で、高松市および周辺市町村は全国有数の流通激戦地と化し、中央商店街は大型店の出・退店

に大きく振り回される事態に直面した。まず、南側の常磐町に進出していた大型店の売上高が郊外店舗のあおりを受けて落ち込んだ。5階建てにもかかわらずエレベーター・エスカレーターの店内設備が不十分だったジャスコが1989年に撤退し、次いでダイエーが1997年、自社の屋島店の開業に合わせて専門店ビルに業態変更したものの、郊外化の波には勝てず2004年閉鎖した。瓦町のそごう（後の天満屋）に続いて、集客の核を失った常磐町をはじめとした南部商店街は苦境に陥った。

　高松市全体と中心市街地について、小売業の年間販売額と売場面積の1997年から2007年までの推移（表6-1）をみてみると、高松市全体の売場面積は20年間で約14万㎡増加しているのに対して、中心市街地の売場面積は2万㎡近く減少し、市全体に占める中心市街地の割合は27.2%から19.6%に低下している。

　このように中心市街地から郊外へ商業集積の分散化が起きたが、香川県内の他市町と比べると、高松市は引き続き高い商業中心性を維持している。高松市および周辺3市・町の中心性指数（第1章の注(3)参照）を1965年から2005年まで算出したのが表6-2である。

　中心性指数が1.0を下回っていると市外へ消費が流出していることを、また1.0を上回っていると市外から消費を吸引していることを示す。高松市の中心性は1.5前後で推移しており、大きな落ち込みはみられない。それに対して、坂出、丸亀の両市の中心性は明らかに低下しており、1999、2007両

表6-1　市全体および中心市街地の小売業年間販売額と売場面積の推移

| | 小売業年間販売額（百万円） | | | 小売業売場面積（㎡） | | |
|---|---|---|---|---|---|---|
| | 高松市全体 | 中心市街地 | 中心市街地の構成比 | 高松市全体 | 中心市街地 | 中心市街地の構成比 |
| 1997年 | 795,021 | 148,690 | 18.7% | 590,654 | 160,593 | 27.2% |
| 1999年 | 782,391 | 155,890 | 19.9% | 672,172 | 153,970 | 22.9% |
| 2002年 | 658,404 | 119,077 | 18.1% | 696,819 | 152,282 | 21.9% |
| 2004年 | 568,736 | 114,044 | 20.1% | 685,181 | 142,652 | 20.8% |
| 2007年 | 579,608 | 99,436 | 17.2% | 732,964 | 143,420 | 19.6% |

（出所）『高松市中心市街地活性化基本計画』第2期、2013年。原データは商業統計表。

表6-2 高松市および周辺3市・町の中心性

|  | 高松市 | 坂出市 | 三木町 | 丸亀市 |
|---|---|---|---|---|
| 1966（1965） | 1.59 | 1.18 | NA | 1.15 |
| 1976（1975） | 1.50 | 1.18 | 0.55 | 1.06 |
| 1988（1990） | 1.63 | 0.96 | 0.51 | 1.10 |
| 1999（2000） | 1.62 | 0.98 | 0.51 | 0.82 |
| 2007（2005） | 1.57 | 0.95 | 0.55 | 0.91 |
|  | ＊（1.27） |  |  |  |

（出所）商業統計表、国勢調査のデータをもとに算出。
（注）①年号は中心性指数算出に用いた小売業販売額の調査年、カッコ内は人口の調査年、②2005年の算出に用いた高松市の人口は塩江町（塩江町は2005年9月に高松市に編入）を含む、③＊カッコ内は2006年高松市に編入された5町を含めた人口（418125人）を用いて算出した値。

表6-3 高松市内の主な商店街の小売商店数および年間販売額（単位：百万円）の推移

|  | 1988年 | | 1997年 | | 2002年 | | 2007年 | |
|---|---|---|---|---|---|---|---|---|
|  | 商店数 | 販売額 | 商店数 | 販売額 | 商店数 | 販売額 | 商店数 | 販売額 |
| 丸亀町商店街 | 97 | 9,066 | 96 | 9,996 | 78 | 8,514 | 89 | 8,183 |
| 瓦町商店街 | 87 | 6,215 | 88 | 6,936 | 76 | 4,518 | 79 | 4,518 |
| 南新町商店街 | 75 | 9,116 | 63 | 6,347 | 70 | 4,858 | 65 | 4,013 |
| 常磐町商店街 | 92 | 13,164 | 103 | 13,014 | 115 | 13,036 | 61 | 16,889 |
| 田町商店街 | 46 | 3,302 | 42 | 2,866 | 40 | 1,141 | 43 | 1,539 |
| 本町・内町・丸の内商店街 | 29 | 29,174 | 25 | 33,777 | 24 | 28,721 | 17 | 26,346 |
| 片原町, 鶴屋町, 百間町商店街 | 99 | 5,910 | 92 | 5,715 | 89 | 5,532 | 66 | 3,824 |
| 兵庫町商店街 | 45 | 2,251 | 35 | 2,541 | 40 | 2,173 | 36 | 1,577 |

（出所）商業統計表・立地環境特性別統計編（各年版）。

年とも指数はいずれも1を下回っている。高松市では郊外化が進展しているものの、少なくとも2000年代半ば頃までは市の購買力は周辺市町村に流出していないことがわかる。

しかし、中央商店街を構成する8つの商店街の小売販売額の推移をみると、2000年代にはいり、一部の商店街を除き減少傾向をたどっている（表6-3）。特に、南新町、瓦町、田町など南部商店街の落ち込みが激しい。ただし、小

売販売額には大型店の数値も含まれているので、数値の読み方には注意が必要である。

### (4) 1990年代以降の施策－中心市街地活性化基本計画の策定

1990年代中心市街地の居住人口が減少傾向を示し、中心市街地の活性化が喫緊の課題となった。高松市は1998年度に『高松市中心市街地活性化基本計画』(旧) を策定し、南は瓦町から北は高松港エリアまでを中心市街地に区域設定し、『近代化基本計画』で主要プロジェクトとしてあげた港頭地区の土地区画整理事業などを実施した。中央商店街に関する施策としては、1999年高松商工会議所が基本計画を受けて策定した「TMO高松事業構想」に商店街のアーケードおよびドームの建設、カラー舗装などを盛り込んだ。

高松市は2005年から翌06年にかけて近隣6町を合併するが、都市計画上の線引き問題を調整するため、2004年に市街化区域と市街化調整区域の線引きを廃止し、代わりに「特定用途制限地域」を指定した。市内の用途白地地域に広く特定用途制限地域の網がかけられたものの、幹線沿道型地域においては店舗の立地規制が行われなかった。その結果、2004年以降、幹線道路沿いで郊外型店舗の出店が活発になり、同時に農地転用などによる郊外地域の開発が増加した。

高松市および香川県は、都市構造が拡散したことを反省し、2000年代後半になり人口の拡散抑制、都市のコンパクト化に舵を切った。2007年、改正中心市街地活性化法に基づき、新たに『高松市中心市街地活性化基本計画』(第1期) を策定し、郊外における大規模集客施設の開発を抑制する方針を明確にした。

## 3 高松丸亀町商店街のまちづくり

### (1) 再開発事業の契機

高松丸亀町商店街振興組合は1956年2月発足し、中央商店街の目抜き通りとしていち早く商業近代化策を実施してきた。1968年カラー舗装と鉄筋

アーケードが完成し、1981年第5回サンケイ商業賞で商店街の整備事業やイベント事業が評価されて、「全国一の商店街として」通商産業大臣賞を受賞した。1984年には老朽化したアーケード、カラー舗装を一新し、立体駐車場（南北2か所合わせて368台収容）を完成した。続いて、1985年には百十四銀行前、翌86年には山一証券前にそれぞれポケットパークを開設し、着々と商店街整備事業を実施した。

したがって、1987年の『近代化基本計画』策定時において、丸亀町はすでに政府の提唱する商業近代化策のあらましに着手しており、単独でのプロジェクトとしては「対象外」とされていた。実際、1988年丸亀町商店街は「開町400年」祭の歴史的イベントを行い、パリの商店街と姉妹提携を結び、大いに街はにぎわっていたという。

ところが、当時の鹿庭幸男理事長は「いまのままで100年後に500年祭ができるだろうか」と危機感を抱いていた。バブル経済真っ盛りの中で、地価・家賃が高騰し、生鮮食料品店や生活用品店がしだいに姿を消し、ファッション専門店が増え、業種構成に偏りが生じていた。不動産賃貸業化する商店主が約30％に達し、商住一体型だった商店家族もしだいに商店街を離れて住むようになった。

そこに、瀬戸大橋が開通した。大型店の出店と顧客の神戸・大阪への流出が予想され、中心市街地内では瓦町再開発事業へのそごう出店に続き、港頭再開発地区への三越の移転計画が噂にのぼっていた。行政サイドでは「副都心」構想が検討され、コンパクトな高松の中心市街地を根底から揺るがす動きが水面下で起きていた。

鹿庭理事長は青年会メンバーに丸亀町商店街再開発委員会を結成し、人口がほぼ同規模で郊外大型店の進出で揺れる高崎、前橋等、関東圏の4つの都市の実態調査を行うよう指示した。青年会のリーダーだったのが、現理事長の古川康造と副理事長の明石光生らだった。現地を訪問調査すると、国鉄の駅からやや離れた立地の中心商店街は駅前に百貨店や総合スーパーが開店すると、2、3年で急速に衰退していた。商店街の中から大型店や駅ビルに出店する複数の商店があり、中心商店街が内部から崩れていく厳しい現実を目の当たりにした。

各地の再開発事業の失敗には一定のパターンがあることも学んだ。駅前や商店街で地上げされ、行政やディベロッパーは大きな再開発ビルを建て、三顧の礼で大型店をキーテナントとして迎え入れる。しかし、数年後成績が上がらないと、キーテナントは撤退し、空きビルとなる。再開発事業はお役所任せでなく、あくまで商店街による民間主導型で行わないといけないと、青年会メンバーは心に決めた（古川、明石両氏への聞き取り調査）。

　これを契機に、石原武政・大阪市立大学教授、福川祐一・千葉大学助教授（肩書はいずれも当時）ら都市・商業問題の識者らが参加する高松丸亀町商店街再開発計画事業策定委員会が組織され、体系的な調査と施策の方向付けが行われた[3]。この初動調査の費用は振興組合の自己負担で行われた。1972年、駐車場の用地買収のため丸亀町不動産株式会社を設立し、2年後の74年から平面駐車場経営に乗り出した。1984年に、それを立体駐車場とした以降には年間数千万円単位の利益をあげる事業に育っていた。株式会社を立ちあげ、自ら土地のマネジメントをして収益をあげるという経験があった。それが再開発事業を動かす調査資金を生み出し、まちをマネジメントする最初の機会となった（西郷、2005）。

## (2) 再開発事業の「仕組み」提案

　1991年度『高松丸亀町商店街再開発計画策定事業』がまとめられ、今日に至る再開発事業計画の枠組みが打ち出された。この独自調査の果たした役割が大きい。

　1991年12月組合員112名に対してアンケート調査を実施したところ、過去2、3年間売上高が「増加している」「若干増加している」店が60％近くあり、「減り気味」「減少している」の23％を大きく上回っていた。しかし、「現状のままで放置しておいた場合の丸亀町の今後について」は「良くなる」と答えた店主はわずか3％で、93％の人が「衰退」（59％）ないし「横ばい」（34％）と回答した。

　強い危機意識の理由としては、「客用駐車場の不足」（30％）、「大型店との競争」（22％）、「商店街の環境整備の遅れ」（13％）があげられていた。その結果、再開発へ何らかの形で参加したいと回答した人が84％と、大多数を

表6-4　高松丸亀町商店街再開発事業の歩み

| 年度 | 再開発事業の歩み |
|---|---|
| 1987 | ・高松地域商業近代化地域計画策定（高松商工会議所） |
| 1990 | ・振興組合で再開発事業の調査・研究が承認され、活動開始 |
| 1991 | ・高松丸亀町商店街再開発計画策定事業策定（同再開発計画事業策定委員会）|
| 1992 | ・高松地域商店街等活性化実施計画策定（高松商工会議所） |
| 1993 | ・A・D市街地再開発事業基本計画策定 |
| 1994 | ・A・D街区で再開発準備組合を設立 |
| 1995 | ・G街区基本計画を策定、G街区で再開発準備組合を設立 |
| 1998 | ・中心市街地活性化基本計画（高松市） |
|  | ・高松丸亀町まちづくり会社（第3セクター）設立 |
| 1999 | ・G街区の再開発事業で森ビル都市企画とコンサルティング契約締結 |
| 2001 | ・A・G街区の都市計画決定告示 |
|  | ・G街区再開発組合の設立認可 |
| 2002 | ・A街区再開発組合の設立認可 |
| 2003 | ・A・G街区の実施計画策定 |
| 2005 | ・A街区の事業認定・権利変換計画認定 |
|  | ・12月、A街区再開発事業の工事着工、丸亀町レッツはそのため解体 |
| 2006 | ・A街区壱番館ビル・壱番街駐車場が完成 |
|  | ・新北部3町ドーム着工 |
| 2007 | ・B・C街区で戦略的タウンマネジメントプログラムによる小規模連鎖型再開発計画を策定 |
| 2008 | ・B・C街区で小規模連鎖型再開発計画の第1期工事着工 |
| 2009 | ・B街区、C街区東館再開発ビルが完成 |
| 2010 | ・C街区西館が完成 |
|  | ・G街区が着工 |
|  | ・日本メディカルとの共同事業でC街区参番館に美術館北通り診療所を開設 |
|  | ・D・E街区が再開発に向けて勉強会を開始 |
| 2012 | ・G街区丸亀町グリーンの再開発ビルが完成 |

（出所）各種資料から筆者作成。

占めた。

　『近代化基本計画』で提案された北部商業核リニューアル事業プロジェク

トの一環として、1993年カルチャー館「ラ・ロンド」、第3駐車場（71台）、95年イベントホール「丸亀町レッツ」は開設したが、通行量は90年代後半には減少に転じ、96年の年間1026万人から2000年には670万人へと急減した。客足が郊外ショッピングセンターへ流れていた。

報告書は「再開発の課題」として、次の点を指摘した。

①アーケード・カラー舗装による「商業近代化」政策を超えた、より質の高い魅力的都市空間をつくり出す。
②地価負担能力の低い業種でも商店街に必要ならば立地できる可能性を保証し、商店街の業種構成（テナントミックス）の偏りをただす。
③個店の魅力を高める。
④定住人口を確保する。
⑤より合理的な土地利用を進める。
⑥不動産賃貸業化する商店主の増加等、地価の高値安定に対応する施策を打つ。

これらの課題を実現するための手法として、地権者と商店街振興組合の間にまちづくり会社を介在させる新しい再開発事業の仕組みづくりを提案した。

①利用と所有の分離による商店街全体の合理的なマネジメントを行う。
②地価を顕在化させずに事業を円滑に推進する仕組みをつくる。
③大型資本に頼らず、商店街自らが事業主体となる。
④定住人口の減少に歯止めをかけるため、住宅、公共施設の整備を含めた「まちづくりディベロッパー」を目指す。

要するに、地域社会の必要とする質の高い都市空間をつくり出すため、商店街振興組合が第三セクターのまちづくり会社の活用により複雑な土地問題やテナント管理問題を解決し、従来の商店街近代化事業を超えた商店街主導型再開発事業を推進するという方向性が明確に示された。

しかしながら、土地問題の解決は複雑を極めた。再開発計画の策定後、関係する多数の地権者間で合意を形成し、最初の事業計画（A, G街区）が都市計画決定するまで、実に10年の歳月を要した。

### (3) A街区再開発事業の実施

　丸亀町商店街は、北は片原町・兵庫町から南は国道11号線と交差する全長470mにおよび、土地130区画、建物152棟で約150店が営業していた。業種構成の偏りを是正し、長いプロムナードが単調とならない魅力的な都市空間をつくるため、事業計画は北からAからGまでの7つの街区に分け、それぞれ固有のテーマを設定し段階的に開発する基本方針を決めた（図6-2参照）。また、定住者を増やすため、全体で400戸のマンション建設計画を立てた。

　最初に動き出したのはＪＲ高松駅や官庁街に近い商店街の北側入口に位置するA街区である。三越高松店に隣接し、もともとファッション専門店が多かった。ドームのあるおしゃれなたたずまいの中に個性的な専門店やベンチ、花壇が並ぶヨーロッパ調の街並み景観づくりを目指した。1994年度市街地再開発準備組合が設立された。4年後の98年度にはテナント管理や販売促進と担当する第3セクター、高松丸亀町まちづくり会社が設立され、2002年度の都市計画決定後、市街地再開発組合が正式発足した。

　再開発計画は建築敷地面積4200㎡で、施行予定地域には20画地に67人の地権者（土地所有者29人、借地権者7人、借家権者31人）がおり、20店舗のうち12店舗が営業の継続を希望していた。都市計画決定時点で建築床面積は1万8000㎡で、2004年12月工事を着工し、2年後の2006年12月A街区の壱番街ビルが完成した。総事業費約66億円（最終的には約69億円）のうち42％が市街地再開発事業関連の補助金でまかなわれた。

　再開発の手法は全員同意型の「権利変換方式」で、事業施行前の権利者の権利を事業完了後の建設物の床および敷地に関する権利に変換する手続きを行う。任意団体である準備組合が法人格を持つ再開発組合の設立認可を受けるには、施行区域内の土地所有者・借地権者の3分の2以上の同意が必要となるが、かりに準備組合が設立されても、土地問題には複雑な権利関係の調整のほか、資産評価の妥当性や相続問題を含む地権者家族内の意見対立等々があり、全員同意型では実現に至らないリスクがある。

　そこで、1992年に導入された定期借地権制度を利用し、土地の所有権と

使用権を分離し、土地を手放したがらない地権者を説得した。これがA街区の事業実現に大きく貢献した。定期借地権方式では土地所有者は一定期間、土地の利用権のみを提供するため貸しやすくなり、借り主はより少ない負担で建物を利用することができる。

これにより権利変換後に事業主体に帰属する施設建築物の保留床（地権者の持つ権利床を除いた床面積部分）に高い土地価格が反映されず、床価格を低く抑えることができる。まちづくり会社は無理して高いビルをつくる必要性がなくなり、商業保留床の確保や融資に対する償還も比較的容易となる。

A街区の店舗面積は従前、約1400㎡だったが、再開発により権利床と保留床を合わせた総商業床は約6000㎡に拡大した。地権者が共同出資し、タウンマネジメントする専門まちづくり会社の高松丸亀町壱番街株式会社を設立し、再開発事業組合から商業保留床や駐車場などを取得した。それとは別に、他の街区を含めた全体の事業計画や販売促進活動は第三セクターの高松丸亀町まちづくり会社に委託する役割分担が整えられた。

株式会社・壱番街はテナント料、共益費、販売促進費、駐車場収入等の収入を得て、そこから施設管理費、販売促進活動費、償還金等の必要経費を差し引いた残額を、借地代・家賃として地権者に分配する。商店街全体の売上高が上昇すれば、家賃収入が増え、権利者の配当も増えるが、逆に空きテナントが出たりして収入が減れば、配当額が減少する。地権者は開発主体として事業リスクを負うことになる。名実ともにまちづくり会社とともに民間主導で、テナント管理を含めてタウンマネジメントを担っている。

開設時、通りを挟んだ東館、西館は4階までが商業店舗およびホールなどで、5階以上の上層階には47戸のオーダーメイド方式の分譲マンションが建設された。1階にコーチ、グッチ、ギャップ、マックスマーラ等のファッション系ブランドショップが入居し、上層階には紀伊國屋書店、手芸店、レストラン、コミュニティスペース（新丸亀町レッツ、カルチャーセンター）が配置された。

テナント構成上の大きな特徴は、三越が運営する多数のブランドショップの存在である。三越は商店街振興組合の会員であり、商店街と一体となったまちづくりを志向している。壱番街開業に合わせて、商店街との相乗効果を

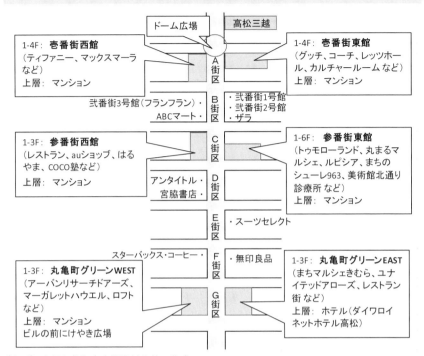

図6-2　高松丸亀町商店街のA～G街区

(出所) 高松丸亀町商店街資料を基に作成。

考えて多くのブランドの入れ替えを行い、待ち合わせしやすいように入口にロビーを新設したほか、三越本館脇の自社所有の土地を提供し、商店街が壱番街駐車場（223台）を建設した。現在、東館にグッチ、ボッテガ・ヴェネタ、コーチ、ギャップ、西館にティファニーの5店舗を出しているほか、2007年には開設したドーム広場の北東角にルイ・ヴィトン（三越アネックス）を開設している。

　三越系ブランドショップは丸亀町商店街が四国随一のファッション街であるとのイメージを形成している点でまちづくりに貢献している。売上高でも壱番街全体の40％見当を占める大黒柱となっている。高松三越は地域密着型営業政策が功を奏し、連続増収傾向を維持しており、2016年2月期売上高は234億円に達している。

### 図6-3 高松丸亀町商店街振興組合とその組織

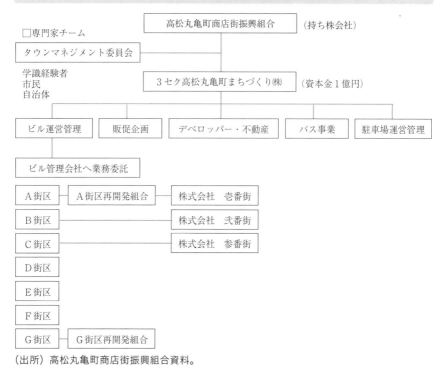

(出所) 高松丸亀町商店街振興組合資料。

　魅力的な街並み・景観づくりの点でも、人が歩いて快適さを感じられる工夫がこらされた。商店街の通りをショッピングセンターのアトリウム（吹き抜け）と見立てて、東西に中層の建物をつくり、商業床は原則3階までとし、東西の建物を複数の回廊で結んで回遊性を高めた。建物は通風・日照を考慮し、通りに正面を揃えて開放感を引き出し、通りの道幅と建物の高さの関係についてデザインコードを定め、通りには固定されたベンチを置いた（西郷、2005）。

### (4) G、B・C街区再開発事業の実施

　再開発事業は当初、7つの街区のうちA、D街区が先行する計画だったが、D街区は地権者の意見がまとまらず、先延ばしとなった。入れ替わりに、国

道に面した南端のG街区が1995年度市街地再開発準備組合を設立し、A街区と同じ2001年度に都市計画決定が下された。9年後の2010年度には着工、2012年4月に丸亀町グリーンとして開業した。

　建築敷地面積8800㎡で、東館地下1階・地上12階、西館地下1階・地上13階建て、商業床1万5500㎡（テナント約60店舗）、住宅床約8600㎡（96戸）、ホテル5500㎡（175室）、駐車場約400台（うち一般330台）と、A街区と比べると、かなり大規模である。総事業費は150億円で、丸亀町から瓦町に至る中央商店街のほぼ中間地点に位置している重要プロジェクトである。

　開発コンセプトは、「素敵に集まるライフシーンの舞台」で、従来の通勤者や高齢者に加えて、家族連れの来街者を増やそうと、通りの中央にケヤキをシンボルツリーとして植えた大きな広場をつくり、それを囲むように3階建ての商業フロアーを配置した。テナント区画数は約60区画で、1階南側にはアーバンリサーチやユナイテッドアローズ等の都会派ファッションブランド店が入り、けやき広場の周囲には地元食品スーパーや菓子店が軒を連ねている。2階は飲食関連の店舗が多く、3階には家族連れで楽しめる娯楽施設のほか、ロフト（2015年オープン）やタワーレコードといった知名度の高い全国チェーン店が入居した。

　A街区と同じ法定市街地再開発事業だが、開発方式は大きく異なる。区画数がA街区の3倍の数にのぼり、地権者は通りの裏の飲食店等を含めると、約200名の多数にのぼっていた。再開発計画に難色を示す者もおり、全員同意型でない事業形態とし、土地は一筆共有で、定期借地権契約ではなく、民事信託契約として合意形成した。

　G街区の再開発事業組合は解散し、代わりの事業主体として森ビルグループが総合事業コンサルタントとして出資する丸亀町グリーン株式会社が設立された。住宅床は大和ハウス工業、ホテル床はダイワロイヤルが買い取り、残る商業床のテナント管理や販売促進等について森ビル都市企画が業務を代行している。

　端的にいえば、G街区のまちづくりは街並み景観の大枠については商店街振興組合が設定した基本方針に準拠しているが、再開発事業の計画から開業後のテナント入れ替え、イベント企画などは森ビルグループが担い手となっ

た。

　G街区の事業化が進む過程で、美・健康・ファッション街と方向づけられたB・C街区の再開発事業計画が急浮上した。両街区は法定再開発事業では手続きが煩雑で時間がかかるため、経済産業省の戦略的中心街商業等活性化支援事業費補助金を利用し、小規模連鎖型再開発を選択した。商店街としての街並み景観やテナント構成の一体感を貫きながら数名の地権者が集まり、小規模な任意の共同建て替え事業を積みあげていく方式である。

　B街区（弐番街）の再開発ビルは1号館から3号館まであり、総建物面積2850㎡で2009年完成した。4階建て商業棟には店舗（2015年現在テナント数9）、小規模オフィスが入った。C街区（参番街）の再開発ビルは通りを挟んで東西に2棟あり、総建物面積は1万3600㎡で、2010年3月に全面完成した。1〜3階までが商業床で、そこに現在19テナントが入っている。東館4、5階には地元の医療団体・日本メディカルとの共同事業として、3人の医師が常勤する内科、眼科、ペインクリニックの外来科と健診・人間ドック科を設ける医療モール「美術館北通り診療所」が入居した。上層階には42戸の分譲マンションも建設された。両街区の総事業費は約75億円で、壱番街同様、まちづくり会社が商業棟を所有・管理し、地権者法人が同社に出資し、地権者が取締役を担っている。

## (5)「まちのステージ」へ

　丸亀町商店街では買い物客がくつろげる空間が生み出されている。再開発の際にセットバックして民有地を道路用地として提供しており、その見返りとして、市道である商店街の道にはベンチや植栽が置かれ、ベンチは来街者の休憩の場となっている。また、商店街内の交差点に生み出されたドーム広場では、週末にさまざまなイベントが開催され、多くの市民が参加しており、文字通り「まちのステージ」として機能している。アーケードやカラー舗装といったハードの商店街整備事業を内容とした「商業近代化」から市民の暮らしの場を創造する「まちづくり」へ進化している様子がうかがえる。

　2013年、24時間商店街への自転車乗り入れ禁止の実験を行った。通行者の約40％が自転車で、大きな打撃を受ける可能性があったが、大多数の商

店主は「安全なまちづくり」という基本精神に賛同し、実験の1年後アンケート調査を行い、継続か否か審議することで合意した。当初、1日の通行者は自転車の通行者5000人が失われたことにより35％減少したが、その後しだいに客足は回復した。実験1年後のアンケート調査で自転車の乗り入れ禁止で売上高がダウンした店舗はうどん屋、パン屋、コンビニエンスストアなど数店舗以内にとどまっていた。それで継続が決まった。

　走り抜ける自転車がなくなり、歩行者がゆっくりできるようになった。現地調査期間中、けやき広場には朝早く散歩途中とおぼしき老人がベンチで一休みし、昼近くになると、小さな子を連れたお母さんがパン屋の前のテーブルでサンドイッチを食し、夕方には学生がわいわいいいながらアイスクリームを食べている。1日を通して、さまざまな人が行きかう界わい性がかもし出されている。

## 4　高松丸亀町商店街の現状評価

### (1) 再開発事業の現状

　2015年現在、商店街の北の玄関口である壱番街完成から9年、南の玄関口の丸亀グリーン完成から3年がそれぞれ経過した。総事業費はB・C街区含めて294億円に達し、全国から小学生らを含め年間1万2000人の見学者が訪れる全国有数の商店街になった。それでも、古川理事長、明石副理事長は、「まだ進行形であり、成功例とは思っていない」と、口を揃える。

　再開発事業対象街区は残すところD、E、Fの3ヵ所となった。数年前からD・E街区で今後の再開発事業に関する勉強会が始まっている。当面、C、D街区の両側にある空き地を活用して、地元農産物等を直売する約1320㎡の生鮮市場と400台規模の駐車場を建設する計画を検討している。

　丸亀町商店街振興組合の取り組む一連の再開発事業は、2006年改正された中心市街地活性化法下で認定された第1期「高松市中心市街地活性化基本計画（期間2007～13年）」（以下、「基本計画」）において「活性化のリーディングプロジェクト」として位置づけられ、2013年まとめられた市のフォ

ローアップ最終報告書は「A、B、CおよびG街区が完成したことにより、魅力的な商業空間が整備され、その波及効果により、にぎわいが創出された」と高く評価している。

たしかに再開発が始まる前の2005年当時、丸亀町の通行量（休日、高松商工会議所調査）は1日1万3000人を割り込む水準まで落ち込んでいたが、A街区完成後には上昇気流に乗り、G街区が完成した2014年には2万人を超えた。再開発された街区には100ヵ所を超える小売・飲食店、サービス業が集積し、シンボルのドーム広場では年間200件のイベントが開催され、駐車場の規模は丸亀町グリーンを含めると、4ヵ所、約1200台に達した。A街区全体の売上高は完成後、一時、従前の3倍に増加した。

まちなか居住を推進するための住宅開発は、400戸という当初目標に対して約180戸を実現し、それに刺激され、周辺では民間企業によるマンション建設が波及的に増加した。税収面の貢献も大きい。商店街振興組合の試算よると、国・県・市の税収効果は、たとえば、市の建物に課す固定資産税を例にとると、A街区の場合、開発前は年400万円だったが、開発後には同3600万円に、B・C街区は同428万円から3700万円にそれぞれ急増した。

地域雇用の点でも地道な貢献をしている。地元の香川県高齢者生活協同組合と提携し、駐車場の管理や商店街の清掃、イベントの手伝いに高齢者の派遣を委託している。同組合はそれで安定収入源にして、組合員を増やし、福祉介護事業を拡大している。

以上のように再開発事業の経済的波及効果はさまざまな形におよんでいる。今後は未着手の街区の再開発と同時に、再開発された事業の持続可能性が最大の課題となる。

## (2) タウンマネジメントの成否

事業の持続可能性の鍵を握るのは商店街振興組合が担っているタウンマネジメントの成否である。古川、明石らは権利者の商店主らに街のために「投資」して欲しいと説得した。当然、地権者はリターン（利回り）を求める。当初、土地建物の従前資産に対する地代・家賃に対する年間利回りを平均6％に設定し、事業計画を立案した。

高い利回りの実現は、まず魅力的な都市空間を維持し、再開発ビルに空き店舗が出ないようにすること、そして入居したテナントの売上高が一定水準以上を維持できるかにかかっている。そうしないと、継続的な収入を確保し、地権者に配当を支払うことができなくなる。まちづくり会社では、この基本方針を守るため、普通のショッピングセンターと同様、テナント管理を徹底し、一定の売上高水準を維持できないテナントの入れ替えを行っている。しかし、入れ替えようにも、立地の良くない2、3階で入居希望者が現れないと、事業がうまく回らなくなる。

　その意味では、タウンマネジメントの要諦は機動的で有効なテナント管理にある。A街区のテナント管理を行っている、壱番街の代表取締役でかつてインテリアショップを経営していた真鍋秀利は、「悩みはつきない」と語る。

　再開発後、初年度はたしかにA街区全体の売上高は大幅に伸びたが、2年目には20〜30％の反動減を招き、その後は横ばい状態が続いている。壱番街のフロアー案内（2015年5月現在）をみると、公的施設を除き15テナントが入居しているが、開業当初から残っているのは半分以下で、入れ変わりが激しい。空き店舗は2015年11月現在、2、3階に2店舗あり、そのうち1店舗は1年半借り手が現れていない。まちづくり会社と協力してテナントリーシングに尽力しているが、地方都市でのテナント探しが厳しい状況は変わっていない。売上高に占める比率の高い三越系有名ブランドショップが業績をささえているのが現状である。現在、地権者の利回りは6％ぎりぎりの水準にある。

　B・C街区はさらに厳しい状況にある。経済産業省の戦略補助金が政権交代の影響を受けて減額されたため、有利子負債が当初計画より大幅に増えて、それが収支状況の足を引っ張っている。2015年度新たに2店舗が撤退し、入居率は80％台に下落した。地権者への配当は目標の6％を下回っているのが現状である（高松丸亀町商店街振興組合『平成26年度事業報告書』）。

　G街区のマネジメントは商店街振興組合やまちづくり会社の手から離れて、森ビルが運営する丸亀町グリーンが別途、行っている。開業3年目を迎え、来街者数や駐車場稼働率は右肩上がりの状況で推移している。ベンチが数多く配置された広々としたけやき広場では年間150〜160のイベントが企画さ

れ、広場に面した1階の食品スーパーのまちマルシエきむらやベーカリーのリトルマーメイドあたりはいつもにぎわっている。上層階では、3階の家族で娯楽を楽しめるアネビートリムパークに家族連れが押し掛けている。

　当初計画のテナント数が約60と多く、テナント集めに苦労してきた。2015年現在、テナント数はスペースを集約した結果、48店と少なくなっている。3階のロフトなど知名度の高い有力チェーンを入れて補強した。それでも、なお数店舗分程度の空きスペースがある。

　G街区は大手ディベロッパーが運営・出資主体であり、地元主導の他の街区の再開発とは異質である。多数の開発事業を手がける大手ディベロッパーは経営基盤がしっかりしている半面、広く展開する事業の競争や収支状況が優先されており、それが個別事業に影響をおよぼす可能性もある。そごうの経営破たんが高松からの撤退につながったように、である。そこに地元主導の運営とは異なる潜在的なリスクがあり、当初の「大型資本に頼らず、商店街自らが事業主体となる」との方針が揺らいだかのようにもみえる。

　各街区とも空き店舗は2階以上で出る傾向にある。明石の経験則によると、2、3階の店舗の売上高は1階の3分の1以下に減少する。家賃もそれに応じて安くなるが、集客の点で2、3階は1階に遠くおよばず、テナントの入れ替えが激しく、空き店舗が出やすくなるのが避けられない。

　全国的に知られた丸亀町でもテナント集めはむずかしい。その結果、有名ブランドショップや全国チェーン店が着実に増えている。再開発事業の終わった4つの街区のテナント総数は100を超えているが、その約70％は外部企業（県外資本、海外ブランドショップ、地元資本が運営するフランチャイズチェーン等を含む）が占めている。

　地元主導型といわれる丸亀町のまちづくりにもまた、普通の商業施設と類似の「資本の論理」が作用している。地域商業という集積に組み込まれた多くの大型店やチェーン店、ディベロッパーがどのように丸亀町のまちづくりを理解し、また地域商業のリーダーがどのように進出企業に働きかけ、協力を得ていくのか、課題が残されている。

## 5　地盤沈下の進む南部商店街

　高松の中央商店街は、北の丸亀町から南新町を経由して南の常磐町に至るL字型ストリートであると述べた。市の都市計画や『近代化基本計画』では南部拠点として瓦町駅再開発事業が重視され、それに隣接する常磐町商店街振興組合の活性化が意図されてきた。しかし、丸亀町の再開発の進展とは裏腹に、南部商店街の地盤沈下が急速に進んだ。

　2015年6月末時点の商店街別全フロアー空き店舗率（高松商工会議所調査）をみると、丸亀町（店舗数214店）は5.1％と低いのに対して、常磐町（同102店）は24.5％とかなり高い。周辺商店街をみても、丸亀町に隣接する兵庫町（同134店）、片原町西部（73店）の空き店舗率はそれぞれ17.2％、13.7％と比較的低いのに対して、常磐町に連なる南部商店街の田町（123店）は24.4％とかなり高い。

　丸亀町の再開発事業の波及効果は北部商店街に限定されている。南部商店街は再開発の重点事業として位置づけられていた瓦町再開発がとん挫し、南部商店街で人の流れを創出できなかった。すでに述べたように集客力の決め手となる瓦町駅に直結したコトデン瓦町ビルの核テナントが出・退店を繰り返した。

　歩行者の通行量（休日、1日平均）をみると、丸亀町の再開発の進展と瓦町の再開発の挫折により南北の地位逆転が起き、南北格差が生じたたことがよくわかる。丸亀町再開発が計画段階で、瓦町再開発が実現していた2002年度、丸亀町（北、三越寄り）の通行量は1万5000人で、常磐町（東、瓦町駅寄り）の1万7000人を下回っていた。ところが、丸亀町の再開発がG街区まで進み、瓦町駅ビルの天満屋が苦戦を強いられていた2012年度になると、それぞれ2万人と8000人となり、通行量が大きく逆転した。

　琴電は2015年、状況を打開するため、双日グループと組んで、天満屋が撤退した駅ビルを瓦町ＦＬＡＧとして新装開店した。地上11階、地下3階建て、売場面積約3万㎡の商業ビルの企画・運営を自ら担い、ジュンク堂、アカチャンホンポなど約80店のテナントを集めた。「ファッション」「ファ

ミリー」「学習」などフロアーごとのテーマを設定し、8階には市の行政サービスセンター、屋上には家族で楽しめる空中庭園を設ける工夫もこらした。16年春には地下の食品フロアーが開業し、最終的にはテナント数100店舗の規模となった。

開業後、駅に続く常磐町商店街には「ほんま　たのむでっ」というのぼりが多数掲げられ、中央商店街の南部拠点の復活を期待する声が高まっている。しかし、常磐町商店街内部に問題が生じている。

戦後の経済復興期、常磐町は新興商店街として隣接する南新町とともに中央商店街をけん引していた。戦災を受けた高松地域では購買力の多くが農村と郊外に分布しており、瓦町駅は地元交通網の結節点として市内で最も人通りの多い市街地となっていた。常磐町商店街は1963年振興組合として法人化され、最盛時は約90店舗が集積していた。大型店の進出も早く、1970年代初めにかけてダイエー、ジャスコが相次いで開店し、街のにぎわいは最高潮に達した。

しかし、両店とも店舗規模が中途半端で、既述の通り、ダイエーはいったん専門店ビルのＯＰＡに業態を変更したが、結局2004年閉鎖し、ジャスコは1989年には撤退した。大型店撤退の「後遺症」はいまもなお商店街を悩まし続けている。ジャスコの旧店舗は一時パチンコ屋に転換したが、3年ほどで倒産した。その後、所有主が変わり、イベント広場として活用する時期もあったが、現況は空き店舗状態で、まったく再活用されていない。他方、ダイエーの入っていた建物は一時、屋台村風市場に転換されたが、これも集客力がなく、閉鎖され、現況はやはり空き店舗となっている。

大型店の空き店舗が商店街全体の活力を奪っている。2000年代末常磐町商店街の空き店舗率は30％を超えた。それでも瓦町駅に近い交差点で青果物店兼カフェを経営する野沢道夫・高松常磐町商店街振興組合代表理事らは月1回、空きスペースを利用したマルシエを開き、出店者を募っている。毎週金曜日には特別弁当を提供する街弁企画を打ち出し、にぎわい創出の努力を続けている。常磐町、田町、南新町の南部3商店街では青年部中心に空き店舗対策や共同事業の可能性を探る話し合いも進めている。今後は瓦町FLAGや中央商店街全体との連携強化が常磐町と南部商店街の課題となっ

ている。

# 6 まとめに代えて

## (1) 高松市中心市街地活性化基本計画のフォローアップ

　2013年に終了した「高松市中心市街地活性化基本計画」のフォローアップ報告書は、「中央商店街の活性化事業はおおむね順調に進捗・完了した」、その結果「若干の活性化が図られた」と前向きに評価している。それを受けて、第2期「同基本計画」（2013～2018年）がスタートした。

　フォローアップ報告書が前向きに評価したのは、設定した4つの数値目標のうち3つの最新値（中央商店街の空き店舗率、同歩行者通行量、中心市街地内の定住人口）が基準値を上回り、改善が図られたことによる。ただし、残りの中心市街地の小売業年間販売額（市内百貨店の売上高をベースに推計した数値）は基準値1049億円、目標値1100億円に対して、最新値（2012年推定実績）が796億円と基準値より減少した。

　要するに、同報告書は高松丸亀町商店街の再開発事業が中央商店街の活性化に貢献していると評価している。高松丸亀町商店街は地元商店街主導型の再開発事業の稀な「成功例」とされ、たしかに北部商店街に限れば、周辺地区への波及効果も認められる。しかし、南部商店街の現状はみた通り、極めて厳しい。見方を変えれば、中央商店街の現状評価も微妙となる。

## (2) 高松丸亀町商店街のまちづくり

　四半世紀以上におよぶ高松丸亀町の再開発事業計画は、世代をつないだ優れた地域商業のリーダーにより担われた。高松丸亀商店街はバブル経済に浮かれる1980年代末、交通体系の抜本的変化に直面し、当時の振興組合理事長が長期的な視野から青年部メンバーに持続可能な商店街のあり方を模索するように指示し、自己資金で調査を実施した。報告書作成には都市・商業問題の専門家の意見も吸収し、定期借地権方式に基づく土地の所有と分離による商店街全体の再開発構想を打ち出し、7つの街区を段階的に改造する長期

計画を着実に実行してきた。

　官に頼らず自分たちで発意し、実際に調べ、ビジョンを打ち出した。そこに専門家の知見が投入され、定期借地権の利用、デザインコードと地区計画の設定、テナント管理の徹底、駐車場運営などのアイディアが生み出され、公的資金を活用した連続的な再開発事業とそれを舞台にしたまちづくりが展開された。

　高松丸亀町商店街は繰り返し述べてきたように地元商店街主導型であり、定期借地権方式により土地の所有と利用を分離した点に革新性がある。さらに、それに基づく再開発事業の展開方法にもいくつかの優れた点があった。

　まず何より単発の拠点開発にとどまらず、連鎖的な事業開発が構想され、商店街全体が魅力的な都市空間につくり変えられた。最初に三越を軸にしたおしゃれな壱番街をつくり、次いでホテルや大規模商業施設を核とした丸亀町グリーンを開発し、商店街の両端に集客の核となる施設や広場が配置された。その後、弐番街、参番街の再開発へとつなげ、連鎖的に環境整備が進んだ。手順の踏み方が用意周到である。

　商店街のテナントミックスの最適化を図るためショッピングセンターの経営手法も導入された。一般に、民間ショッピングセンターでは一定の売上高をあげられる多数のテナントを取り込む一方、集客力のある少数の有力店を有利な賃料や場所、規模で誘致する。まちの機能としては必要な医療や公的施設も支払能力に応じた家賃設定を行い導入することもある。さらに、状況変化に応じたテナント入れ替えも頻繁に行われている。それにより商業集積全体としての魅力を最大限に引き出すことができれば、通常の条件で入居する多数のテナントにも恩恵がおよぶことになる。

　しかし、商店街の再開発事業では個々の地権者が自らの利害にこだわるため、このようなまちの全体最適化の発想がなかなか出てこない。所有と経営の分離の考え方に基づき厳格なテナント管理を行う高松丸亀まちづくり会社は、商店街全体の利益の観点から商店街をマネジメントする仕組みとして機能している。ときにはそこで商売していた商店主に撤退を促すこともあるという点で、既存店の保護を目的とした取り組みとは一線を画している。

　まちづくり会社が中心となった連鎖的かつ面的な再開発事業は時間の経過

とともに商店街を、より多様性に富んだまちへと変貌させている。地域産品を集めた専門店のまちのシューレ963や地域の食品を集めた丸まるマルシエ、地域の食材を主に利用した健康志向のレストランなどが商店街内に生まれた。

次章で詳しく紹介するまちのシューレはまちづくり会社に一時勤務していた一般社団法人讃岐ライフスタイル研究所の水谷未起専務理事が経営し、マルシエとレストランを運営する高松ライフシステム株式会社は高松丸亀商店街振興組合の古川理事長が代表取締役を務めている。新しい店舗が商店街内部で生まれ、商店街と地域産業との連携を深める効果を創出している。

また、再開発ビル内のマンション建設による居住者の増加、診療所や食品スーパーの誘致など生活基盤施設を整備するかたわら、地元高齢者の雇用による商店街の清掃や安全・安心管理といった福祉関連事業にも取り組んでいる点も評価できる。

ただし、着々と進むまちづくりの中で、地元商店街主導型とされながらも、「4. 高松丸亀町商店街の現状評価」で指摘した通り再開発事業は外部の大型資本に大きく依存している現実があると指摘した。今後、まちづくり会社がどのように多様な現実をマネジメントしていくのかが課題となっている。

## (3)「まち」の成長と衰退

1990年頃までは高松でも人口が増加傾向にあり、それに応じ人口は市街地から郊外へと分散化した。多くの地方都市同様、高松でも市街地の無秩序な拡大と開発を十分に制御し得なかったことは否定できないが、2000年代後半になり、第2期「高松市中心市街地活性化基本計画」が作成され、人口・商業の郊外化を抑制する方針が打ち出された。

中央商店街では丸亀町商店街を中心とした北部商店街は再開発事業の効果から踏みとどまっているものの、常磐町など南部商店街は大型店の閉店が相次ぎ、販売額が減少している。北の丸亀町から南の常磐町に至るというL字型中央商店街の伝統的な構図は崩れ、中央商店街全体のあり方が問われている。

伝統ある都市には駅前と旧街道沿いに至る中心市街地に複数の商業中心地がある例が多い。各地で策定された商業近代化地域計画でも、複数ある商業

中心地の1つが寂れてくるとその再活性化を図ることで全体の活性化を図ろうとするものが多くみられた。第1章で取りあげた山形県鶴岡市が一例である。しかし、人口の郊外移動に続いて、人口減少の時代にはいり、中心商店街全域を一様に活性化するのはむずかしくなってきている。

都市計画の専門家でも人口縮小時代におけるまちづくりに関する議論が活発化し、コンパクトシティに向けた具体策がすでに実行されている。高松中央商店街の構造変化は、どのように「都市をたたむ」(饗庭、2015)のかという新しいまちづくりの課題を提示している。

## 付表　高松市における商業・流通近代化の歩み

| 年 | 事項 |
|---|---|
| 1890 | 高松市が市制施行。 |
| 1931 | 三越高松店　オープン。 |
| 1945 | 高松空襲 |
| 1967 | ダイエー高松店　オープン（1997年にOPAに業態変更、2004年閉店）。 |
| 1971 | ジャスコ高松店　オープン（1989年閉店）。 |
| 1984 | 「高松市における地域商業のあり方」（商店街ビジョン） |
| 1987 | 高松市「高松地域商業近代化地域計画」策定（報告書完成は88年）。 |
| 1988 | 瀬戸中央自動車道とJRの児島〜坂出間（瀬戸大橋）が開業。<br>宇高連絡船廃止。<br>丸亀町開町400年祭 |
| 1989 | 新高松空港が供用開始。旧空港は廃止。 |
| 1992 | 四国横断自動車道の高松〜善通寺間が開通。<br>高松市「高松地域商店街等活性化実施計画」（中心商業地区）策定。 |
| 1993 | 高松市「高松地域商店街等活性化実施計画」（香西、仏生山など周辺商業地区） |
| 1995 | 「高松港頭地区」地区計画決定。 |
| 1997 | コトデンそごう　オープン。 |
| 1998 | まちづくり会社「高松丸亀町まちづくり㈱」設立。<br>ゆめタウン高松　オープン。 |
| 1999 | 「中心市街地活性化基本計画」（98年度）。<br>高松商工会議所が「TMO高松事業構想」策定。 |
| 2001 | そごうに代わり高松天満屋　オープン（2014年閉店）。 |
| 2002 | 「高松駅周辺・丸亀町地域」都市再生緊急整備地域決定。 |
| 2003 | 高松自動車道、高松中央IC〜高松西IC開通により全線開通。 |
| 2004 | 都市計画を変更し、線引きを廃止、特定用途制限地域の指定。<br>サンポート高松に高松シンボルタワー　オープン。 |
| 2005 | 塩江町を編入。 |
| 2006 | 牟礼町、庵治町、香川町、香南町、国分寺町を編入。 |
| 2007 | 「中心市街地活性化基本計画」（改正中心市街地活性化法にもとづく計画）認定。<br>香川県「中心市街地の活性化に関するガイドライン」策定。 |

| 2009 | 丸亀町などを第一種大規模小売店舗立地法特例区域に指定（2011年見直し）。 |
| --- | --- |
| 2011 | 特定用途制限地域の見直し。 |
| 2013 | 「第2期中心市街地活性化基本計画」認定。<br>高松市「多核連携型コンパクト・エコシティ推進計画」策定。 |
| 2015 | 瓦町FLAG　オープン。 |

（出所）各種資料から筆者作成。

[注]

(1) 本章は以下の方々への聞き取り調査に基づいている。記して謝意を表したい（順不同、肩書は2015年当時）。

高松市役所・都市計画課横内英人課長補佐、まちづくり企画課河本憲二主事、高松商工会議所・産業振興部河内亮部長、漆原明次長、高松丸亀町商店街振興組合・古川康造理事長、明石光生副理事長、蟻波勝再開発担当、高松丸亀町壱番街株式会社・真鍋秀利代表取締役、株式会社高松三越・辻村武社長、宮脇郁也営業統括部マネジャー、高松常磐町商店街振興組合・野沢道雄代表理事、香川県高齢者支援協会・中村大肖理事長、一般社団法人讃岐ライフスタイル研究所・水谷未起専務理事、森ビル都市企画株式会社・丸亀町グリーン運営室谷岡耕介氏。

(2) 高松市の各種調査報告書では、丸亀町や南新町、常磐町など中心市街地にある8つの商店街を「中央商店街」と呼んでいる。

(3) 高松丸亀町商店街再開発計画策定のワーキンググループは、商店街再開発事業で実績のある西郷真理子・代表取締役が率いるシープネットワークが担い、その後の実行計画にも深く関わった。

[参考文献]

饗庭伸『都市をたたむ―人口減少時代をデザインする都市計画』花伝社、2015年。

西郷真理子「徹底研究＝高松丸亀町再開発：土地・主体・デザイン」日本建築学会編『中心市街地活性化とまちづくり会社』（8章）丸善、2005年。

高松百年史編集室『高松百年史』高松市、1988年。

高松百年史編集室『高松百年の歴史』高松市、1990年。

高松丸亀町商店街再開発計画事業策定委員会『高松丸亀町商店街再開発計画策定事業』1991年。

高松丸亀町商店街振興組合『高松丸亀町商店街振興組合事業・決算報告書』2015年。

古川康造「丸亀町商店街の新たな試み　商店街の再生からまちづくりへ」『季刊まち

づくり 36 号』学芸出版社、2012 年。
三橋重昭『よみがえる商店街　5つの賑わい再生力』学芸出版社、2009 年。
（本文中に引用されている『高松地域商業近代化地域計画』等公的報告書・資料は省略）。

# 第7章 個店の力
## ――各地の事例にみる

矢作敏行

## 1　はじめに

　日本の小売店舗数は1982年の172万店をピークに減少に転じ、25年後の2007年には58万店減の約114万店にまで落ち込んだ（商業統計表）。減少幅にすると、約34％となる。その後、2014年実施された経済センサス基礎調査では約102万店と推計されており、店舗減少傾向が続いている。

　店舗数は各調査期間における開業店舗数と廃業店舗数の差だから、1980年代から2010年代にかけての30年あまりで約70万店の店舗数の純減があったということは、実際の廃業店舗数はそれ以上に多いことになる。つまり、日本の商店は数が減っているだけではなく、新旧店舗の入れ替わりが相当程度の速度で進んでいることを意味している。

　しかし、激しい商売の浮き沈みに耐えて地域にしっかりと根を張っている店も少なからず存在する。今回の現地調査で訪れたまちにも、心を動かされる「文化表現力」（序章参照）を発揮している店があった。その中から、えりすぐりの4店を紹介する。

## 2　鶴岡・大滝輪店の「クラブハウス経営」

　山形県鶴岡市の中心市街地にある山王商店街にはいって、すぐの角を左に曲がった通りに、その店はあった。外観は気をつけていないと通り過ぎてしまいそうな普通の自転車店である。看板には「HEARTFUL CYCLE SHOP Otaki 大滝輪店」とある。

　一歩店にはいると、狭い売り場兼作業場にカラフルな高級スポーツ用自転車が壁面から天井まで使い、みごとに陳列されている。ママチャリや子供用自転車が目立つ普通の自転車店の趣とはかなり異なる。店の左手には、3、4人がやっと座れる小さなテーブルが置かれている。訪れたとき、ちょうど若いお客のOさんが店主の大滝豊和さんと話し込んでいた。聞けば、2ヵ月前に通勤用に8万円のスポーツサイクルを購入した。その点検修理を息子の雄司さんが売り場に隣接する作業場で行っている最中だった。

　Oさんは鶴岡市内で働くサラリーマンだ。以前はママチャリで通勤していたが、タイヤがパンクしたので、スポーツサイクル愛好家の友人の紹介で修理のために来店した。それがきっかけとなった。店にある格好いい自転車に魅了された。1週間考えたうえで、大枚はたいて新車を購入した。

　大滝輪店は1947（昭和22）年に創業した。最初は豊和さんの祖父がリヤカーや自転車の修理サービスから始めた。1953年生まれの豊和さんが高校生の頃、2代目の父が急逝した。やむなく普通の高校から夜間に切り替え、店で働いていた職人に技術を習いながら、高校を卒業し、家業を継いだ。それから45年が経った。

　家業を継いだ1970年代初め、自動車やバイクの普及が急ピッチで進んでいた。市内にあった自転車・リヤカー店の多くは郊外に移転し、バイクやオートバイ等の販売に転業した。並行して、自転車を安売りするスーパーや生協、そしてしばらくすると、ホームセンターが鶴岡にも押し寄せてきた。大滝輪店も広い店舗を求めて郊外移転を考えたこともあったが、豊和さんは「店は大きくするな」という父の遺言を守り、あくまで山王町で自転車専門店として生きていくことにした。

豊和さんは、小さい頃から自転車に乗ることが大好きだった。1980年代後半に起きたロードバイク・マウンテンバイク・ブームに触発されて、なじみ客とツーリングを一緒に楽しむようになった。周辺には出羽三山がそびえ、目の前には日本海が広がっている。変化に富んだ地形と美しい自然に囲まれた鶴岡周辺は最高のツーリングの場であり、いくつものすばらしいコース設定ができた。

　しだいに仲間の数が増え、大滝輪店ツーリングクラブが組織された。揃いの緑色のジャージで4月から11月の8ヵ月間、月1回輪行するようになった。年会費1500円（通信費込み）、ツーリングの参加費は通常、1回1500円で、昼食、エード（補給飲料水）、保険代をまかなっている。クラブ運営は、家族4人総出でやりくりしている。母が70名ほどの会員への連絡・管理を受け持ち、妻が芋煮会など食事の準備を担当している。毎回30名ほどが参加するツーリングは大滝さん親子が世話をする。雪に閉ざされる冬季は、クラブの仲間とスキー・ツアーを企画し、年間通して人的交流が絶えることがない。

　評判を聞きつけ、県外在住のオリンピック代表やプロ選手が手弁当で参加するようになった。庄内地方の自然はすばらしく、走っていて楽しいというのが人気の理由だ。小さな自転車屋は本物のプロショップ兼クラブハウスのような存在になった。店に陳列されている約30台の自転車のうち売り物は1割程度にすぎない。あとはメンバー所有のもので、走りたいときに店にやってくる。1台数十万円もする高価なバイクを見ることができる「展示室」となったのも会員のお蔭である。

　海外含めて有力自転車メーカー10社のディーラー権を取得し、販売実績も積みあげてきた。そうはいっても、通勤通学・買い物用や子供用の自転車は売っていない。月に売れる台数は知れている。あとはツーリングに必要なアクセサリーや部品交換、修理サービスの売上げで補っている。

　そんな大滝家にとって、数年前朗報が飛び込んできた。工学系大学を卒業した後、勤めに出ていた雄司さんが家に戻ってきたのである。1時間ほどの聞き取り調査中、黙々と脇の作業場で仕事をしていた若い後継者について、豊和さんは「修理の腕前はもう自分より上」と厚い信頼を寄せている。

クラブは2017年、創立30周年を迎える。秋に記念ツーリングと式典を開催する予定である。さぞかしにぎやかなことだろう。

## 3　松本・紙舗島勇の「和」の文化表現力[1]

　和紙専門店・紙舗島勇は長野県松本市の中心市街地のやや外れ、大手2丁目（旧六九町）の通りにある。「やや外れ」と表現したが、大正期から昭和40年代まで六九町は城下町松本の中心商店街だった。島勇の創業も1921（大正10）年と古い。隣には1885（明治18）年創業の地元百貨店の井上があり、通りにはさまざまな商店が立ち並び、行きかう人の肩と肩がぶつかり合うようなにぎわいをみせていた時期もあった。

　しかし、駅前商店街が活況を呈するようになった1970年代、六九町商店街はしだいに勢いを失い、1976（昭和51）年には井上が店舗を駅前に移転した。それをきっかけに、商店街では閉鎖する店舗が増え始め、いまはめっきり空き地・空き店舗が目立つようになった。その中で、島勇は全国的にも数少ない和紙専門店として1階約330㎡という大きな売り場を維持し、千代紙や染め紙など100種類以上の和紙や便せん、葉書などを幅広く扱っている。

　昔、和紙は普段の生活のあちらこちらに取り入れられていた。日本家屋には明るい日の光を通す障子があり、学校では習字で半紙に親しみ、手紙や祝いごとののしにも和紙が使われていた。ところが、商店街の地盤沈下が始まった1970年代以降、和紙に対する日本人の感覚も変わっていった。

　1955年、弱冠22歳で2代目店主となった伊藤勲さんは、消費者の声を和紙職人に伝え、時代に応じた商品を開発し、提供する努力をしたが、客離れはなかなか止まらなかった。それでも、「紙をすく人、もむ人、染める人……多くの職人の手仕事でできあがってくる和紙には、なんともいえない温かみや強さがある。それを何とかして伝えたい」と、頑張ってきた。

　助け舟は思わぬところから現れた。妻の叡香さんが1960年頃から趣味で始めた和紙人形づくりがしだいに評判となった。叡香さんのつくる和紙人形は30〜60cmと大きく、源氏物語や三国志といった古典に題材をとり、人物の姿、形を和紙で表現する独特の作風で、迫力満点である。人について学ん

だものではなく、独学で切り開いた世界だった。還暦を迎えようとしていた2000年、駅前に移転した井上の別館で個展を開催する話が持ちあがった。人形本体は紙粘土でつくり、着物の部分にはちりめんや種々の千代紙を使い、人物の内面を描いた作品は話題となり、予想をはるかに上回る来場者があった。

　話はここから始まった。作品に感激した女性たちから「つくり方を教えて欲しい」と請われて、店舗の2階にある展示場を兼ねるオープンスペースを利用して、和紙人形づくりの教室を開くようになった。また、生徒が継続的に作品づくりをできるように工房を設け、年1回工房の弟子の作品を含め店舗2階や市内の他の施設で作品展示会も開催するようにした。2016年は中心商店街の中町通りの古民家を改造した再開発事業計画の拠点である蔵シック館（松本市中町蔵の会館）で「源氏物語」をテーマに20体ほどの作品を展示した。また、平成中村座の信州まつもと大歌舞伎の公演の折には演目に題材をとった人形を会場に展示し、花を添えた。

　和紙人形づくり教室が軌道に乗るとともに、和紙や伝統工芸に関連した教室の開催依頼が外部から寄せられるようになった。現在、松本在住の俳人、大町在住の書道家、木曾在住の工芸家がそれぞれ俳句、書道、漆工芸の教室を開講している。各教室10人程度の規模である。俳句教室は月1回だが、叡香さんが続ける和紙人形教室、書道、漆工芸は月2回開催されている。和紙は単価の低い商品である。そのうえ人の出入りがないと、商品が動かない。幸い、伝統文化に理解のある得意客が増え、商品が少しずつ動くようになってきた。

　2015年喜寿をいくつか超えた勲さんに代わり、次男の慶さんが3代目店主に就いた。慶さんは東京でパソコン関連の専門学校を卒業した後、いったん就職したが、1996年松本に戻り、家業を手伝い始めた。さっそく得意のインターネット技術をいかし、ネット通販を立ち上げ、和紙を使った名入れした一筆書きと封筒のセットをオーダーメードできるオリジナル商品を開発し、ヒットさせた。いまネット通販は全体の売上高の約10%を占め、貴重な収入源に育っている。

　2010年には中心商店街として観光客の集まる縄手通りに小さな和雑貨店

「和楽」を開店した。カード類など紙製品はもちろん、手ぬぐいや雑貨を扱っている。慶さんは叡香さんから和紙人形づくりを学ぶほどアートにも造詣が深い。観光客向け手ぬぐいを自分でデザインしたり、松本城をデザインした手ぬぐいで地元の菓子を包んだ土産品を開発して独自色を出している。経営的にはまだ利益が出ている状況とはいえないが、和楽の運営は慶さんの奥様も協力もあり、何とか２店舗体制を維持している。

松本には城下町らしい伝統文化の集積がある。中心街にはひな人形や五月人形をつくる店が集まる通りがあり、和菓子づくりや信州そばの伝統を受け継ぐ老舗・名店も多数、健在である。国宝・松本城を見物にやってくる外国人観光客も増えている。異なる客層に向けて、島勇は日本の伝統文化を情報発信し、和楽は松本らしい土産品を提供している。島勇は間もなく創業100年を迎える。

## 4　甲府・宮川春光堂本店の「本と人」の編集力

甲府駅北口から歩いてすぐの山梨日日新聞社・山梨放送グループ（山日ＹＢＳ）本社ビル２階にある山梨文化会館のカフェ兼雑貨店「D & Department Yamanashi」に立ち寄ると、カフェの奥の方に幅1.5ｍほどの小さな書棚が目に入ってきた。ノーベル生理学医学賞を受賞した山梨県韮崎市出身の大村智北里大学特別栄誉教授の書籍をはじめ山梨県関連の書籍がきれいに陳列されている。ほかにもワイン売り場のそばにはワインに関する本や雑誌が、ジュエリー売り場には同関連の本や雑誌がさりげなく置かれている。

この本の陳列・編集作業を請け負っているのは、甲府駅南口の中心商店街、甲府銀座通りに店を構える宮川春光堂本店の宮川大輔さんである。創業1918（大正7）年で、「春日町（現・中央）から知の光を発信していく」という趣旨の店名を掲げて100年余営業を続けてきた。1974年生まれの大輔さんは4代目に当たる。静岡の大学を卒業後、広告代理店で働き、2005年31歳のときにＵターンした。両親と妹２人という家族構成で、自然と家業を継ぐ意思を固めた。その頃、本屋にとっては大変、厳しい状況が続いていた。大型書店の進出、コンビニの集中出店、さらにアマゾンの快進撃も始ま

った。

　ある日、配達で訪れた市内の歯科医の待合室の書棚に雑然と本が置かれているのを目の当たりにして、「患者さんに合った本を並べたらどうか」と提案した。「書棚の編集業務」である。これがきっかけとなり、いまでは冒頭に紹介したカフェのほか、地元ワイナリーや日本酒の蔵元、ホテルなど10ヵ所で「春光堂セレクトショップ」コーナーを展開している。平均すると、30〜50冊程度の本が置かれており、本は購入か委託販売、いずれにするかは相手に任せている。

　本店の売り場も新刊紹介や本好きのブログに頻繁に目を通し、書棚の編集作業を繰り返している。現在は、奥の壁面にアート、旅、山といった「趣味」、右手に歴史、哲学などの「生き方」、左手に暮らし、食などの「生活」の各コーナーを配し、中央に新刊本コーナー、はいってすぐのところには雑誌の棚を置いている。

　2011年3月、観測史上最大級の大津波が東北地方沿岸部を直撃し、福島第一原発の爆発事故が起きた。天変地異に遭遇した被災者が立ちあがり、人と人がつながる姿を見て、勇気づけられた。「自分も何かしよう」と一念発起し、本に一家言のある山梨県在住や山梨に何らかの縁のある実業家、職人、新聞記者、大学教授などに好きな本や影響を受けた本を紹介してもらう「やまなし知会（ちえ）の輪」会を立ちあげ、随時店頭に紹介コーナーを設けるようにした。

　たとえば、地元甲府の有名ワイナリーのオーナーにワインづくりを通して学んだ土や木といった自然に関する本を推薦してもらう。山梨に愛着のあるその道を極めた人が紹介する本を通して地元山梨の人の輪が広がる。これまでに約80人が趣旨に賛同して協力してくれた。

　同じ年、毎週1回朝7時から近くのカフェで朝会「得々三文会」を開催している。早起きは三文の得の精神で大学生から退職したサラリーマンまで毎回30人ほどが集まる。選書は幹事が行い、発表者は宮川さんが依頼するかたちで運営している。参加費はお茶代の300〜500円で、本を通して人と人をつなごうという趣旨で、すでに268回を数えている。

　夜は夜で月1回、カフェで読書会を開いている。メンバーは三十数人で、

持ち回り制の担当幹事が自分で選んだ本を紹介する自主運営方式で、これもすでに100回を超えた。朝会は話題の本などの紹介が多いが、読書会は各自の関心に応じた重い内容の本が取りあげられることが多い。参加費はコーヒー代の500円である。

地域を舞台に本を通して人と人を結びつけるという宮川さんの想いが実を結ぶ出来事が起きた。2012年春光堂オリジナルの印伝製ブックカバー「伝心」（本体価格1万2000円）が発売された。表地は山梨の伝統工芸品の印伝、裏地は甲斐絹、しおりは水晶が使用されており、山梨らしいギフト商品として地元で話題を集めた。これは「やまなし知会の輪」会で印伝職人と知り合い、朝会のメンバーから甲斐絹、また近くの宝飾店から水晶の提供を受け、宮川さんが企画・開発した商品である。ネットでも販売しており、春の入学・卒業シーズンになると、よく動く。

2014年からは読書会を一歩進めて、半年に1回「シーンを味わう」会を始めた。地元のレストランシェフと相談し、選んだ本のシーンに合わせて山梨県産の食材やワインを使ったディナーコース料理を楽しむという趣向である。宮川さんは本の紹介をする程度で、あとは仲間がやってくれる。アナウンサーによる本の朗読、シェフとワインの専門家による料理とワインの説明といった具合である。1人1万円の40人限定で、最近ではアメリカ文学の代表作である『グレート・ギャツビー』を取りあげた。リピーターが多く満席になることもあるという。

宮川さんが自由に動けるのは両親、妻の協力があってのことである。家族や周囲の人々にささえられて、「ネットや大型書店ができないことをしていかなければならない」、そのためには「本屋が持っている情報発信力を分解して、それをこの地域ならではのものに組み立て直す必要がある」という宮川さんの想いは少しずつかたちになり始めた。

## 5　高松丸亀町・まちのシューレ963の「暮らしの提案」

全国的に知られた香川県高松丸亀町商店街の再開発ビル、参番街東館の2階にあがると、鉢植えの緑に囲まれたしゃれたカフェと雑貨の店がある。店

内にはいると、右手の窓際に沿ってカフェがあり、昼時とあってフロアーは女性たちでいっぱいである。左には食品売り場があり、讃岐うどん（乾めん）や小豆島産エキストラバージンオイル、瀬戸内・直島産いちごジャムなど地元産品がずらりと並んでいる。
　食品売り場の隣にはかごや陶器、バッグなど手仕事による生活雑貨コーナーが配置されている。奥に進むと、伝統工芸を集めた「さぬきもの」コーナーとギャラリーがある。かなり広いスペースだ。全国一の生産量を誇る盆栽事業者のつくるミニ盆栽や200年近い歴史のある香川漆器のほか、草木染めの木綿糸で花の模様などを幾何学的にかがった「讃岐かがり手まり」や地元に長く伝わる「高松張り子」などの郷土玩具が展示販売されている。
　ぐるりと一回りすると、入ってすぐのカフェに戻ってくる。フロアー全体で630㎡あるという広さを使い、ゆったりとした居心地の良い空間が演出されている。カフェ、食品、生活雑貨、伝統工芸品、ギャラリーで構成されている店舗は「何屋さん」か特定しにくい店づくりである。新しい売り方や時間の過ごし方を提案している点で、店の「意志」を感じる。女性向け雑誌ではこの手の店を「ライフスタイルのセレクトショップ」とか呼んでいる。たしかにスーパーや百貨店にはない商品の編集力を発揮し、カフェやギャラリーによる時間の過ごし方を提案している点で、「業態」を革新している例といえる。
　この店は「まちのシューレ963」という。マネジメントしているのは一般社団法人・讃岐ライフスタイル研究所の水谷未起さんである。パルコで商業施設運営の経験を積んだ後、縁あって高松丸亀町のまちづくり会社に4年間ほど勤務し、テナント管理業務に携わった。しかし、全国チェーンのテナント入居希望者はいても、なかなか香川らしい個性的な店は見当たらず、テナント集めに苦労した。そのうちの1社が奈良市のカフェと雑貨の人気店「くるみの木」だった。
　同店を経営する石村由起子さんを訪ねたが、奈良という地域性を大切にするくるみの木が高松に出店するのはむずかしいと、あっさり断られた。だが、石村さんは高松出身だった。「何か役立つことができれば……」との話があり、それならば、くるみの木のコンセプトを参考に、いっそ自分で高松らしい店

をつくろうと方向転換した。

　くるみの木は「大人になったら、おじいちゃんもおばあちゃんも、子供たちも、みんながくるような自分の店を持ちたい」という石村さんの小さい頃からの夢を実現した店である。手作りのヘルシーな料理のカフェと、職人たちの手仕事から生まれる作品を提供する雑貨店の複合店舗だ。

　シューレはくるみの木との間で、①開店時の商品仕入れ、カフェメニューの開発、内装・インテリアに関する助言などの店舗プロデュース、②開店後1年間の販促やスタッフの教育など店舗運営指導について業務委託契約を結び、2010年暮れに開店した。「シューレ」とは学校や流派・学派を意味している。水谷さんは、そこに「ライフスタイルをともに学ぶ」という意味を込めた。また、「くるみ」を「963」と数字で表記し、石村さんに敬意を表した。契約は2011年11月で切れたが、石村が高松に戻るときには助言を受ける友好関係が続いている。

　そのほかにも、多くの人々の支援があった。讃岐ライフスタイル研究所設立の際には、高松丸亀町の再開発事業に関わった都市問題学者の福川祐一、広告会社元支社長の三井文博の両氏が代表理事となり、水谷自身は専務理事に就いた。

　開店1、2年は厳しい状況が続いた。「くるみの木」の取扱い商品を中心にしたが、やはり売れ筋が微妙に違い、地元商品の掘り起こしに時間がかかった。ようやく3年目にはいる頃、40代から60代の女性を中心に客数が伸び始めた。地元食材を使ったヘルシーなランチが女性たちの間で人気を博した。2016年9月後半（2週間交替）のランチメニューは秋刀魚の竜田揚げ・梅のテリヤキソースをメインに5品、飲み物つきで1300円と手ごろな値段で提供されている。冒頭で紹介した地元産野菜や加工食品、伝統工芸品の品揃えも充実してきた。

　いま、水谷さんが力を入れているのがギャラリーを利用した企画展やその他のイベントである。テーマはさまざまだが、シンプルで心豊かな暮らしの探求がシューレの基本テーマである。基本テーマに基づく企画展を頻繁に催し、多様な関心を持つ人々を開拓するのが狙いだ。

　2016年秋を例にとると、毎週、帆布に特殊な防水加工し、使い込むほど

に布の味わいの出てくるショルダーバッグなどのバッグ類の日本ブランド、アトリエ・ペネロープ（ateliers PENELOPE）の展示会や、人のぬくもりを感じさせる作風で定評のある岡山在住の陶芸家、伊藤環さんの「伊藤環うつわ展」が開催された。

うつわ展の開催期間中には、料理研究家がカフェで香川産野菜を使った料理を伊藤さんの器に盛って提供する夕食会や、岡山のコーヒー焙煎業者が売り場のキッチンテーブルを使い、特別ブレンドを伊藤さんのコーヒーカップで飲むイベントを開催し、大いに企画を盛りあげた。

とにかく「コト」を起こして、人やモノを動かすことにしている。普段のカフェのランチでも使用した食材は売場に出して販促する。春と秋の年2回、店舗前で開催するマルシェ（市場）も年々、充実し、7〜10の出品者で1日200〜300人を動員している。企画と素材・モノの販売を結びつける努力をしている。

もう1つ、水谷さんが取り組んでいるのが地元作家や農家と協力して、店頭の声を伝えて、オリジナル商品を開発することである。木工作品の作家と話し合い、改良を重ねて、壁掛けにもテーブルにも置けるA4サイズの写真用額縁をさくらやヒノキなど3種類の素材でつくり、定番商品に育てた。香川漆器や陶磁器でも同様の商品開発を進めており、たとえば子ども用食器セットを売り出した。長く使うと風合いがよくなる器の良さを引き出すため、職人さんと連携し、有料の修理サービスも行っている。

いま、売り場で扱っているオリジナル商品は約25種類で、将来的には2倍の50種類に増やす計画である。屋島産はちみつのようにパッケージだけ自社仕様の農産物なども10種類ほどに増えた。ネット販売にも力を入れている。「シューレ」は地域に根差したユニークな店として、また人の集まる場として確実に存在感を高めている。

## *6* まとめに代えて

紹介した4店は現地調査の過程で、地元商工会議所や研究会メンバーの協力を得て、みつけた。ほかにも魅力的な店は相当数あったが、序章で問題提

起した「文化表現力」のある店という観点から選んだ。多様性に富んだ全国数十万の小売商店をどの程度代表しているかと問われれば、大いに疑問であるが、長い時間軸の中で生き残っている、「ある種のタイプの店」であるのは間違いなかろう。「癒し、自己実現、学習、社交等々」（5頁）という商業が本来的にそなえている社会的・人間的な側面の働きを示している店と考えた。

　事例に目を通し、「なんだ、いま流行のコト消費のことか」と思われる方がいるかもしれない。新聞・雑誌には大型店やショッピングセンター内にフードコートやレストラン街、料理教室や幼児教育など顧客参加型サービス業導入の文字が躍っている。たしかに紹介した4店は、いずれも「コトを起こして、モノを動かす」（矢作、2016）点では類似している。

　しかしながら、よく観察してみると、地域商業者の文化表現力には、大手資本のコト消費路線とは異なる特徴がある。1つは、店主らと顧客との濃密なコミュニケーションであり、店が同好の士の集まるサロン的な場となっている。鶴岡の大滝輪店の月1回のツーリングには多くの会員が参加し、輪行ができない冬にはみんなでスキーに行く。そうなると、ツーリングが目的というより仲間との集まりが目当てとなってくる。5年に1回開催される記念パーティは自ずと盛りあがる。

　松本の紙舗島勇の場合は店主夫人が和紙の良さを表現するため作家活動を始め、それが和紙人形づくり教室や工房設立に発展し、書道や俳句教室なども開かれるようになった。お陰で日本の伝統文化に関心のある800〜1000人ほどの固定客がついている。

　甲府の宮川春光堂では読書会が人の輪をつくり出している。朝会は読書好きの人の入門編であり、夜の読書会はかなりテーマを絞り込んだ上級編であり、半年に1回開催される小説を題材にした食事とワインを楽しむ夕べはマニア向けである。十数人から40人程度の規模の集まりだが、入門編から上級編、マニア編と本の楽しみ方が変わるステップが用意されている。また、高松のまちのシューレ963はいつもランチ時のカフェは地元女性客中心に込み合い、各種企画展、料理教室、マルシェなどのイベントでもしっかり女性客をつかんでいる。

人の集まる場づくりは自ずと地域の文化と産業に深く根差している。それが２つ目の大手資本との違いである。大滝輪店の日本海と出羽三山に挟まれた恵まれた自然環境をいかしたツーリングは庄内地方の季節感あふれる自然を味わう機会であり、島勇は伝統文化の残る信州の風土に足を置いている。宮川春光堂は地元文化人や実業家などと連携し、ユニークな書棚づくりを提案し、地元人脈を利用してオリジナルなブックカバーまでつくった。シューレは野菜、食品加工品、木工品、漆器、陶器など地元産品の紹介と開発に取り組み、オリジナル商品を販売している。

　３つ目は、シューレを除き家族経営というチームワークのよさにある。大滝輪店は店主親子が自転車の商品情報の提供や修理サービスはもとより、ツーリングの際にはサポート役に徹する。店主の母は会員への連絡係として筆をとり、妻はツーリングの際の食事担当となる。

　島勇では先代社長の父は後見役に退き、息子が自由に腕を振るっている。息子は母の一番弟子として和紙人形の工房を助け、自ら作品を発表するようになった。また、自らのアイディアで始めた和雑貨店はその妻が切り盛りしている。宮川春光堂は父が社長として頑張り、息子の大輔さんは専務として新しい仕事に取り組んでいる。外を飛び回る息子を助け、母と妻は店番をする。ここにも家族の見事なチームワークがみられた。

　しかし、地域密着や家族経営だけで場づくりができているわけではない。人が集まる理由はほかにもある。顧客とともに価値あるものをつくり出す能力である。大滝親子はいうまでもなく、自転車に関する深い知識と修理技術を持ち、ツーリング大好き人間である点が仲間の共感を呼んでいる。島勇の伊藤家には、和紙（わし）を「和紙（わがみ）」と呼んで日本の伝統文化を守り伝えたいという強い気持ちが共有されている。母から息子へ和紙人形づくりの技が受け継がれているのが何よりの証である。

　本屋の宮川さんには甲府を愛する読書人のネットワークをつくりあげた行動力と人脈がある。シューレの水谷さんは女性らしいセンスをいかした企画力がすばらしい。奈良のくるみの木に範をとりながら、１年後には自立し、瀬戸内、香川、高松由来の独自企画展を次々に打ち出した。

　４店はモノを売っているが、顧客が認める店の存在意義はモノ自体にはな

い。あくまでモノは店主たちの気持ちを伝える手段である。店は顧客とともに、モノを通して、「価値ある経験」をつくり出している。自転車という乗り物によるツーリング、和紙を使った人形づくりや書道、本を通した知的体験、企画展等を介した未知の世界との出会い等々、いずれも店を訪れ、モノを使う過程からはじめて生み出されてくる経験的な価値である。それが商業の発する文化表現力の成果物であり、それぞれの店の存在根拠となっている[2]。

　そこでは、店と客という常識的な境界線は引かれているが、店が用意し、顧客が参加して、価値ある経験がつくり出されている点では店と客はパートナーとして相互作用を繰り返している。しかも、人が集まる場には多くの「客」が集まり、客と客のつながりも出てくる。その意味でも、一方に店があり、価値あるモノを提供し、他方に客がいてそれを購入しているわけではない。「店」と「客」、「客」と「客」が経験的な価値を共創している。

　だから、まちには人の集まる場が必要だ。人の集まる場をつくり出せる商業者が必要だといえる。


[注]
(1) 松本市は事例研究で取りあげることはできなかったが、研究会で信州大学武者忠彦准教授から松本のまちづくりについてご講義をいただき、予備調査を行った際、店舗見学したのがきっかけとなり、2016年9月改めて訪問調査を実施した。
(2) ここでの論考は、いわゆるサービス・ドミナント・ロジックに依拠している（ラッシュ＝バーゴ、2016）。


[参考文献]
石村由起子（2009）『私は夢中で夢をみた』文藝春秋。
ロバート・F・ラッシュ＝スティーブン・L・バーゴ（2016）『サービス・ドミナント・ロジックの発想と応用』（監訳・井上崇通）同文舘出版。
矢作敏行（2016）「客とともに、経験価値を共創する―コトを起こして、モノを動かす！」『食品商業』1月号。

# 第8章 商業政策の変容
## ——商業近代化からまちづくりへ

川野訓志

## 1 はじめに

　本章では、地域商業が商業政策の中でどのように扱われてきたのかを時系列的に検討する。その際、以下の3つの視点から検討を進めたい。まず、都市計画といった空間の捉え方、次に商業以外で地域社会を構成する主体としてのその他各種事業者や住民といった非商業構成員の取扱い、最後に、経済的効率性を重視する近代化志向への傾斜度合いである。

　なお、本論で取りあげる商業政策は、戦前の商業組合、高度経済成長期以降の商店街振興組合法と商業近代化地域計画事業（流通近代化政策）、80年代ビジョン、90年代ビジョン、21世紀ビジョンそしてまちづくり三法である。政策が地域商業をどのように位置づけてきたのか、3つの視点から総括したい。

### （1）地域商業とは何か

　商業、特に小売業は分散して居住する消費者に商品を販売するため、その規模は販売エリアの消費者数に規定され小規模となり分散立地する。これは、通常、商業学等のテキストでおなじみの文言である。小売業はインターネット等を利用する通信販売を除き、このようにそもそも地域に密着して商品を

販売するのが普通である。その意味で、「地域商業」というのは、いささか難のあるネーミングかもしれない。

　こうした名称が使われるようになったのは、「非地域」的とみなされる小売業が生まれたからであろう。おそらく非地域的小売業というと、百貨店、スーパー、大型専門店、ショッピングセンター等大規模商業施設が想定されるであろう。それではなぜ「大規模」であれば、地域的でないと考えるのであろうか。1つは商圏範囲、もう1つは多店舗化によるフットルース性に求められるであろう。

　大規模商業施設の場合、その規模からして相当広範囲から不特定多数の消費者を集客しなければ経営的に成り立たない。地域外からの顧客に相当依存するという点から特定地域に依存すると想定される地域商業から区別されるのであろう。ただし、地方百貨店のように古くから地域の商店街で営業している場合、商店街への来街者と客層が重複しており地域商業として扱われることも多い。

　多店舗化によるフットルース性というのは、多店舗化することによって経営上一店舗の比重は相対的に低下し店舗をスクラップ＆ビルドしやすくなることを意味している。同じ多店舗化でも、百貨店のような本支店方式の場合とスーパーのようなレギュラーチェーン方式とではかなり重みが違い、後者のチェーン店のフットルース性の方が格段に高い。チェーン方式は、まず店舗等の標準化により出店にかかる費用が安くなり、店舗数が多いことも撤退を容易にしている。また商品の品揃え等も基本的に標準化して地域性を持たないため、特定地域に執着する必要がない。むしろ執着しないところにチェーン方式の意味があると考えるべきであろう。

　こうした点から地域商業は、その「地域」に込められた意味を考えると、地域に居住する住民に商品を販売する基本的に中小規模の独立小売業がそのイメージを構成している。中小規模の小売業は、地域の卸売業者・製造業者から商品を仕入れ地域の金融機関と取引をしていることも多く地域の経済循環の中で一定の役割を果たすとともに、地域社会の一員になっていることが想定される。こうした小売業者の多くは、自らの顧客吸引力の乏しさを補うべく地域の中で商業集積＝商店街を形成してきた。

しかし、今日の商業環境を考えた場合、中小商業や商店街のみを地域商業とみなすのは困難である。たしかに商圏範囲やフットルース性といった点で行動様式には大きな違いがみられるものの、地域の商業環境を形づくるものとして大規模商業施設を含めて包括的に理解するのが適当であろう。

## (2) 地域商業に対応する商業政策の基本姿勢

　地域商業者から構成される商店街は商業政策の対象であり続けた。個別の地域商業者ではなしに商店街が政策対象になったというのは、商業政策はその出発点に組織化・集団化を置いていたからである。

　商業者の組織化・集団化は政策実施に当たって次のような意味を持っている。第1に、集団化することそれ自体によって規模の経済性や範囲の経済性が獲得でき、商業振興に直接役立つ。第2に、直接個々の商業者を政策対象とすると、膨大な数の商業者を対象としなければならず政策実施にかかるコストが極めて大きくなってしまう。組織化された商業者に限定すれば単純に考えても対象数が限られ、その組織化に要する努力を支援の前提条件とすることで当該商業者たちの自助努力への真剣度合いを測る目安ともなりうる。第3に、政策の原資は国民から徴収された税金など公金であり、個別商業者の「金儲け」にそのまま投入するのは理解が得られにくい。地域や業種により区別される一定範囲の中で代表的な商業者の集団を形成させることで公共性の確保を目指したものと考えられる。

　このようにして、日本ではどちらかといえば、個別の商業者が主たる政策対象とされることはなく、商店街ないしは何らかの基準で組織化された商業者団体が政策支援の対象となってきた。基本的に商業政策は長年、商店街という括りの地域商業のあり方に関わってきたといえる。特に、近年は、まちづくりという概念の下、個別商店街をも超えた範囲を政策対象として扱うようになってきている。

　これまでの諸政策を検討するにあたってポイントとなるのは、商業と地域・まちの関係から派生してくる以下の3つの視点である。

　1つは、空間をどのように捉えるのかという都市計画的な問題がある。商業政策は基本的に非空間的な発想の下、組み立てられていると考えられるが、

地域やまちを考えるとなると空間概念は必然的に含まれる。どのような経緯で空間概念は政策の中に取り入れられたのであろうか。

2つには、地域にしろまちにしろ、商業者だけで構成されることはない。さまざまな事業所等が立地するであろうし地域住民もいるはずである。そのような非商業構成員についてどのように商業政策は考えてきたのかという問題がある。

3つ目は、すでにみたように商業政策には組織化を志向する集団振興という側面があるが、これは1960年代の流通近代化政策によって一層強まった。流通近代化政策が目指したのはより経済効率性を上昇させることであった。経済政策の一環として商業政策は経済効率性を強く意識するが、地域商業を考えた場合、それだけでは好ましい結果が得られないこともある。近代化つまり経済効率性一辺倒の政策かそれ以外の価値観が入っているかをここではみてみたい。

## 2 戦前における商業組合の経験

日本では、早くから商店街といった商業者組織が地域的に形成されていたこともあり、戦前から地域商業に対する施策が実施されてきた。当時の施策は基本的に商業組合法による組織化をベースとして、共同事業の実施とそれに対する金融支援が主であった。

1932（昭和7）年に成立した商業組合法が想定していたのは、ボランタリーチェーンのように同業者が集まり共同仕入れ等の共同事業を展開することで商品の仕入れ価格の引き下げを図り、あるいは物流施設の整備や独自の商品開発に乗り出すというものであった。この段階で競合先として意識されていたのは当時、急速に大衆化していた百貨店であった。

ところが、商業組合法施行の最初の年に結成された商業組合の中にすでに商店街による組合があった。横浜弁天通商店街である。輸入商品などを扱う小売商店からなる同商店街では、商品輸入や開発について組合を利用したいという意向を持っていた。うまくいかずに結局のところ休眠組合と化してしまったようであるが、この試みは全国の商店街に大きな影響を与え、各地で

商店街商業組合を設立する動きが始まったのである。

しかし、商店街単位での商業組合設立の動きは先駆的な指導者に恵まれた商店街に限られていた。その理由は何よりも商業組合法という法律が同業者による組合をプロトタイプとしてイメージしており組合設立に際しては参加業種ごとに過半数の参加を求めており、商店街のように極めて多くの業種からなる組織を組合化するのに適していなかったからである。

組合設立にあたって困難はあったものの、一部の先駆的な商店街は組合を設立し活発な活動を展開する。共同日覆い（現在のアーケード）、街灯、看板の共通化、包装紙などの共通化、共同大売り出し、共同配送、まち並み整備のための申し合わせ、と今日の商店街にも引けをとらないようなさまざまな事業が展開された。

活発な商店街活動を受けて当時の商工省が動き出す。1935（昭和10）年12月に初めての商店街調査が全国で実施された。この結果、全国主要都市には商店街が存在しており、しかも、単に路面に店舗が並んでいるだけでなく何らかの地縁的な商業者の団体が存在し、さまざまな活動の主体となっていることが確認されたのである。この結果、1938（昭和13）年、商業組合法は改正され、組合の設立要件における業種ごとに過半数という規定を緩和した商店街商業組合という概念が取り入れられたのである。この改正を機として全国で商店街商業組合は急速に普及していく。

このようにして商店街が商業振興にとって有効であることが事業者からも政策当局からも認知されていくが、その後、日本は戦時体制に入っていく。商店街は地域団体として利用されることはあっても流通機関としては業種別商業組合が重用され、商店街商業組合は消えていくことになる。

戦後、経済活動の民主化という方針の下で復興が進められるが、新たにつくられた中小企業等協同組合法は、基本的に業種別組織を念頭に置いて構想

表8-1 商店街商業組合の設立数

| 年 | 1932 | 1933 | 1934 | 1935 | 1936 | 1937 | 1938 | 1939 | 1940 |
|---|---|---|---|---|---|---|---|---|---|
| 組合数 | 1 | 6 | 2 | 5 | 8 | 40 | 53 | 49 | 18 |

（出所）『経済と貿易』161号、1992年11月、131頁。

されており、戦後早くに法人化を目指した商店街は苦労せざるを得なくなる。

戦前から戦後にかけて地域商業という点にこだわったのは商店街であった。先進的な商店街指導者たちの努力が政府を動かし、地域という枠組みで小売業を政策対象にできることを認めさせた。ただ、厳密にいうと、この段階での「地域商業政策」というのは「地域」というより、「組織」をどのようにつくるか組織の編成軸をめぐるものであった。

非商業構成員という点についても基本的に商店街商業組合は商業者のみで構成されており、「政策」として非商業構成員に配慮を払うことはなかった。東京の北澤通商店街商業組合のように地元家主を賛助会員として参加させ現在でいうところのテナントミックス事業を実施しようとしたところもあったものの、当時の商店街の目標は「横の百貨店」であり、百貨店の経営効率性を商店街で実現することを目指していた。

## 3　高度経済成長を受けた商業政策
　　　―商店街振興組合法と商業近代化地域計画

1954年に始まる神武景気以降の好景気は結果的には年平均10%を超える高度経済成長を実現していく。こうした経済環境の下、製造業と商業という部門間には著しい落差があり商業部門の遅れを改善することなしには日本経済の発展はあり得ないという流通革命論がもてはやされたのであった。

### (1) 流通近代化と商店街振興政策

この時期、地域商業に大きな影響を与えた施策は、商店街振興組合法の制定と流通近代化政策であった。伊勢湾台風により被害を被った商店街への対応策として、1962年に商店街振興組合法が議員立法により成立した。同法では、商店街を地域単位で捉え多様な業者の店舗が組合活動に参加できるだけでなく小売業以外の各種事業者などにも参加できる途を開いたのである。

こうして商店街というのは商業者だけでなくさまざまな主体から構成されることが政策的にも認知されるに至った。ただし、同法に基づく振興組合設立は都市部に限られている。これは店舗が比較的まばらな農村部で商店街が振興組合をつくってしまうと、商店街以外の小売店への支援ができなくなる

おそれがあるため、商工会による丸抱え方式がとられたからである。

1964年に設置された通商産業省産業構造審議会流通部会は先に示した「遅れた」商業問題に取り組むことになる。商業を含む流通分野は業務の性質上製造業と比較すると、中小規模の事業者が多く、流通業の遅れの問題は中小企業問題として認識されていた。

中小企業というのは大企業と規模の面で対比させた用語であり、企業規模の「二重構造」を前提としている。流通分野は一握りの百貨店という大企業と生業性の強い零細な商業者が大多数を占め典型的な二重構造分野と考えられたため、中小企業基本法では商業・サービス業を特に取りあげた第14条を設けている。同条1項は「小売商業における経営形態の近代化のため必要な施策を講じる」というものであり、2項は「地理的条件につき必要な考慮を払う」として、こうした事業が地域社会と密接なつながりがあることを認める内容であった。また経営合理化や規模拡大を通じて中小企業を中小企業から脱皮させるという近代化政策が志向されることになる。

この方針の下、個別企業の大型化、協業化、連鎖化、合併といったさまざまな個別政策が展開されていった。流通近代化の考え方は1968年に流通分野では初めてのビジョンとなる『流通近代化の展望と課題』として集大成され、1973年には中小小売商業振興法によって政策メニュー化されることになる。

### (2) 地域商業政策の展開

流通近代化路線にさらに地域という要素を加えて展開したのが、1970年の『地域経済と流通近代化』であり、具体策としては商業近代化地域計画事業ということになる。「地域」という視点で検討が加えられた理由としては、小売業のように立地特性が業績動向を左右する経済活動の場合、非空間的なアプローチには限界があったことが考えられ、また当時の国土計画の影響も作用していたと推測できる。

1970年代初頭は高度経済成長の成果を踏まえて新全国総合開発計画が実施された時期であり、同計画は高速道路、新幹線、通信網といったネットワーク整備を通じて全国を結びつけ地域の社会経済を大きく変える開発色の強

いものであった。国内の交通・物流網が整備されていく中で、地方都市にはさまざまな影響がもたらされつつあった。

　そのあたりの事情を『商業近代化地域計画報告書』からみてみよう。当時は、都市への人口集中やモータリゼーションの進展によって都市再開発が要請されていた。その際、商店街や問屋街といった商業施設は重要な都市機能を負っているにもかかわらず、道路や公共施設などの整備と比較して、政策的対応が不十分であった。報告書は、商業近代化のための諸施策も実施されているが、地域ごとに立案されている他の諸施策との関連が考慮されたとはいいがたく、十分な効果をあげているとはいえないと指摘している。

　当時の商業近代化地域計画においては都市およびその周辺地域のインフラ整備進展に伴う環境変化に対応すべく、当該地域の商業のあり方、特に商業施設の適正配置を検討しようとしていたことがわかる。検討された地理的範囲も市域ならびにその周辺地域を含み込むなどかなり広範囲にわたっているのは、当時の課題が全国規模で推し進められていた国土整備を背景としていたからであろう。

　地域レベルでみた場合、1961年の千里ニュータウンをはじめとする郊外部での宅地開発の進展と、公共交通およびマイカーの複合的な輸送力増強のための駅前再開発が当初の大きな課題であった。地域全体としてみれば、郊外部の宅地開発に対応する商業施設整備、駅前地区の再開発に伴う商業施設整備、それらと競合関係となる既存商業地へのテコ入れが主要課題として浮上してくる。再開発ビル建設、アーケード設置、カラー舗装といったハード整備が中心に実施された。

　商業近代化地域計画自体は1970年に基本計画策定事業が始まるが、1975年には実施計画策定事業がつけ加えられ、1984年からはフォローアップ事業（既存計画が環境変化によって有効でなくなった場合の見直し）とローリング事業（計画実施のための調査や専門家派遣）が開始されている。こうした事業は1990年まで続いており、その後、商店街等活性化実施計画策定事業として続けられることになる。

　商店街のための組合法としての商店街振興組合法、高度経済成長を背景とした流通近代化政策とそこから派生した商業近代化地域計画は、その後に行

われる諸政策の基礎をなした政策群といってよかろう。商店街振興組合も商業近代化地域計画事業も、最初に積極的に空間という課題に取り組んだ施策と位置づけることができる。商店街振興組合法は、商店街を空間として認定することを組織化の基準として位置づけたのであり、この方法は必然的に商業者のみならずその他の事業者等を含み込むこととなった。まさに商店街自体が1つの「まち」であることを示しており、多業種におよぶ商業者総数の過半数をもって設立要件とした戦前の商店街商業組合よりも一歩進んだ規定となった。ただ、政策手法としては画期的な内容を持っている商店街振興組合法であるが、その考え方が現実の商店街運営やまちづくりの面でその後十分に活かされていたかについては疑問の余地がある。

　商店街振興組合法と同様、商業近代化地域計画もそれまでの流通近代化政策は非空間的色合いが強かったことから、地域を全面的に検討課題としている。特徴的なのは、経済学に空間概念を導入する場合「距離」を代替的に使用するが、商業近代化地域計画では2種類の「距離」が意識されていた点である。

　1つは、検討対象となった都市と近隣の有力都市ないしは遠くにあっても強力な集客力を持つ東京のような大都市の影響である。これは高速交通網が整備され広域的な競争が開始されていた時代を反映したものであろう。ライリーの法則やハフモデルが示すように距離と商業集積の魅力度の関係に基づいて、いかにして自らの商圏を維持し周辺地域からの集客を増大させていくかが検討されたのである。

　もう1つの距離は、検討対象都市内の商業集積間の距離つまり分布であったが、商業集積の空間配置は都市計画と密接な関係があり当時の商業政策では建設省の管轄下にある都市計画に積極的に関わることはできなかった。既存の用途地域を前提として、商店街間の役割分担を検討し再開発などの事業計画にとどまらざるを得なかったのである。

　商業近代化「地域計画」事業は、その名称が示すとおり地域のあり方を考える事業という側面を強く持っていた。報告書において、当該地域の経済構造、特に製造業や卸売業の状況にかなりの紙幅を割いているのは、当時、都市問題ともなっていた物流問題への配慮とともに、地域経済全体の中で商業

のあり方を検討していたためであろう。単なる商店街の近代化という視点を超えた事業であったと評価できる。

最後に、商店街振興組合法にしろ商業近代化地域計画事業にしろ、「近代化」を強く志向していた点を指摘しておきたい。商店街振興組合法は地域という枠で多様な主体を丸抱えする内容であったが、集団を形成し範囲の経済性を発揮させることを目的としていた。商業近代化地域計画事業の方は、名称からもわかるように、流通近代化政策の流れに位置づけられる事業であった。つまり効率的な大規模小売業をモデルとしてアーケード、カラー舗装などの商店街のハード面でそれに近づけていこうとする施策であったといえる。

## 4 経済効率性を超えて
―『80年代の流通産業ビジョン』

スーパー出店問題が山を越えたのは、1979年の大規模小売店舗法改正と1980年代初めの出店規制強化以降のことである。1983年末に公表された『80年代の流通産業ビジョン』は、それまでの近代化路線とは大きく異なる性格をもっている。視点としては、当時ニューメディアと呼ばれた情報通信技術を背景として流通の新しい形を考えること、物質的な豊かさを超えて「文化の時代」に対応する流通のあり方を模索すること、そして上記「情報化」と「成熟化」を踏まえて総合生活産業として流通産業を捉え直すことが強く意識されていた。

そのうえで、都市人口の増大や消費内容の地域間格差の減少を受けて、都市型消費社会が広がりつつあり、こうした消費動向に応えるような商業活動を生み出す「都市商業文化」が求められているとしている。日常的なコミュニティとしての商業空間が見直され、商業者のみならず地域住民まで含み込んだ形で地域の商業施設のコンセプトを考え、街並みづくりを進めるべきだという。また、最寄性の強い商品供給においても住民の基礎的ニーズを的確に捉えることで地域住民の生活を身近な場からささえる地域密着型の商業施設となることが必要であるとしている。

同ビジョンは「流通政策の基本方向」として6点をあげているが、このうち商業政策と都市政策との連携の強化、すなわち「都市商業政策」の推進と

いう視点が目を引く。都市商業政策とは、「商業近代化地域計画等の地域商業計画制度を充実することにより、都市計画等との整合性のとれた商店街づくりを推進」することであり、「地域商業計画に盛り込まれた商店街整備事業と都市計画事業との総合的推進」を行い、大型店への対応としても活用していくことと説明されている。商業近代化地域計画事業が開始された際、通産省の単独事業となったため、建設省管轄の都市計画については用途地域を尊重する程度の対応しかできず、現実に事業が進むにしたがい地域によっては都市計画の変更などを要する局面が出てきていた。そこで、商業近代化と都市計画とを合体させた総合政策の必要性を指摘したのである。

さらに重要なのは、「流通近代化の新展開と共存共栄への道」と題された第7節である。本節で流通近代化は「生産性の向上を図るとともに消費者ニーズに的確に対応する経済効率的な流通システムを追求するもの」としており、このような姿勢は今後も継続すべきものとし、消費者ニーズが多様化し便宜性を求め品揃えや情報が大きな意味を持つようになる中でより効率的な流通システムの必要性が高まっているとした。

しかし、「流通システムは、経済システムとしてばかりでなく社会システムとしても大きな役割を果たしている」と述べ、「経済的効率性」のみならず「社会的有効性」にも配慮する必要があるとしている。「社会的有効性」とは、社会全体が安定的に運営されていくようにするために必要なさまざまなこと、たとえば「高齢者や身体障害者へのきめ細かな対応、商業従事者の総合的福祉の向上」であり、小売業の場合には、特に「社会的コミュニケーションの場として、また、地域文化の担い手として」さまざまな機能を果たすことである。政策としては、すでに地域商業は地域社会に埋め込まれた存在であり、商業活動を含む総体が地域特有の生活文化圏を形成していることに留意し、地域商業の「社会的有効性」に配慮していく必要があるとした。

たしかに商業集積は街並みを通じて都市アメニティの向上に寄与している。街並みは単にハード整備のみによって得られるものではなく、背景にある地域での共通認識やまちづくり活動に努力する住民があってはじめて実現されるものである。ビジョンでは地域商業の持つ社会的有効性は、この街並みづくりに象徴されるように、地域の経済循環の下さまざまな業種業態が共存し

ていく中で、地域住民にとって好ましい生活空間を提供できるとしている。

　また、中小流通業の支援としては、従来からの組織化の推進とともに、まちづくり活動への支援としてコミュニティ・マート構想が提唱されている。これは、消費者の関心が環境問題や文化に向きつつあることから、商店街を単に買い物場所としてのみ捉えるのでなく、地域の住民が生活上必要なさまざまなニーズを充足させるためにやってきて交流が行われる「暮しの広場」にしていこうという施策であった。

　具体的施策としては、商店街は都市内に立地していることから交通体系や人口の動向を見据えて長期的なまちづくりの方向を検討して商店街の長期戦略を練るサポートが必要であり、また商店街を地域住民にとって集い交流する「暮しの広場」とするには従来のような商業関連施設の整備だけでは不十分になるため住民の利便性を高めるような公共的性格の強い各種施設整備も支援対象にする必要があるとしている。

　以上のように80年代ビジョンは、商業近代化地域計画事業が進行していた時期に商業政策に2つの新しい要素を付け加えようとしていた。1つは都市計画という異なった官庁の政策を内部化しようとしたことで、もう1つは商業活動という商品交換機能のみを対象とするのではなしに住民の生活全般に関わり生活の実質的な満足感につながる「社会的有効性」が盛り込まれたことである。

　前者については、現実に商業近代化政策と都市計画が総合的に運用されるのは1998年のまちづくり三法の成立を待たなければならなかった。後者についてはコミュニティ・マート構想が実施に移され各地域の商店街の振興事業に地域特性や住民の要望などが取り入れられたことで、全国一律のハード整備を行う流通近代化志向から一歩踏み出したといえる。

　とはいうものの、政策上の限界も指摘しておく必要があろう。商業政策と都市計画の総合化ができなかったのは、その後の商業開発の郊外化の進展を考えると極めて大きな問題であった。コミュニティ・マート構想は、たしかに地域ごとの特性に合わせて商店街活性化策を考えるという形をとり、地域に根ざす商店街のあり方を考える機会を各商店街の商業者に与えた側面は大きいが、それが単独の商店街、しかも商業者の中で行われていたところに限

界があった。

　80年代ビジョンは先にあげた3つの視点からはどのように評価されるだろうか。空間に対する配慮は都市商業政策の提言によって明らかである。ただ、問題は提案に終わってしまい現実には行われなかったことにある。非商業構成員については、コミュニティ・マート構想という形で取り組もうとしていた。本構想はあくまで商業者・商店街主体の活動であるが、商業者や商店街が地域の中でどのようにみられているかという外部つまり商業者以外の人々からの視線を内部に取り入れようとしていたことは重要であろう。

　本ビジョンの特徴は、社会的有効性という視点から商業政策が経済効率性に傾斜した点を是正したことにあることはすでに述べたが、その意味で近代化志向からの脱却を試みようとしていた。それがコミュニティ・マート構想ないしは80年代ビジョンの意義である。

## 5　規制緩和の流れの中で
### ―『90年代の流通ビジョン』

　『90年代の流通ビジョン』は日米構造協議前の1989年8月に刊行されている。この時期はバブル景気の最中であり、商業分野では小売店舗数の減少が確認され、郊外部ではロードサイドに商業集積が形成されショッピングセンター開発が盛んに行われていた。本ビジョンにおける基調は規制緩和である。1985年のプラザ合意以降も続く日本製品の集中豪雨的な対米輸出によって日米貿易摩擦は深刻化しており、日本国内の内需拡大・市場開放を求める外圧が高まっていたからである。

　コミュニティ・マート構想は継続していたが、社会的な視線は後退しており、組織化、ハード・ソフト両面での活動、リーダーの育成について触れているに過ぎず、むしろ前面に出てくるのは「まちづくり会社構想」である。まちづくり会社とは、市町村等地方公共団体や商店街振興組合等事業者や市民の団体が出資・拠出して設立される第三セクターであり、商店街にある公的性格の強い施設を整備する際などに資金援助を行う組織である。まちづくり会社は資金面だけでなく、まちなかの諸資源を活用したソフト事業も行い、空き店舗が発生した場合にテナント探しなどを通じて、タウン・マネジメン

トにまで活動範囲を広げることを期待されていた。

　まちづくり会社の発想が出てきた背景としては、郊外部での出店が進んだことにより郊外部が商業集積としての競争力を持つに至ったことがあるものと推測される。従来のロードサイド商業の場合、男性客が多く目的買いが多かったが、さまざまな店舗、飲食店が集積した郊外型ショッピングセンターが立地するということになると、まちなかの商店街と規模の面でも販売される商品の品揃えや品質でも遜色がなくなってくる。

　しかも、ショッピングセンターは積極的にまちなかの要素を取り入れる方向で事業規模を拡大している。セゾングループのつかしんや長浜楽市ほどではないとしても、家族連れが1日過ごす程度の各種娯楽・実務的機能は兼ね備えるようになっていた。映画館、ゲームセンター、カルチャーセンター、金融機関、クリニック等である。まちなかの商店街は近隣の各種業務を外部性として活用していたわけであるが、それをショッピングセンターは内部に取り込み始めていた。まちなかは郊外のショッピングセンターに対抗するため、ショッピングセンター同様自ら計画的に各種のサービスを提供する機関であるディベロッパーを必要とし始めたということであろう。

　他方、同ビジョンでは、郊外ロードサイドに新たな展開を始めている商業集積に対して地域全体の発展に資するよう計画的に誘導する必要があるとしている。

　バブル期らしい政策提言として「ハイ・マート2000構想」がある。流通業は目の肥えた消費者が望んでいそうな商品やサービスを提供できる「生活提案型産業」にならなければならず、そうした商品提供の場も余暇時間の増大に伴って単に買い物ができるというだけでなく、レジャー、スポーツ、飲食やその他サービスも提供できるような複合機能を備えた施設「シティ・リゾート」でなければならないとしたのである。すなわち大規模ショッピングセンター開発に公的支援を行う必要があるとされたのであり、後の特定商業集積整備法につながる動きであった。

　90年代ビジョンは、80年代ビジョンと比べると、流通近代化を志向する経済効率性重視の態度に戻っている。ただ、まちづくり会社構想にみられるように、すでに商店街問題は商店街だけでは解決が困難であり、まち全体で

支えていかなければならない問題であるとの認識がみえ始めており、非商業構成員の参加のありようが検討課題にあがってきていた。ただまちづくり会社構想自体が政策としてその後うまく機能しなかったこともあり、商店街振興の域を出ることはなかった。

この時期は空間論的には、大きく商業政策が変化した時期と捉えられる。背景にあったのは、それまで徐々に進んできていたモータリゼーション、郊外型店舗の開発、宅地開発の郊外化といった動きが目にみえる形で拡大し、商業政策としては新興商業集積にも目配りをしなくてはならなくなっていた。新興商業集積との関係で守勢に立たされている商店街についてはまちづくり会社という新たなサポート役を提案するにとどまっており、新たに発展してきている郊外部への関心が強かった。

## 6 都市問題としての商業問題
―『21世紀に向けた流通ビジョン』

日米構造協議後に大規模小売店舗法は2年ごとに運用の見直しが行われるようになり、その合間の年に当たる1995年に21世紀ビジョンは刊行されている。当然のことながら、市場開放に関連した内容が主たる項目となるが、あわせて、まちづくり問題・環境問題・高齢化問題といった社会的課題の発生にも言及している。本ビジョンの特徴は、川上から川下に至る垂直的な流通の仕組みを重視することであり、流通システムの効率化について詳細な検討が行われている。

本ビジョンでは、流通の効率性という機能の観点からの「生産から消費までをつなぐシステム」と、「付加価値の創造、社会的存在としての規範性」の観点からの「消費者との接点としての社会的存在」を対置しているが、両者は矛盾するものではないとしている。つまり議論しているレベルが異なるのであり、効率性追求は個別企業レベルで行われそれが集計され流通業全体としての効率性アップとなり消費者に還元されていくのに対し、社会的な便益は消費者が実際に買い物場所を選択する局面で業態や商業集積レベルで認識されるからであるとしている。80年代ビジョンで提起されその後の90年代ビジョンで後退していた「社会的有効性」は、個別企業レベルと異なる業

態や集積といった集計レベルの問題であるという説明にたどり着くのである。

　地域という観点からみて重要なのは、当時、モータリゼーションや高速道路網の整備により買い物行動圏が飛躍的に拡大し、郊外部での商業集積が拡大傾向にあったことである。ビジョンは、こうした郊外部の集積によって、これまでの中小小売業対大規模小売業という競争構造が、大規模店を含む既存商業対郊外部の新規商業集積という関係に変わりつつあると述べ、既存商業地が大規模小売店の誘致を行うといった対抗策をとることで「地域間競争」が激しくなっているとしている。この時期になり、政策的にもまちなかの既存商業地と郊外部の新興商業地との競争が政策担当者にとっても重要な問題と認識されるようになってきた。

　その点が鮮明に現れるのが、第6章の「まちづくりと商業」である。まちづくりが政策課題として浮上した要因として、①商業機能の郊外化の進展、②都市間競争の進展、中心市街地の商業の低迷－「商業の空洞化」、③まちづくりと商業の問題に対する関心の高まり、があげられており、本ビジョンの段階で中心市街地問題が浮上してきていることがわかる。中心市街地から商店が減少していくことは、「まちの本質とも言うべき、にぎわいを創出する場としてのまちの核を失わせることにもなりかねない」としており、「にぎわい」の喪失をまず指摘しているところが特徴的である。

　さらに第7章の「21世紀に向けての流通システムの対応と政策」では、まちづくりにおいて商業が果たすべき役割は、「商品を販売するだけでなく、まちのにぎわいやアメニティの創出、地域の活性化を図るものであり、まちの核となるべき存在」であるとしている。具体策では、中心市街地の活性化と特定商業集積整備法とが分けられていることから、まちの中心部と郊外部という二眼レフタイプの商業中心地を想定し、政策の使い分けを行おうとしていた点がうかがえる。

　郊外化が進行していた時期に、商業政策としては従来型の商店街振興策やまちづくり会社によってまちなかの商店街は活性化を図り、郊外部については特定商業集積整備法による公共施設整備も含む拠点開発を基本に据えていた。この頃には、地域商業の主力をなす個人経営小売店のシェアは商店数でこそ60％を超えていたが、販売額では20％を割り込んでいる状態（1994年）

であり、多くの商店街がシャッター街化する中で既存商店街に代わりうる商業施設づくりを急いでいたとも考えられる。

　近代化志向という視点からみた21世紀ビジョンは、90年代ビジョンの経済効率性重視を軸としつつも、それだけではないことを認識した微妙な立場をとる記述となっている。個店は競争主体であるから経済効率性重視だが、業態や商業集積になると効率性だけではないという考え方である。

　都市間競争、商業活動の郊外化と中心市街地の衰退という形で、空間概念が強く意識された内容となっている。ある意味、ここで提起された広域間競争や都市における商業施設配置問題は1970年代の商業近代化地域計画がすでに似通った形で提起していた課題である。商業近代化地域計画との違いは、当時はせいぜい可能性の指摘にとどまっていた中心市街地の衰退が深刻な状況になり商業集積間での優劣が明確になり始めたことであろう。

　まち自体の衰退という問題に直面すると、まちのさまざまな主体の存在が出てくるはずであるが、意外と多様な主体は出てこない。あくまで商業（者）が「まちの核」という立場を取っており、商業こそがまちの活性化を担い主体として動くべきであるという立場をとっていることからくるものであろう。こうした商業者ないしは商店街がまちづくりの主役という立場は、その後の中心市街地活性化法（旧法）に受け継がれることとなる。

## 7　地域の一員としての小売業
　　　　－まちづくり三法

　その後、中心部と郊外部という二眼レフタイプの商業集積のうち、劣勢に立たされている中心部へのテコ入れが本格的に動き出す。大規模小売店舗法の廃止の基本方針を決めたのは1997年12月24日の産業構造審議会流通部会・中小企業政策審議会流通小委員会合同会議の中間答申であったが、すでにその年の会議では議論の焦点は中心市街地活性化に移っていた。1997年8月に合同会議がまとめた「中心市街地における商業の振興について（中間とりまとめ）」では、中心市街地の商業機能の活性化の必要性を以下のようにまとめている。

　中心市街地の空洞化はさまざまな原因が複合して引き起こされており、商

業集積や商店街単独では対処し得なくなっている。中心市街地の空洞化によって、商品やサービスの供給に支障をきたすだけでなく、販売活動をきっかけとする人同士の交流や情報交換の機会が失われており、歴史的に形成されてきた伝統や文化を含む社会的資本集積の有効活用もままならなくなっているのであり、ここに中心市街地の活性化を求める理由がある。また高齢者等自動車による移動がむずかしい人々にも買い物機会を提供し、環境負荷の小さいまちづくりに役立つ。こうした観点から、通産省は他の省庁と連携し、中心市街地活性化に乗り出していくのである。

　当時はバブル崩壊後の不況期であり、大規模小売店舗法の段階的緩和により大規模な郊外開発が進み、さまざまな低価格業態が出店するなど、疲弊していた中小小売業に追い打ちをかける要因には事欠かなかった。1985年以降続く小売店舗数の減少により商店街の空き店舗問題が深刻化し、多くの地方都市では中心商店街でもシャッター街化するようになっていた。

　地方都市の中心市街地が危機的な状況の下で、大規模小売店舗法を廃止し大型店の出店をまったく自由にすることは困難であった。一方、大型店出店をめぐって周辺住民から交通渋滞や騒音などの問題から反対運動が起こり、地方自治体が環境問題の観点から事前の届出を求める例も出てきていた。そこから環境、土地利用という視点から大規模小売店舗を規制するという方向性が出てきた。ただ、土地利用は当時の建設省の管轄であり、建設省の意向がまちづくりの方向性を決める布石が打たれることになる。

　郊外部に出店する大規模商業施設は、まちなかに単独出店していた時代の大型店と質量とも大幅に異なっていた。不特定かつ膨大な数の消費者を吸引しており、かれらのほとんどは自動車で来店する。商品の搬入にあたっても大規模な物流が発生する。大規模集客施設は周辺住民にさまざまな財やサービスを供給する販売活動であっても、都市構造に大きな影響を与える。膨大な物流にささえられ、種々の外部不経済を発生させる大規模工場が工業用途の土地に立地を限定されるのと同じ理屈の問題が発生することは避けられなかった。

　そこで、1998年に都市計画と商業政策の双方の観点を盛り込んだ中心市街地活性化法、大規模小売店舗立地法、改正都市計画法からなるまちづくり

三法が成立する。三法の役割分担は、中心市街地活性化法が各省庁のまちづくり推進事業を動員し中心市街地の活性化を促進し、改正都市計画法は郊外部で大規模商業施設が開発されるのを防ぎ中心市街地に店舗投資が進むように誘導し、大規模小売店舗立地法はそうした大規模商業施設が建設されることにより発生がみこまれる外部不経済を事前に防止するものであった。
　都市計画法と中心市街地活性化法は2006年に大改正される。都市計画法については、1万㎡を超える大規模集客施設が立地できるのは、用途地域でいうと商業系2種と一定の制限のついた準工業地域のみとなった。中心市街地活性化法は、旧法が商店街活性化と市街地再開発を強く意識した内容になっていたのに対し、新法では中心市街地活性化協議会という各種事業者、地権者、住民など多様な主体による協議体制が取り入れられ商業以外にも目配りされたさまざまなまちの課題に対応するようになった。また「選択と集中」ということで政府の関与も中心市街地活性化本部長に内閣総理大臣が就き、より厳格に数値目標の達成を求めるという仕組みへと変更された。
　まちづくり三法がつくられることで、ようやく都市計画担当官庁（国土交通省、旧建設省）が地域商業政策に関わる途が開かれた。
　ただ、これがある種の「政策の幅」つまり政策主体による政策手法の違いを生んだ。中心市街地活性化法によりコンパクトシティを目指すという発想は基本的には外れてはいないであろうが、現実の都市は多くの場合、二眼レフないしは多極分散型に拡散した都市構造となっている。「平成の大合併」と呼ばれる市町村合併がそれに拍車をかけている。コンパクトシティが都市政策の基本方針となり、厳格に運用されることになれば、郊外部に居住する住民はある種の「棄民政策」と受け取るおそれもなきにしもあらずである。
　2014年の都市再生特別措置法の改正によって、現実の商業集積や住宅集積地を配慮した多核型のコンパクトシティが国土交通省によって導入された。当面、同法のもとで都市機能誘導区域や居住誘導区域を設けることでより現状に近い形でのコンパクトシティ化が進められることになった。
　中心市街地活性化法とは別に、2009年には「地域商店街活性化法」（商店街の活性化のための地域住民の需要に応じた事業活動の促進に関する法律）が施行された。中心市街地活性化法が1都市1中心市街地としたために、支

援対象とならない商店街が多く出ることから、そのような商店街を支援するためにつくられた施策であり、中心市街地活性化法を補完する役割を果たしている。

その後、2015年に安倍政権下でのキャッチフレーズが「地方創生」から「一億総活躍社会」になってから、地域活性化の風向きがやや変わってきている。2016年7月の総務省による政策効果に関する調査では、全国の中心市街地活性化基本計画から抽出された44計画すべてで各市の数値目標が十分に達成されていないという結果も出ている。人口減少が進み拡散した都市構造の下での地域商業の活性化が極めてむずかしい現実が示されている。

1998年のまちづくり三法以降、政策スタンスは商業というより「まちづくり」という言葉が適切な様相に変わったといえる。ただし、地域商業に対する施策は2006年を境にして大きく変化している点にも十分な注意を払いたい。前半期では都市計画はそれほど活用されず、商店街を中心にまちづくりを進めようとしていたが、2006年以降の後半期になると、都市計画によって大規模集客施設の立地規制を行うようになる一方、商店街はまちづくり活動に参加するさまざまな主体の1つとして扱われるようになった。換言すると、1998〜2006年の間は商業立地政策への移行期であり、2006年以降になると、本格的な立地誘導政策が現実に行われるようになった。

2006年を境に、都市計画による土地利用規制が強化され、空間を意識した諸政策が実施されるようになった。また、中心市街地活性化協議会といった中心市街地を構成する多様な主体が中心市街地のあり方に意見を述べる場が設定され、政策決定過程においても地域のことは地域構成員の話し合いによって決定するという方向へと政策転換が図られた。

同時に、数値目標を立てて5年後にそれがどの程度達成されたか政策実績を検証するという事後評価制度が導入された。「いいっぱなし」と批判された地域商業近代化計画と比べると、一歩前進には違いないが、今回、調査した地方都市を比べても数値目標の立て方が都市により異なり、5年という期間や評価方法には改善の余地がうかがえる。

## 8　商業政策に関する視点の変遷

　以上検討してきたように、地域商業に対する施策は高度経済成長期の終わりに生まれた。高度経済成長期の国土計画では広範な地域を結びつける交通体系が重視され構想された。それまでは地域ごとに比較的閉鎖的な地域市場が成立しており、その中で商業者・商業地域間に一定の秩序が形成され、激しい競争に巻き込まれることのない状態であった。広域交通体系の成立が、そうした既存地域商業のあり方を変える契機となった。

　本格的な競争経済へのパンドラの箱を開いたのはスーパーであり、さらに1970年代以降に生まれた各種新規業態がそれを加速した。まさに地域の外から「侵入」してきた非地域商業こそが地域と商業の関係を改めて考えさせるきっかけとなったのである。

　スーパーに代表される近代的で効率的な経済組織に学び、それに対抗しうる伝統的な商店や商店街を育成しようとするのが流通近代化政策である。この試みは成功したのだろうか。たしかに部分的には成果をあげたところもあるし、商店街も旧態依然とした有様では顧客をつなぎ止められなかったであろう。その意味では、地域商業近代化計画によって実施されたハード整備は一定の効果はあったのであろう。

　ただ、スーパーなどを近代的小売業とみなし、それに対抗するハード整備事業は商店街の同質化をもたらしていたともいえる。しかも、商店街の方は中小店の集合体という制約もあり近代的小売業と比べると、見劣りしていたといわざるを得ない。典型例は食品スーパーを手本としてセルフサービスを導入した公設小売市場である。流通近代化政策には、そうした限界があった。

　他方、生産性上昇による低価格化を一定程度実現し、セルフサービスや標準化された経営システム導入により消費者にとって買いやすい売り場がつくられたのも事実である。しかし、近代的小売業といっても時期や業態によって相当幅があり、経営者によっても考え方がかなり異なる。企業や業態の盛衰は激しく、流通近代化の成果を一律に評価することはむずかしい。

　効率性をめざす流れを変えたのが80年代ビジョンであり、その中で提起

されるコミュニティ・マート構想である。その１つの意義は都市商業政策という形で都市計画やそれに基づく交通体系の変更を商業という観点から制御しようとしたことであり、もう１つは近代的小売業という一元的な発想から「地域の消費者・住民」がもつ多様な価値観に商店街のあり方を委ねようとしたところにある。ただし、前者については建設省の賛同が得られず政策として十分に実現せず、後者も現実の事業は相変わらず近代化のメニューに基づいており、大きく変わらなかった。

　1980年代は競争構造が大きく変化した時期である。大規模店と商店街という軸に加えて、モータリゼーションが進みロードサイドに商業集積が形成され始め、地域間競争の兆しが生じていた。その意味で、都市商業政策がこの時期に開始されておれば、かなり状況が現在とは異なるものとなった可能性がある。

　中小店対大型店という構図から郊外部の商業集積対従来からの中心市街地という構図への転換は地域商業の概念を変えた。つまりチェーン方式の大規模店もその立地場所いかんで劣勢に立たされるということである。従来からの商店街を構成するような中小小売店のみを地域商業と考えるのではなく、経済的な取引関係だけでなく社会的・文化的つながりで結ばれた地域社会の中で活動していることが、地域商業であるということが鮮明になったといえる。特に、中心市街地のように古くから業務地域であったような都市では濃密な人間関係がいくえにも重なっている。そういう意味で、地域商業とは、規模で区別されるのではなく、そうした地域共同体の存在する地区に立地しているという場所概念、ないしは地域を特別な共同体と考え、その中で活動を続けようとする行動概念で区別されるものであるといえる。

　大手チェーン店の中には、中心市街地への出店を縮小し郊外に大規模ショッピングセンターをつくるスクラップ＆ビルドでリスク回避を行うところもあり、その種の出店行動は「焼畑商業」と批判されている。こうした行動は経済効率性の観点からは合理的と評価されるであろうが、成長の限界がみえている行動ともいえる。絶え間なく新たな立地を求めるのは、利用可能な土地の有限性や人口減少を考えた場合、限界があり、すでにある立地場所から永続的に利益をあげ続ける仕組みが求められている。

今日の地域商業政策がまちづくりという方向に進み始めているのは、小売業の進むべき方向にはいくつもの形があり、その小売業がどのような地域社会と向き合うのかによって決せられるところが大きいということがわかり始めているからであろう。地域によっては近代化路線である程度やっていける地域商業もあろうし、近代化路線をいろいろ導入してもうまくいかない場合もあろう。その背景には小売業は立地産業であるといういい古された原則が潜んでいるように思える。

　最後に、本章では、空間概念（都市計画）、非商業構成員、経済効率性（近代化志向）という3つの視点からその時々の商業政策をみてきた。それを表8-2にまとめた。

　表8-2からわかることは、商店街振興組合法と商業近代化地域計画が今日のまちづくりに至る商業政策にとって重要な分岐点であったということである。空間概念や非商業構成員といったまちづくりにとって重要な要素がこのとき商業政策に取り入れられている。ただし、政策価値判断としては80年

表8-2　3つの視点からみた商業政策の変遷

| 商業政策 | 空間概念－都市計画 | 非商業構成員 | 経済効率性重視の程度 |
|---|---|---|---|
| 商業組合法 | ほとんどなし－商店街 | なし | 経済効率性重視 |
| 商店街振興組合法・商業近代化地域計画 | 振組法－商店街区域 商業近代化－広域競争商店街配置 | 振組法－参加認める 商業近代化－経済全般を含む | 経済効率性重視 |
| 80年代ビジョン | 都市商業政策(未実現) | コミュニティ・マート構想による住民意識の取り込み | 経済効率性 社会的有効性 |
| 90年代ビジョン | 郊外の新興商業集積 | まちづくり会社を通じての参加 | 経済効率性重視 |
| 21世紀ビジョン | 中心市街地 郊外商業集積 | 特になし | 経済効率性 社会的な便益 |
| まちづくり三法 | 都市計画法による立地規制 中心市街地 | 中心市街地活性化協議会による多様な主体の参加・意見の吸い上げ | 数値目標による検証 多様な価値観の受け入れ |

（出所）筆者作成。

代ビジョンになり、ようやく経済効率性に加えて「社会的有効性」が導入される。

　空間概念は現実に商業開発の郊外化や都市間競争の激化という動きがあったためほぼ一貫して政策上取りあげられてきたが、非商業構成員の問題は商業政策という枠組みでは取りあげづらいためか間接的な関わりに限られており、2006年の中心市街地活性化法（新法）になり一気に出てきた感が強い。また、経済効率性重視については80年代ビジョンで社会的有効性が打ち出されたとはいうものの、その後の取扱いにはややバラツキがある。経済活動ということもあり経済効率性が重要なのは間違いないが、それ以外の価値観の受け入れが商業政策レベルでは困難であることを示しているといえよう。

[参考文献]
石原武政編著（2011）『通商産業政策史4　商務流通政策　1980-2000』経済産業調査会。
総務省　地域活性化に関する行政評価・監視＜結果に基づく勧告＞ http://www.soumu.go.jp/main_content/000431827.pdf（2016年11月7日アクセス）。
通商産業省産業政策局・中小企業庁編（1984）『80年代の流通産業ビジョン』通商産業調査会。
通商産業省商政課編（1989）『90年代の流通ビジョン』通商産業調査会。
通商産業省産業政策局・中小企業庁（1995）『21世紀に向けた流通ビジョン』通商産業省。
日本建築学会編（2005）『中心市街地活性化とまちづくり会社』丸善。

結章 **まとめ**

矢作敏行
関根　孝

　まず序章で商業が本来的にそなえている社会的・人間的役割を文化表現（力）と呼び、そこから個店レベルと集積レベルの2つにおける地域商業の存在理由を説明した。長く存続する個店と商店街は「地域性」という歴史的に形成された社会的・地理的文脈に深く根差しており、利便性や快適さを超えたその店らしさやその商店街らしさをかもし出している。地方創生やコンパクトシティ構想等々、衰退する地方都市と疲弊する中心市街地に対する救済措置が声高に叫ばれているが、地域商業再生の出発点は、商業内部にある文化表現力の発揮にあると、最初に問題提起した。
　そのうえで、戦後日本の商業・流通政策の分岐点となった大規模小売店舗法において商業立地の適正化問題が抜け落ちていた点を指摘し、大型店の出店規制を行う調整政策と中小小売商の保護・育成を図る振興政策の2つの政策を適切に結びつける「環」として商業立地問題を位置づけた。
　1970年代の地域商業近代化計画から今日のコンパクトシティ構想に至る過程で、商業立地問題が大きく前進するのは、2006年のまちづくり三法の改正以降のことである。都市計画・土地利用計画の観点から大規模集客施設の開設を制限する一方、中心市街地の活性化を図るとの政策判断が示された。その間の経緯は第8章で説明した。
　第1章から第6章までは全国6都市の現地調査に基づく実態分析である。1970年代の地域商業近代化計画から今日のまちづくりに至る歴史的展開を

つぶさに把握し、地方都市と大都市圏の近郊都市に分けて、各都市の中心商店街とまちづくりの問題点を抽出した。また、第7章において数少ない事例ではあるが、「個店の力」に光を当て、文化表現力を発揮する元気な商店を紹介し、文化表現力の基盤となる経営的要素を導き出した。

　以上のような構成からなる本書には「商店街とまちづくり」、「商業・都市政策」、「文化表現力」と大きく3つの論点が設定されている。どのような発見事項があったか、論点ごとに整理し、若干の議論を試みたい。

## (1) 商店街とまちづくり

　いまや「まちづくり」という言葉は一般化した。30年前、いち早くひらがなのまちづくりを提唱した田村明(1987)は、まちづくりとは「一定の地域に住む人々が、自分たちの生活を支え、便利に、より人間らしく生活してゆくための共同の場を如何につくるかということである」(52～53頁)と定義した[1]。

　「共同の場」とは、街並みや公園、上下水道などのハード施設のほか、地域の人々の間で共有されているルールや意識を含む。地方自治体の都市計画業務に携わり、後に大学教員に転じた田村は、漢字の都市計画や地域計画でなく、ひらがなのまちづくりという言葉に外から押しつけられるのではなく、地域住民自身が自発的に発意し、参加する身近な「まちづくり」という意味を込めた。

　この精神はいまに受け継がれている。本書で取りあげた山形県鶴岡市の市民参加型まちづくりに関わっている都市計画家の佐藤滋(2016)は、まちづくりとは「地域社会の多様な主体が協働し、歴史文化、自然、人材など地域資源を最大限に活かして、専門家や自治体と連携して、漸進的に居住環境の改善を進める一連の活動の総体」(36頁)と、きちんと概念を把握している。

　郊外にできる大規模ショッピングセンターもまた、時には「街づくり」と呼ばれることもあるが、佐藤の概念と比べると、ひらがなのまちづくりとの違いは一目瞭然である。まちづくりの担い手は市民、商人、その他事業者、行政、専門家、NPO法人と多様である。ディベロッパーという名の民間資本がすべてを決める「プランド・ショッピング・センター(計画的商業街)」

との大きな違いがそこにある。

「漸進的に居住環境の改善を進める」点にも注目したい。ショッピングセンターは短期間に一気に開発されるが、まちはそうではない。街並み1つとっても、長い時間をかけて、その時々の店が連なり、老舗や旬の店が入り混じっている。「アンプランド・ショッピング・センター（非計画的商業街）」としての商店街は時間軸の中で多様性を紡ぎ出してゆく。

まちづくりの中で、商業の地位は相対的である。2000年代に市長が「中心市街地の活性化は商業のためにではなく、市民のために」と宣言し、公共施設のまちなか回帰を推し進めた新潟県長岡市の例をみれば、明らかであろう。商業の発展はあくまでまちの発展の結果であるというのである。

その意味では、まちづくりの発想は1970年代から80年代にかけて実施された地域商業近代化計画とは、大きくかけ離れている。地域商業近代化計画は「商業近代化政策」という狭い枠の中で論じられ、中心商店街の衰退を防ぐための再開発事業やアーケード等のハード整備に重点を置いていた。どこに行っても全国一律の「金太郎飴的な商店街再開発」と批判されようとも、手っ取り早く補助金を出し、商店街の美観を改善し、雨や雪に濡れずに買い物ができる場をつくり出すことは、中小企業政策上の社会的要請だった。地域社会の多様な主体を巻き込んだ商店街によるまちづくりは少なかった。

しかし、今回の実態調査から、佐藤のいう「地域社会の多様な主体が協働し、歴史文化、自然、人材など地域資源を最大限に活かして、専門家や自治体と連携して、漸進的に居住環境の改善を進める」胎動がはっきりと感じられた。

山形県鶴岡市の『地域商業近代化基本計画』では駅前と銀座商店街が近代化計画の拠点と位置づけられ、中間地点に位置する山王商店街は「外された」との印象を持った。それに反発した若手が自主的にナイトバザールを始め、その成功に商店街全体が刺激を受け、動き出した。隣接する日枝神社を復興する催事企画を打ち出し、市民活動グループと連携し、足元を流れる内川の整備・管理事業に乗り出した。さらには市民の自由参加型ワークショップを開き、「歩いて暮らせる街づくり」の調査事業に関わった。

地道なまちづくりの努力が新たなまちづくりにつながっている。地元産業

界が立ちあげたまちづくり会社が山王商店街の裏手にある工場跡地を利用し、映画館を復活させた。映画の半券を持参した顧客に割引の特典を与え、ナイトバザール開催時には映画館が子供向け映画を無料上映する。商店街と映画館の共同企画が積み重ねられている（詳細は第1章）。

　香川県高松市の高松丸亀町商店街が取り組む一連の商店街再開発事業には市民との連携を促すハード、ソフト事業が見事に取り込まれている。最初に完成したA街区の上層階にはカルチャーセンターなどのコミュニティ施設が入居し、まちなか居住を促す分譲マンションが建設された。A街区のドーム広場とG街区のけやき広場は毎週末、市民主催による種々のイベントが開催され、文字通り「まちのステージ」として機能している。また、医療機関や地元食品スーパー、地元産品を販売する専門店をテナントとして誘致し、中心街の生活環境の改善や地元産業との協力も深めている。

　高松丸亀町商店街の再開発事業は長い時間をかけて積み重ねられている点で、「漸進的に居住環境の改善を進める」まちづくりの精神に合致している。同商店街振興組合が1990年に再開発事業の調査開始を決定してから最初のA街区完成まで約16年、それから次のB・C街区完成まで約3年、その後のG街区完成にはさらに3年を要している。調査開始から20年以上をかけて7街区のうち4街区の再開発事業が完了した（詳細は第6章）。

　長い時間をかけてまちづくりをする利点は将来のリノベーション（改修）の際に効いてくる。計画的ショッピングセンターのように一気につくって、一気に老朽化するのではないので、リノベーションも漸進的に進めることが容易となる。

　千葉県船橋市ではNPOや社会事業家が中心商店街に拠点を構え、まちのにぎわい創出に一役買っていた。歴史のある本町通り商店街は市内のNPO・市民グループ11団体と定期的に地域交流型イベントを共催し、ポイントカード事業の収益の一部をそれらの団体に寄付している。そのうちいくつかの団体は商店街に事務所を持ち、市民のたまり場としてカフェを開店した例も出てきた。また、夜間も利用できる民間図書館を運営するNPOは本町通りの空き店舗を利用してまちなか図書館を開設し、イベント開催時には古本市で盛りあげている。

船橋市の人口は首都圏のベッドタウンとして伸びている。大型店の出店ラッシュで商店街の地盤沈下は進んでいるが、来街者数が増えているので、さまざまな事業機会や人的交流が拡大している。そこから新しいまちづくりの担い手が現れている点が興味深い。

　個別事業では補助金に頼らないまちゼミ、100円商店街、まちバルといった自主企画事業が広がっている点にも注目したい。十分な紙幅をさく余裕はなかったが、まちゼミは調査した6都市のほとんどで開催されていた。商店がつちかってきた経験・知識・技能を市民に公開するので、市民が店内と店主の人柄を知る機会となると同時に、当然、店は顧客のことを知ることができる。店と客とのなじみができるよい機会となっている。

　まちゼミは商業の文化表現力の具体例であり、今後の広がりが待たれる。全国商店街振興組合連合会『地域商店街活性化事業成果調査』（2015年、有効回答件数は任意商店街を含む1605件）によると、まちゼミを開催する商店街は全国2.6％（43ヵ所）にとどまっている。100円商店街やまちバルと比べると、実施している商店街はやや多いが、商店街マップ作成やスタンプラリーと比べるとまだ少ない。

　一部商店街の頑張りにもかかわらず、全国的な商店街の景況は相変わらずさえない。「繁栄している」、「繁栄の兆しがある」と回答した商店街はわずか5.3％にすぎず、「衰退している」、「衰退の恐れがある」の66.9％を大きく下回っている（中小企業庁『商店街実態調査報告書』2016年度、有効回答件数3240件）。多くの商店街が市民や行政、専門家を巻き込み、まちづくりに積極果敢に関与し、成果をあげているとはいいがたいのが現状である。

　公共施設のまちなか回帰を果たした長岡市はあわせて市民協働をうたい、市民文化センターやまちなかキャンパスなどの市民参加型施設をつくり、たとえばまちなかキャンパスの講師の4人に1人は一般市民が務めている。それに伴い、来街者数は増大しているものの、商店街全体では店主の高齢化が進んでおり、店舗減少傾向に歯止めがかかっていない。商業者と市民、専門家、行政等との連携によるまちづくりは大きな課題として残されたままである。

## (2) 商業・都市政策の問題点

次に、商業立地政策、再開発事業の手法、政策の事後評価制度について考えてみよう。

### 商業立地の適正化

序章で、日本の商業・都市政策には商業立地の適正化問題の解決策が欠落していたと指摘した。それは都市計画や土地利用計画、建築詳細法が厳格な英独あたりの国と比較すれば、明らかである。今回の調査でも中心市街地および中心商店街の変動が交通手段の変化と大型店の配置の2つの要因により引き起こされている点が改めて確認された。

都市集積の経済性とは市場取引によらない市場外の経済効果であり、経済の外部性には正と負の効果の両方が作用する。中心商店街においても、集積の正の外部性（外部経済）が発揮される状況と、そうではなく負の外部性（外部不経済）が作用する状況とに分かれる[2]。

かつては商店街の顧客吸引力の中核となっていた大型店が撤退した後の空き店舗・空き地問題は、外部性効果が正から負に変わった例である。モータリゼーションが進んだ1990年代にはいると、地方都市では人口と商業集積の郊外化が加速し、中心商店街の地盤沈下が進んだ。郊外大型店やショッピングセンターの増大は中心市街地に立地する大型店の競争力を奪った。今回調査した地方4都市すべてが大型店の空き店舗・空き地問題に苦しんでいた。

実際、大型店の閉鎖・撤退後の空き店舗・空き地問題は全国的にかなり深刻である。2011年に実施された全国市町村アンケート調査（経済産業省『中心市街地における大型空き店舗等遊休不動産の活用に係る調査・研究事業報告書』2012年）によると、中心市街地に大型店（売場面積3000㎡以上、特別区・政令指定都市は同6000㎡以上）の空き店舗・空き地のある自治体（複数回答件数686件）の割合は空き店舗で14.0%、空き地で7.9%となっている。

三大都市圏以外の地方都市圏だけを取り出すと、大型店の負の遺産は深刻である。地方都市で空き店舗のある自治体は17.3%、空き地で9.4%に達しており、三大都市圏より大幅に高い。全国182件の大型店の空き店舗・空き

地のうち、実に 75％が地方都市に集中している。

　集客力の大きな大型店の閉鎖・撤退は都市間競争の優劣に影響するだけではなく、中心商店街内部の地区間バランスを崩す。高松市では北側の高松丸亀町が全国一の商店街開発ともてはやされる一方で、南側の常磐町界わいは複数の大型店の空き店舗があり、商店街からにぎわいを奪っている。鶴岡市では地域商業近代化計画で打ち出された駅前再開発ビルの核テナントの大型店が自社郊外店の開店に伴い撤退し、長い間空き店舗として放置され、駅前周辺の集客力を弱体化させた。甲府でも同様に、長い間中心商店街の大型店の空き店舗問題を抱えていた。

　その中にあって、大型店の撤退を逆手に取り、再開発事業により正の外部性を引き出したのが長岡市である。大型店が都市軸と設定した駅前から大手通に至る地区に集中的に立地していた地理的な好条件をいかして、複数の空き店舗・空き地を活用して市役所、市民センター、生涯教育センターなどの公共施設やマンション、オフィスを次々に開設し、来街者数の大幅な増加を実現した。これは全国的にも珍しいケースである。

　それに対して、首都圏の事情は地方とはかなり異なる。立川、船橋両市は交通手段の変化とそれに伴う大型店の郊外移転の影響を大きく受けていない。人口増加傾向を維持している首都圏近郊主要都市では大型店と中小商店の競争は厳しいものの、大量交通機関に依存した人の居住と移動が中心市街地のにぎわいを維持している。

　とりわけ立川市は複数の大手百貨店と寄合百貨店、ディスカウントストア、駅ビルなどのショッピングセンター、ファッションビル型ショッピングセンター、家電量販店、雑貨専門店など多数の大型店が林立し、活発な異業態間競争が繰り広げられてきた。それがまちの大きな活力源となっていた。中心街の一角に残されていた米軍基地跡を上手に利用し、地域商業近代化計画の延長上に商業ビジョンを打ち出し、再開発事業を進めたのである。

　各地の商業立地政策は 2006 年のまちづくり三法の見直しにより転換期を迎えた。郊外大規模商業施設の出店が抑制され、中心市街地の活性化が基本方針として据えられた。その効果が出てくるのはまだ先のことである。その間、市民、行政、商業者という当事者と専門家や NPO 等の第三者との連携

活動が各地でどの程度進化するかが鍵を握っている。

**再開発事業の手法**
　商店街の再開発事業に目を転じてみると、革新的な事業開発手法を実行している高松丸亀町商店街の動きが際立っている。高松丸亀町商店街は地元商店街主導型再開発事業の稀な成功例である。成功要因は第1に、全国に先駆けて土地の所有と利用を分離した定期借地権方式を導入し、商店街再開発事業のあい路である複雑な地権者問題を解決した点にある。第2に、まちづくり会社制度を利用し、徹底的なテナント管理を通してまちのマネジメントを実現した。最後に、事業構想を打ち出し、それを実現するリーダーシップが発揮されたことである。その担い手は地元商店主であった。
　事業計画は単発の拠点開発にとどまらず、連鎖的な事業開発が構想され、商店街全体が魅力的な都市空間につくり変えられていった。最初のA街区には高松三越を核にしたおしゃれな壱番街をつくり、次いでG街区にはホテルや大規模商業施設を開発し、商店街の両端に集客の核となる施設や広場が配置された。その後、B、C街区への再開発へとつなげた。
　一連の再開発事業が始まる前の2005年当時、丸亀町の通行量は1日1万3000人を下回っていたが、A街区完成後には上昇気流に乗り、G街区が完成した14年には2万人を超えた。2015年現在、再開発された街区には100を超える小売・飲食店、サービス業が集積し、シンボルのドーム広場では年間200件のイベントが開催され、駐車場の規模は4ヵ所、約1200台に達した。
　商業開発を超えた中心市街地の活性化としての評価も高い。まちなか居住を推進するための住宅開発は、400戸という当初目標に対して約180戸を実現し、周辺では民間企業によるマンション建設が波及的に増加した。税収面の貢献も大きく、地域雇用の点でも地道な貢献をしている。地元の香川県高齢者生活協同組合に業務委託し、駐車場の管理や商店街の清掃、イベントの手伝いに高齢者を派遣してもらっている。同組合はそれを安定収入源にして、組合員を増やし、福祉介護事業を拡大している。

**政策の事後評価**

かつての商業近代化政策の大きな課題は政府補助金を投入しながら、政策効果が客観的に評価・査定されず、しり抜け状態になっていたことにある。認定中心市街地活性化基本計画では、その点が改められた。2013～2014年に実施された鶴岡、長岡、甲府、高松の4都市の同計画最終フォローアップ報告書をみてみよう。

　審査結果は明暗が微妙に分かれている。計画された事業がどの程度実施されたかを示す事業進捗率は4都市とも80～90％以上で、総合判断はいずれの都市でも「おおむね順調に進捗・完了した」と報告されている。しかし、鶴岡、長岡、高松市ではある程度、目標数値が達成されていたが、甲府は3指標の実績値が目標値（計画終了時の目標数値）、基準値（原則、計画策定時の実績数値）とも下回った。

　都市ごとに詳しくみてみよう。中心市街地の活性化状況について、行政のまちなか回帰が進んでいる長岡市は「かなり活性化が図られた」と高い自己評価をしている。事実、各目標の達成状況をみると、人的交流の程度の指標であるまちなか交流拠点（シティホール）施設利用者数の実績値は基準値、目標値とも大幅に上回ったほか、歩行者・自転車通行量、まちなか居住者数とも目標値には若干届かなかったものの、基準値は上回った。ただし、中心市街地で働く従業者数は基準値、目標値とも下回った。

　甲府、高松両市は活性化状況について「若干の活性化が図られた」と、まずまずとの評価をしているが、内容的にはやや対照的である。高松市の場合、商業・サービス業の魅力を示す指標である中央商店街の空き店舗率は基準値を下回ったが、目標値は超えた。また、通行量、まちなか居住人口は目標値を下回ったものの、基準値は上回った。しかし、中心市街地の小売販売額が基準値、目標値とも下回り、厳しい結果となった。中心商店街内部での地区・店舗間格差が拡大している。

　それに対して、甲府市は中心市街地の小売販売額、歩行者通行量、まちなか居住者数の3指標とも基準値、目標値を下回った。甲府市の地理的範囲は狭隘であり、周囲は隣接市町に取り囲まれている。郊外大型商業施設の開発攻勢を受けて、中心市街地内の南北バランスが変わったのが響いた。

　鶴岡市は計画策定時と変化なしという意味合いから「活性化に至らなかっ

た」と謙虚に評価した。まちなか居住の環境整備（健康・子育て・福祉施設利用者数）は基準値、目標値とも上回り、人的交流（主要観光施設入場数）も目標値は未達成に終わったものの、基準値を超えた。中心商店街の活性化では行政の後押しや商店街の頑張りで空き店舗数は基準値をかなり上回り、目標値を達成することができたが、自転車・歩行者通行量は基準値、目標値とも大幅に下回った。

　政策の事後評価制度の導入は事業計画管理のうえで一歩前進である。総合評価には主観的判断がはいる余地があるものの、具体的な目標数値の設定は事業計画管理に必要不可欠である。しかし、どのように政策目標に対応した目標の項目・数値を設定するのか、またどのように利用可能なデータの精度を高めていくのか、さらには事後評価をどのように次の政策にいかしていくのか、実務的課題が残されている。

## （3）地域商業の文化表現力

　第7章「個店の力」で個店の文化表現力の基盤なる要素として、人の輪、地域性、家族の絆、能力の4つをあげた。ここでは、その個店が埋め込まれている商店街、そしてまちという集積の放つ文化表現力とは何かを論じて、補足したい。

　都市経済学（金本・藤原、2016）では、都市集積の経済性について都市機能のシェアリング（共用）、マッチング（適合）、ラーニング（学習）の3つから説明している。都市機能のシェアリングとは都市に住む住民やオフィスを構える企業が共通の施設を利用し、多様なサービスを享受できる便益である。長岡市の行政のまちなか回帰が好例である。シティホールや生涯学習センターなどが集中的に立地することにより来街者数が増え、飲食業の増大などの波及効果が現れている。

　マッチング機能では多様な商店・サービス業が集中的に立地することで顧客の選択肢が広がり、需給調整が円滑に行われるようになる。また、都市には種々の働き口があり、就業者は職を探しやすいこともマッチングの効果である。最後のラーニングは都市に出かけることは人と人、人とモノ・店の接触を増やし、新しい知識を獲得し、刺激的な体験をする機会となる。序章で

紹介した昭和初期の時代に、「なぜ婦人はデパートに行くのか」と問われた女性活動家が「遊び」や「息抜き」に加えて「学び」に言及したのは、家に縛られていた当時の女性の実感だったはずである。現代のまちゼミも人々に貴重な学習機会を与えている。
　まちの文化表現力は、「遊び」「息抜き」「学び」といった人々の社会的・人間的活動と表裏一体の関係にある。映画「男はつらいよ」シリーズの山田洋次監督は、かつて新聞紙上でこんな話をしている。「はしがき」で紹介したが、ここでも再掲し、理解を深めておこう。

　「『男はつらいよ』シリーズの終盤では、シャッターを閉めた店に頼んで開けてもらわなければならなかったのです。そうしないと寂しくて。今なら寅さんのロケは大変でしょうね。似合わないなー、寅さんに新幹線、高速道路、巨大ショッピングセンターは。全然ね。商店街は、地域に暮らす人と人とが触れ合う場所ですよね。それは日本の文化のかなり大事な部分を占めていた。子供は、そこで経木に肉をはさみまるめる手つきや、魚をさばく包丁の使い方を見て、大人ってすごいなと思った。それがどんなに大切なことか。大型店の経営者や高級官僚に聞いてみたい。」(『朝日新聞』2007年9月8日付「変転経済14　証言でたどる同時代史」)。

　「昭和ノスタルジア」といってしまえばそうではあるが、昔を懐かしむ気持ちは時間の経過を映し出している。だれもが成長し、老いてゆく。まちもまた発展し、衰退することがある。時間軸はまちをみる大切な視点となる。
　寅さんに新幹線や高速道路が似合わないのもたしかである。寅さんはカバン1つを手に、ローカルバスや列車に乗り、まちを歩き、「売(買；バイ)」をする。便利な通過手段である新幹線や高速道路を利用することは、まずない。バスはゆっくりとまちや海岸線を走り、頻繁に止まる。寅さんはそこでふらっと降りて、まちを歩き、マドンナと出会う。そこからいつものストーリーが始まる。
　寅さんは葛飾柴又でもどこでも歩いている。歩くことは人間にとって最も基本的な身体行為である。車で高速道路を走る場合、道路は通過手段のため

の通路にすぎないが、徒歩でまちを歩く時、道路は「通路」ではなく、「街路」となる。街路の両脇には「経木に肉をはさみまるめる」精肉店や「魚をさばく」鮮魚店が立ち並び、人の営みが日々、繰り返されている。

街路は山や原っぱ、川、動植物と同様、外に開かれているオープンシステムである。人はまちを歩く時、五感を使って、自然や建物等々すべての環境因子を感じ取ることができる。人は歩くことで、はじめてまちを体験し、安心・安全・快適さを感じ、時にはそれ以上の感情を抱くことになる。界わい性はそうして生まれる。その意味では、高松丸亀町商店街が自転車の通行を禁止したことは画期的な出来事だ。駅から商店街の先にある県庁などのある業務地区に行く人々が朝夕、たくさん自転車通行する。それをストップし、商店街を歩く「街路」にした[3]。

「ブランド・ショッピング・センター」も当然、その点は勉強に怠りない。2核1モールと呼ばれる典型的な大規模郊外型ショッピングセンターは「モール」をつくり、計画された「歩ける商店街」を演出している。しかし、モールは閉じられた空間であり、外に向かって開放されていない。それに対して、まちは長い時間をかけて、曲がりくねった街路や脇道をつくり出し、時には路地の奥には「驚きの店」が出現することもある。

路地の奥にある「驚きの店」とは、第7章で紹介した個店のことである。鶴岡・大滝輪店は山王商店街の脇の道をはいったすぐ左手にある。周囲に商店や飲食店はない。店内に高価なスポーツ自転車が何台も陳列されているとはだれも想像できない。松本・紙舗島勇は戦後間もない頃の中心商店街にあるが、いまはややさびれた通りに変わっている。それでも風格ある店構えが通りすがりの人を引きつけ、店内には源氏物語を題材にした大きな和紙人形が展示されているギャラリーがある。

甲府・宮川春光堂本店は中心商店街の一角にあるとはいえ、目と鼻の先には大型書店がどんと店を構えている。しかし、店内に一歩足を踏み入れれば、東京代官山の蔦屋書店も顔負けのライフスタイル別書棚が整然と並んでいる。高松丸亀町・まちのシューレは借り手の少ない再開発ビルの2階に店を構え、地元作家や農家と協力して企画展や独自商品開発に取り組んでいる。昼時のカフェには女性の話し声がにぎやかに飛び交っている。

結章　まとめ

どの店も唯一無二とまではいわないが、独自の顧客経験を提供している店であることは間違いない。これらの店は、店の存在がまち固有のイメージを想起させてくれるという意味で、「シンボルストア」と呼ぶことができる。都市計画家は都市や建物を象徴する特徴的な樹木を配置し、人の記憶に刻印すると聞く。同様に、文化表現力をそなえた店とは人々の記憶に刻み込まれているまちのシンボルストアであると理解することができる。

　そのような役割を担う個店は商店街の一部であり、商店街はまちの一部である。個店と集積（商店街・まち）の関係は、個店が集積を規定し、集積が個店を規定する相互規定状況に置かれている。商店街とまちも同様の関係にある。経済の外部性という視点から商店街の競争を論じたのもそのためである。つまり個店であれ商店街であれ、経済行為は「まち」という社会や文化といった非経済的な文脈に埋め込まれ、そこから大きな影響を受けている。

## 地域への埋め込み

　経済行為が非経済的文脈から受ける影響に注目したのが地域への埋め込み（Embeddedness）理論である。本書でも「地域に根差した」個店や商店街といういい方で何度となく言及した。たとえば、鶴岡・大滝輪店のサイクリングクラブ経営には出羽三山や日本海の海岸線という恵まれた自然条件があった。甲府・宮川春光堂本店は山梨や甲府にこだわった書棚の編集や読書会を運営している。

　商店街レベルでも調査した地方4都市はすべて城下町として、歴史的にまちの骨格がつくられた。たとえば、高松丸亀町商店街では再開発事業のシンボルとなっているドーム広場は昔からにぎわった辻に位置し、長岡市の一極集中型中心商店街の起点となったのは城址にできた駅だった。

　しかし、近年、再評価されている埋め込み理論では経済行為の地域への埋め込みを理解するためには空間的な議論では不十分であり、事業や集積のダイナミックな変化を分析するためには少なくとも社会とネットワークへの埋め込みという2つの視点をつけ加えることが必要であると主張している（Hess, 2004；木下、2016）。

　社会への埋め込みとは事業主体の価値観や組織の遺伝子のことある。大滝

輪店の場合であれば、自転車を生業とし、後を継いだ店主が大のサイクリング好きで、なおかつサイクリンググラブをささえる自転車の修理技術も十分に蓄積されていた。家族の絆も組織の継承には不可欠の要素となった。集積であれば、高松丸亀町商店街の開町400年祭の際、当時の理事長が「いまのままで100年後の500年祭を迎えることができるか」と危機感を訴え、再開発計画に取り組んだのが発端となった例がある。その下で調査研究に取り組んだ若手が成長し、現リーダーとなっている。

　ネットワークへの埋め込みとは、特定空間に限定された個人・組織間の関係性ではなく、もっと広く、異質で発展的な関係性を意味する。大滝輪店では約70名のクラブ会員同士の交流が親密で、雪に閉ざされる冬場にはスキー合宿が開かれる。それだけではない。口コミで東京から飛び入り参加するオリンピック選手もいる。取引契約を結んでいる海外の自転車メーカーからは新製品情報や商品展示会の開催案内がはいってくる。それがクラブ運営の刺激となる。

　高松丸亀町商店街では再開発計画策定の過程で多数の都市計画や商業政策の専門家が組織的に関わり、連鎖的な開発計画をささえ、大手資本の参画・協力を取りつけた。まちのシューレ963の経営者も外部からやってきた人材である。まちづくり会社に勤務した後、地域産業と連携したライフスタイル提案型ショップを起業した。

　かりに地域に適応し、根を張る現象を個店や商店街の「地域化」と呼んでおこう。すべての個店と商店街は地域化するプロセスで、空間的な意味での特定の場への埋め込みのみならず、社会、ネットワークへの埋め込みに何らかの形で関わる可能性を内在している。換言すると、比較的地域にしっかりとした根を張っている個店や商店街は、空間、社会、ネットワークの埋め込みが効果的に行われている例といえる。数少ない事例ではあるが、そのように推論できる。

　個店の文化表現力は店主と家族の生き方と考え方を映し出す鏡である。行政や専門家があれこれ口を出す話では必ずしもない。しかし、集積は違う。外部性が強く作用する。その結果として、自然、人工物、人間の意思が織り込まれた時空において商店街の文化表現力は醸成される。行政は少なくとも

集積の文化表現力を阻害するような政策は慎むべきである。そのうえで市民から大手小売資本、ディベロッパーまで含む多様な主体の連携により官民公協働のまちづくりを目指していきたいものである。

[注]
(1) 蓑原は『まちづくりの哲学』(2016)で田村が最初に「ひらがなのまちづくり」をいい出したとしているが、田村(1987)自身は、市民的感覚を持つまちづくりという言葉は1969年の京都市『まちづくり構想—京都』あたりから始まっていると記している(22頁)。
(2) 外部性は一般的な経済学の用語である。鶴田(1980)は外部性のコントロールが流通政策には必須の条件であると指摘した。商学分野では石原(2006)が小売業の外部性と内部性という視点から商業のあり方を多面的に論じている。
(3) まちを歩く意味については、代官山ステキなまちづくり協議会企画編集・蓑原・宮台(2016)の宮台の議論に依拠している。

[参考文献]
石原武政(2006)『小売業の外部性とまちづくり』有斐閣。
金本良嗣／藤原徹(2016)『都市経済学 第2版』東洋経済新報社。
木下明浩(2016)「小売事業ブランドにおける生成・発展における『埋め込み』の役割と変容—ユニクロの生成期・成長期を素材として—」日本流通学会全国大会報告・配布資料 2016年10月16日、専修大学神田キャンパス。
佐藤滋(2016)「まちづくりのこれまで・これから」袖井孝子編著『「地方創生」へのまちづくり・ひとづくり』ミネルヴァ書房。
代官山ステキなまちづくり協議会企画編集・蓑原敬・宮台真司著(2016)『まちづくりの哲学』ミネルヴァ書房。
田村明(1987)『まちづくりの発想』岩波書店。
鶴田俊正編著(1980)『世界と日本の流通政策』日本評論社。
増田寛也編著(2014)『地方消滅』中公新書。

Hess, Martin (2004), "'Spatial' relationships? Towards a reconceptualization of embeddedness," *Progress in Human Geography*. 28.2, 165-186.

■執筆者紹介

### 矢作　敏行（やはぎ　としゆき）
法政大学名誉教授　博士（商学）
主著：『デュアル・ブランド戦略―NB and/or PB』（編著）有斐閣、2014 年。
　　　『日本の優秀小売企業の底力』（編著）日本経済新聞出版社、2011 年。
　　　『小売国際化プロセス―理論とケースで考える』有斐閣、2007 年。

### 川野　訓志（かわの　さとし）
専修大学商学部教授
主著：「地方自治体における出店規制について―熊本県中規模店条例を手がかりとして―」『専修ビジネスレビュー』白桃書房、Vol.11 No.1　2016 年 3 月。
　　　「流通政策の歴史と地域の再生―調整政策の歴史―」、佐々木保幸、番場博之『地域の再生と流通・まちづくり』白桃書房、2013 年 5 月。

### 三橋　重昭（みつはし　しげあき）
内閣府認証特定非営利活動法人まちづくり協会顧問（前理事長）
主著：「中心市街地活性化の成果と課題」『季刊まちづくり』36、2012 年。
　　　『よみがえる商店街』　学芸出版社、2009 年。
　　　『地域小売店のカード戦略』　ダイヤモンド社、1997 年。

### 関根　孝（せきね　たかし）
専修大学商学部教授　博士（商学）
主著：『日本・中国・韓国における家電品流通の比較分析』同文舘出版、2014 年。
　　　『小売競争の視点』同文舘出版、2000 年。

### 南　亮一（みなみ　りょういち）
埼玉大学非常勤講師
主著：「商業統計長期時系列データに見る小売構造の変化」法政大学イノベーション・マネジメント研究センター・ワーキングペーパーシリーズ No.118、2012 年。
　　　「商業統計の業態別データに見る小売構造の変化」法政大学イノベーション・マネジメント研究センター・ワーキングペーパーシリーズ No.113、2011 年。

### 久保（渡邊）ヒロ子（くぼ　（わたなべ）　ひろこ）
商業集積・まちづくり調査員　修士（経営学）
主著：「シモキタ音楽クラスター論　－商業集積内の関係性を探る－」、竹内淑恵編著『リレーションシップのマネジメント（法政大学イノベーション・マネジメント研究センター叢書）』文眞堂、2014 年。

■地域商業の底力を探る
　―商業近代化からまちづくりへ―

■発行日──2017年3月30日　初版発行　〈検印省略〉

■編著者──矢作敏行・川野訓志・三橋重昭

■発行者──大矢栄一郎

■発行所──株式会社白桃書房

　　　　　〒101-0021　東京都千代田区外神田5-1-15
　　　　　Tel 03-3836-4781　Fax 03-3836-9370
　　　　　振替00100-4-20192
　　　　　http://www.hakutou.co.jp/

■印刷・製本──藤原印刷株式会社

© Toshiyuki Yahagi, Satoshi Kawano, Shigeaki Mitsuhashi 2017　Printed in Japan
ISBN978-4-561-66222-8　C3063

・本書のコピー，スキャン，デジタル化等の無断複製は著作権法上での例外を除き禁じられています。本書を代行業者等の第三者に依頼してスキャンやデジタル化することは，たとえ個人や家庭内の利用であっても著作権法上認められておりません。

・**JCOPY**〈(社)出版者著作権管理機構　委託出版物〉
　本書の無断複写は著作権法上での例外を除き禁じられています。複写される場合は，そのつど事前に，(社)出版者著作権管理機構（電話03-3513-6969，FAX03-3513-6979，e-mail: info@jcopy.or.jp）の許諾を得てください。

　落丁本・乱丁本はおとりかえいたします。

# 好 評 書

法政大学イノベーション・マネジメント研究センター叢書
渥美俊一【著】矢作敏行【編】
**渥美俊一　チェーンストア経営論体系　理論篇 I・II**　　　　本体 各 4,000 円
**渥美俊一　チェーンストア経営論体系　事例篇**　　　　　　本体 4,000 円

法政大学イノベーション・マネジメント研究センター【編】矢作・関根・鍾・畢【著】
**発展する中国の流通**　　　　　　　　　　　　　　　　　本体 3,800 円

畢　滔滔【著】2016 年日本商業学会学会賞奨励賞
チャイナタウン，ゲイバー，レザーサブカルチャー，ビート，
**そして街は観光の聖地となった**　　　　　　　　　　　　本体 2,750 円
──「本物」が息づくサンフランシスコ近隣地区

専修大学マーケティング研究会【編】
**商業まちづくり**　　　　　　　　　　　　　　　　　　　本体 2,300 円
──商業集積の明日を考える

神原　理【編著】大林　守・川名和美・前川明彦【著】
**コミュニティ・ビジネス**　　　　　　　　　　　　　　　本体 2,000 円
──新しい市民社会に向けた多角的分析

日本流通学会設立 25 周年記念出版プロジェクト
佐々木保幸・番場博之【編著】
**地域の再生と流通・まちづくり**　　　　　　　　　　　　本体 3,000 円

田口冬樹【著】
**流通イノベーションへの挑戦**　　　　　　　　　　　　　本体 3,000 円

大石芳裕【編】グローバル・マーケティング研究会【著】
**日本企業のグローバル・マーケティング**　　　　　　　　本体 2,800 円

──────── 東京　**白桃書房**　神田 ────────

本広告の価格は本体価格です。別途消費税が加算されます。